하루 한장 독해⁺
사탕 꽃다발 꾸미기

독해 실력을 키울 때마다 달콤하게 채워지는

_____ 의 사탕 꽃다발

↳ 이름을 쓰세요.

사탕 꽃다발을 다 채웠을 때
부모님과의 약속♥

하루 한장 독해⁺ 학습 계획표

학습 계획을 세워 스스로 공부하는 습관을 길러요.

40일 동안 독해 도전!

1주 1일	1주 2일	1주 3일	1주 4일	1주 5일
날씨와 생활	욕심 많은 사자	어린이 뮤지컬 공연 예매 안내	안내견	울산 바위 전설
학습 계획 월 일	학습 계획 월 일	학습 계획 월 일	학습 계획 월 일	학습 계획 월 일

2주 5일	2주 4일	2주 3일	2주 2일	2주 1일
방학_김용택	새	미세 먼지를 피하는 스마트한 습관	꿈을 심는 노인	층간 소음을 줄이는 방법
학습 계획 월 일	학습 계획 월 일	학습 계획 월 일	학습 계획 월 일	학습 계획 월 일

3주 1일	3주 2일	3주 3일	3주 4일	3주 5일
고인돌	마을 회의	영양 성분 표시	콩이 된장으로 변했어요	총각과 아이
학습 계획 월 일	학습 계획 월 일	학습 계획 월 일	학습 계획 월 일	학습 계획 월 일

4주 5일	4주 4일	4주 3일	4주 2일	4주 1일
이상한 나라의 앨리스	변호사	운동을 꾸준히 해야 하는 까닭	은혜 갚은 독수리	손에 사는 세균
학습 계획 월 일	학습 계획 월 일	학습 계획 월 일	학습 계획 월 일	학습 계획 월 일

5주 1일	5주 2일	5주 3일	5주 4일	5주 5일
지구의 날	개미가 된 농부	방울토마토 관찰 일지	나이팅게일	히에우와 민의 우정
학습 계획 월 일	학습 계획 월 일	학습 계획 월 일	학습 계획 월 일	학습 계획 월 일

6주 5일	6주 4일	6주 3일	6주 2일	6주 1일
눈_윤동주	휴대 전화의 발전 과정	OO 안전 체험관 체험 유의 사항	좁쌀 한 톨로 장가 든 총각	줄넘기의 역사
학습 계획 월 일	학습 계획 월 일	학습 계획 월 일	학습 계획 월 일	학습 계획 월 일

7주 1일	7주 2일	7주 3일	7주 4일	7주 5일
옛날에는 어떤 과자를 먹었을까요	아기 박의 꿈	실내에서 뛰지 마요	은행의 역할	슬기로운 며느리
학습 계획 월 일	학습 계획 월 일	학습 계획 월 일	학습 계획 월 일	학습 계획 월 일

8주 5일	8주 4일	8주 3일	8주 2일	8주 1일
꽃씨와 소년	도로명 주소	표와 그래프	굴참나무와 오색딱따구리	북쪽 하늘에서 관찰할 수 있는 별자리
학습 계획 월 일	학습 계획 월 일	학습 계획 월 일	학습 계획 월 일	학습 계획 월 일

하루가 알려 주는

하루 한장 독해+
문해력 쌓기

1 지문을 꼼꼼히 읽고, '쏙쏙! 내용 정리'에서 핵심 내용을 정리해요.

2 내용 이해 문제부터 추론, 적용 등 심화 문제까지 풀며 실전 감각을 익혀요.

3 지문 구조도 문제를 풀며 글의 짜임을 확실하게 정리해요.

4 '어휘 탄탄 마무리'를 통해 지문에서 학습한 어휘의 뜻을 한 번 더 살펴요.

5 '바른답·알찬풀이'의 지문 주요 내용과 문제의 해설로 완벽하게 마무리해요.

하루 한장 독해+

눈으로 글자를 읽는 것은 누구나 할 수 있어요.
그러나 이것은 '독해'가 아니에요.

글에 담긴 내용이 무엇인지 분석하여
정확하게 이해하고, 핵심을 파악할 수 있어야
비로소 '독해'를 했다고 할 수 있지요.

하루 한장 독해+는
글을 분석적으로 읽어 낼 수 있는 꼼꼼한 눈과
어떤 문제라도 술술 풀 수 있는 힘을 기를 수 있는 교재입니다.

그럼 이제 하루 한상 독해+와 함께
40일간 독해 실력을 체계적으로 키워 볼까요?

이 책의 구성과 특징

지문 분석력과 문제 해결력을 동시에!

**지문 분석 3단계로
지문 분석력⁺**
핵심 낱말로 지문의 흐름을 잡고, 문장 구조도 문제로 지문을 완벽히 분석하고,
해설에서 지문의 문장을 쪼개 보며 **지문 분석력⁺**

**엄선된 7문항으로
문제 해결력⁺**
핵심 내용 파악 문제로 기본기를 다지고, 어휘 문제로 어휘력을 더하고,
추론이나 적용 문제까지 풀며 **문제 해결력⁺**

지문 고난도 지문
문제 엄선된 7문항

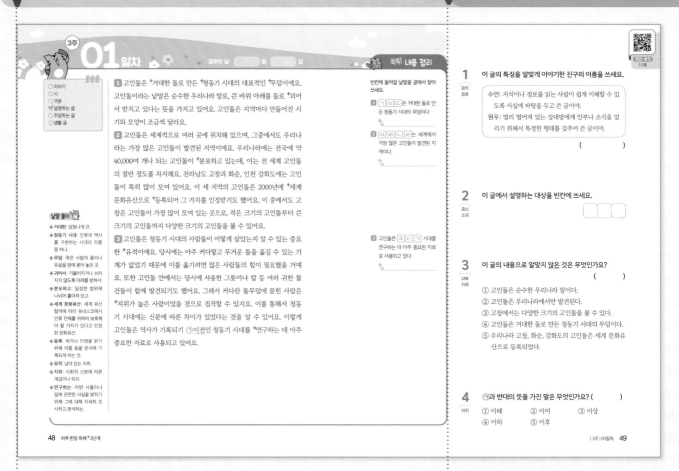

고난도 지문의 흐름 파악하기

고난도 지문을 제시하여 어렵고 긴 글을 읽어 내는 힘을 기를 수 있게 했습니다. 문제를 풀기 전 단계인 '쏙쏙! 내용 정리'에서 지문의 핵심 낱말을 쓰며 글의 흐름을 짚을 수 있도록 했습니다.

핵심 문제 풀기

앞에서는 주로 중심 소재, 내용 이해 문제 등 지문의 핵심 내용을 파악하는 문제들로 구성했습니다.

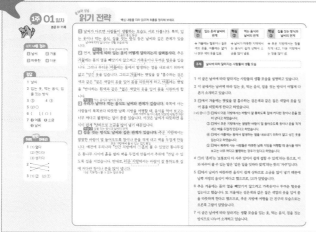

꼼꼼한 지문 분석으로 지문의 핵심을 한 번 더 짚어 주었습니다. 또한 자세하고 친절한 문제 풀이를 통해 심화 문제도 완벽하게 이해할 수 있습니다.

심화 문제 다수 수록

어휘 마무리

지문 속 어휘 확장

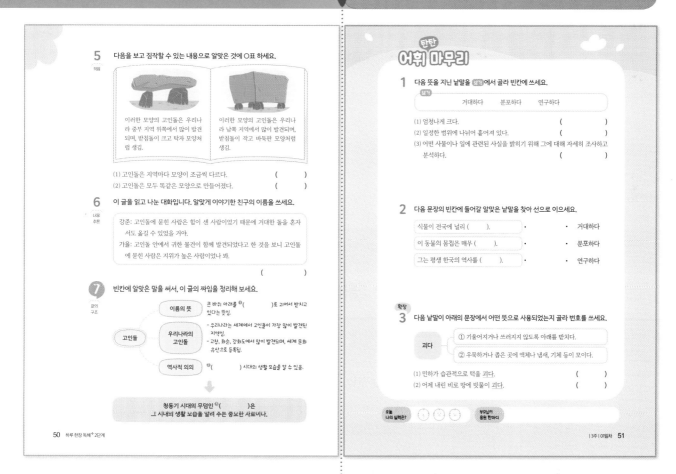

○ **심화 문제와 지문 구조도 문제 풀기**

뒤에서는 깊이 있게 생각해야 하는 추론 문제와 적용 문제로 구성했습니다. 7번은 지문 구조도 문제로, 지문을 완벽하게 파악하며 마무리할 수 있게 했습니다.

○ **어휘 학습으로 마무리**

지문에 나오는 어려운 어휘의 뜻을 다시 한번 확인하고 쓰임을 익힙니다. 또한 뜻이 여러 가지인 낱말, 헷갈리는 낱말 등과 같은 어휘 확장 문제를 풀며 어휘력을 키울 수 있습니다.

이 책의 차례

□ 이야기
□ 시
□ 극본
☑ 설명하는 글
□ 주장하는 글
□ 생활 글

1 날씨가 다르면 사람들이 생활하는 모습도 서로 다릅니다. 특히, 입는 옷이나 먹는 음식, 집을 짓는 방식 등은 날씨와 깊은 관계가 있습니다.

2 먼저, 날씨에 따라 입는 옷이 어떻게 달라지는지 살펴봅시다. 추운 겨울에는 몸의 열을 빼앗기지 않으려고 가죽옷이나 두꺼운 털옷을 입습니다. 그러나 무더운 여름에는 몸에서 발생하는 열을 내보내기 위하여 얇고 ✛성긴 옷을 입습니다. 그리고 겨울에는 햇빛을 잘 ✛흡수하는 검은색과 같은 ✛짙은 색깔의 옷을 입어 몸을 따뜻하게 하고, 여름에는 햇빛을 ✛반사하는 흰색과 같은 ✛엷은 색깔의 옷을 입어 몸을 시원하게 합니다.

3 우리가 날마다 먹는 음식도 날씨와 관계가 깊습니다. 북쪽에 사는 사람들이 북쪽보다 따뜻한 남쪽 지방을 여행할 때, 음식을 먹어 보고는 너무 짜다고 불평하는 일이 종종 있습니다. 이것은 날씨가 따뜻하면 음식이 쉽게 ✛상하므로 소금을 많이 넣기 때문입니다.

4 집을 짓는 방식도 날씨와 깊은 관계가 있습니다. 추운 지방에서는 쌀쌀한 바람이 덜 들어오도록 창이나 문을 작게 내고 벽을 두껍게 만듭니다. 예전에 우리나라 ✛산간 지방에서 ㉠흔히 볼 수 있었던 통나무집은 통나무 사이에 흙을 발라 벽을 두껍게 만들어서 추위에 ✛견딜 수 있도록 집을 지었습니다. 반대로, 더운 지방에서는 바람이 잘 통하도록 집에 커다란 창이나 문을 많이 냅니다.

낱말 풀이

✛ **성긴**: 물건의 사이가 촘촘하지 않고 조금 떨어져 있는.

✛ **흡수**: 안이나 속으로 빨아들임.

✛ **짙은**: 빛깔이 흐리지 않고 아주 뚜렷한.

✛ **반사**: 빛이나 전파 등이 다른 물체의 표면에 부딪혀서 나아가던 방향이 반대 방향으로 바뀌는 현상.

✛ **엷은**: 빛깔이 진하지 아니한.

✛ **상하므로**: 음식이 변하거나 썩어서 먹을 수 없게 되므로.

✛ **산간**: 산과 산 사이에 산골짜기가 많은 곳.

✛ **견딜**: 힘들거나 어려운 것을 참고 버티어 살아 나갈.

쏙쏙! 내용 정리

빈칸에 들어갈 낱말을 글에서 찾아 쓰세요.

1 ㄴㅆ가 다르면 사람들이 생활하는 모습도 서로 다르다.

✎ _____

2 추운 ㄱㅇ에는 가죽옷이나 두꺼운 털옷을 입고, 무더운 여름에는 얇고 성긴 옷을 입는다.

✎ _____

3 날씨가 ㄸㄸㅎ 남쪽 지방은 북쪽 지방에 비해 음식이 짜다.

✎ _____

4 집을 지을 때 추운 지방에서는 창이나 문을 작게 내고, ㄷㅇ 지방에서는 커다란 창이나 문을 많이 낸다.

✎ _____

1
중심
소재

이 글에서 설명하고 있는 것은 무엇인지 빈칸에 쓰세요.

□□와 생활 모습

2
내용
이해

이 글에 나온 날씨에 따라 달라지는 생활 모습의 예를 세 가지 찾아 ◯표 하세요.

입는 옷　　먹는 음식　　인기 있는 음악

집을 짓는 방식　　좋아하는 계절

3
내용
이해

이 글의 내용으로 알맞지 않은 것은 무엇인가요?

(　　　)

① 더운 지방에서는 바람이 잘 통하도록 집을 짓는다.

② 추운 지방에서는 쌀쌀한 바람을 막기 위해 벽을 두껍게 만든다.

③ 겨울에는 몸을 따뜻하게 하려고 흰색처럼 밝은 색의 옷을 입는다.

④ 여름에는 몸에서 발생하는 열을 내보내려고 얇고 성긴 옷을 입는다.

⑤ 북쪽 사람들은 짠맛이 강한 남쪽 지방의 음식을 마음에 들어 하지 않는 경우도 있다.

4
어휘

㉠과 바꾸어 쓸 수 있는 말은 무엇인가요? (　　　)

① 가끔　　　② 겨우　　　③ 자주

④ 절대　　　⑤ 특별히

5 남쪽 지방의 음식이 북쪽 지방에 비하여 짠 까닭으로 알맞은 것에 ○표 하세요.

내용
추론

(1) 남쪽 지방의 날씨가 북쪽 지방보다 춥기 때문에 ( )

(2) 날씨가 따뜻해서 음식이 쉽게 상하지 않도록 소금을 많이 넣기 때문에

( )

(3) 북쪽 지방 사람들이 남쪽 지방 사람들보다 맛을 훨씬 잘 구분하기 때문에

( )

6 추운 지방에 여행을 간 친구의 모습으로 알맞은 것에 ○표 하세요.

적용

( )   ( )

7 빈칸에 알맞은 말을 써서, 이 글의 짜임을 정리해 보세요.

글의
구조

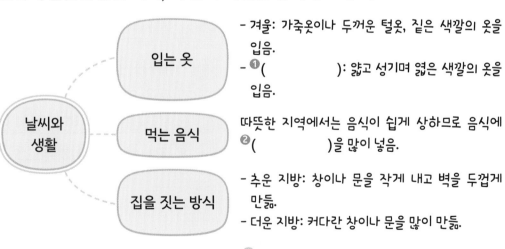

입는 옷	- 겨울: 가죽옷이나 두꺼운 털옷, 짙은 색깔의 옷을 입음. - ❶( ): 얇고 성기며 옅은 색깔의 옷을 입음.
먹는 음식	따뜻한 지역에서는 음식이 쉽게 상하므로 음식에 ❷( )을 많이 넣음.
집을 짓는 방식	- 추운 지방: 창이나 문을 작게 내고 벽을 두껍게 만듦. - 더운 지방: 커다란 창이나 문을 많이 만듦.

날씨와 생활

❸( )에 따라 사람들의 생활 모습이 다르다.

어휘 마무리

1 다음 뜻을 지닌 낱말을 보기에서 골라 빈칸에 쓰세요.

보기

> 견디다   성기다   엷다

(1) 빛깔이 진하지 아니하다. ( )
(2) 힘들거나 어려운 것을 참고 버티어 살아 나가다. ( )
(3) 물건의 사이가 촘촘하지 않고 조금 떨어져 있다. ( )

2 다음 문장의 빈칸에 들어갈 알맞은 낱말을 찾아 선으로 이으세요.

머리카락이 촘촘하지 않고 ( ).   •   •   견디다

물감에 물을 섞었더니 색이 ( ).   •   •   성기다

나는 더위보다 추위를 더 잘 ( ).   •   •   엷다

확장

3 다음 밑줄 친 낱말의 알맞은 뜻을 보기에서 골라 번호를 쓰세요.

보기

> 상하다 { ① 음식이 변하거나 썩어서 먹을 수 없게 되다.
> ② 근심, 슬픔, 노여움 따위로 마음이 언짢아지다.

(1) 언니에게 무시당해 자존심을 <u>상하다</u>. ( )
(2) 냉장고에 오래 두었던 우유가 <u>상하다</u>. ( )

오늘
나의 실력은?   부모님의
응원 한마디

- ☑ 이야기
- ☐ 시
- ☐ 극본
- ☐ 설명하는 글
- ☐ 주장하는 글
- ☐ 생활 글

1 옛날 옛적, 사자 한 마리가 들판에 살고 있었습니다. 어느 날, 사자는 배가 너무나 고팠습니다. 사자는 뭐 먹을 것이 없을까 ⁺어슬렁어슬렁 돌아다니다가 나무 그늘에서 자고 있는 토끼를 ⁺발견하였습니다.

‘옳지! 저 토끼를 잡아먹으면 되겠구나.’

2 토끼를 향해 ⎡ ㉠ ⎤ 다가가던 사자는 토끼 뒤에서 달려가고 있는 사슴을 발견하였습니다.

“토끼보다 사슴이 더 커서 먹을 것이 많지! 그럼 사슴부터 잡아먹고 토끼는 그 다음에 잡아먹어야겠다. 사슴아, 게 섰거라!”

사자는 사슴을 향해 달렸습니다.

3 그때, 사자의 ⁺외침을 들은 토끼는 잠이 번쩍 깼습니다.

“사자 밥이 될 뻔했구나. 어서 ⁺도망가야지!”

토끼는 깡충깡충 도망을 갔습니다. 사자는 사슴을 향해 달리고 또 달렸습니다. 하지만 사슴이 너무나 빨라서 사자는 사슴을 그만 놓치고 말았습니다.

4 “어쩔 수 없지. 그럼 아까 자고 있던 토끼나 잡아먹어야겠다.”

사자는 토끼가 자고 있던 나무 밑으로 갔습니다. 하지만 토끼는 이미 멀리 도망을 간 후였습니다.

“아이고, 그냥 토끼나 잡아먹을 걸. 괜히 ⁺욕심을 냈다가 토끼도 놓치고 사슴도 놓쳤구나. 아이고, 배고파.”

낱말 풀이

+ **어슬렁어슬렁**: 몸집이 큰 사람이나 짐승이 몸을 조금 흔들며 계속 천천히 걸어 다니는 모양.
+ **발견**: 아직 찾아내지 못했거나 세상에 알려지지 않은 것을 처음으로 찾아냄.
+ **외침**: 큰 소리를 지르는 일.
+ **도망**: 피하거나 쫓기어 달아남.
+ **욕심**: 무엇을 지나치게 탐내거나 가지고 싶어 하는 마음.

쏙쏙! 내용 정리

빈칸에 들어갈 낱말을 글에서 찾아 쓰세요.

1 배고픈 사자가 나무 그늘에서 자는 ⬚ㅌ⬚ㄲ를 발견했다.

✎ _____

2 달려가고 있는 사슴을 본 사자는 토끼 대신 ⬚ㅅ⬚ㅅ을 향해 달렸다.

✎ _____

3 잠에서 깬 토끼는 ⬚ㄷ⬚ㅁ갔고, 사자는 사슴을 놓쳤다.

✎ _____

4 사자는 ⬚ㅇ⬚ㅅ을 냈다가 토끼와 사슴을 모두 놓쳤다.

✎ _____

1 내용 이해

이 글의 내용으로 알맞지 않은 것은 무엇인가요?

( )

① 사자는 달려가고 있는 사슴을 쫓아갔다.
② 토끼는 나무 그늘에서 잠을 자고 있었다.
③ 토끼는 사슴의 비명을 듣고 잠에서 깼다.
④ 사자는 배가 고파서 먹을 것을 찾고 있었다.
⑤ 토끼는 사자에게 잡아먹히지 않으려고 도망을 갔다.

2 내용 이해

사자가 토끼를 두고 사슴을 쫓아간 까닭은 무엇인가요?

( )

① 토끼의 꾀에 속았기 때문에
② 사슴과 친해지고 싶었기 때문에
③ 토끼보다 사슴이 느리게 달리기 때문에
④ 사슴은 가만히 잠을 자고 있었기 때문에
⑤ 토끼보다 사슴이 더 커서 먹을 것이 많기 때문에

3 내용 추론

이 글의 인물에 대한 설명으로 알맞은 것에는 ○표, 알맞지 않은 것에는 X표 하세요.

(1) 토끼는 위험을 깨닫고 바로 도망을 갔어. 평소에도 지혜롭게 판단을 할 것 같아. ( )

(2) 사자는 게으름을 피우다가 사슴과 토끼를 모두 놓쳤네. 평소에도 여유를 부릴 것 같아. ( )

4 어휘

다음 뜻을 참고할 때 ㉠에 들어갈 흉내 내는 말로 알맞은 것은 무엇인가요? ( )

> 남이 알아차리지 못하도록 조용히 움직이는 모양.

① 대롱대롱   ② 뒤뚱뒤뚱   ③ 살금살금
④ 씰룩씰룩   ⑤ 차곡차곡

5 이 글의 주제로 가장 알맞은 것은 무엇인가요? ( )

주제

① 언제나 고운 말을 써야 한다.

② 건강보다 더 중요한 것은 없다.

③ 지나치게 욕심을 부려서는 안 된다.

④ 꾸준히 노력하면 무엇이든 할 수 있다.

⑤ 혼자서는 하기 어려운 일도 함께하면 할 수 있다.

6 이 글과 비슷한 주제를 가진 이야기에 대하여 알맞게 이야기한 친구의 이름을 쓰세요.

적용

> 정인: 「선녀와 나무꾼」 이야기가 떠올랐어. 나무꾼이 사슴의 말을 듣지 않고 선녀에게 옷을 돌려주어 선녀는 하늘 나라로 돌아가 버리고 말았어.
>
> 민지: 「황금 알을 낳는 거위」 이야기가 떠올랐어. 하루에 한 개씩 황금 알을 낳는 거위를 가진 농부가 한꺼번에 많은 금을 가지고 싶어서 거위의 배를 갈랐다가 거위만 죽고 말았지.

( )

7 빈칸에 알맞은 말을 써서, 이 글의 짜임을 정리해 보세요.

글의
구조

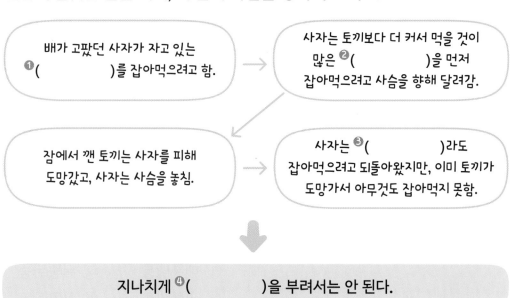

| 배가 고팠던 사자가 자고 있는 ❶( )를 잡아먹으려고 함. | → | 사자는 토끼보다 더 커서 먹을 것이 많은 ❷( )을 먼저 잡아먹으려고 사슴을 향해 달려감. |

| 잠에서 깬 토끼는 사자를 피해 도망갔고, 사자는 사슴을 놓침. | → | 사자는 ❸( )라도 잡아먹으려고 되돌아왔지만, 이미 토끼가 도망가서 아무것도 잡아먹지 못함. |

지나치게 ❹( )을 부려서는 안 된다.

탄탄 어휘 마무리

1 다음 낱말의 뜻으로 알맞은 것을 찾아 선으로 이으세요.

발견 •

외침 •

욕심 •

• 큰 소리를 지르는 일.

• 무엇을 지나치게 탐내거나 가지고 싶어 하는 마음.

• 아직 찾아내지 못했거나 세상에 알려지지 않은 것을 처음으로 찾아냄.

2 다음 문장의 빈칸에 들어갈 알맞은 낱말을 보기 에서 골라 쓰세요.

보기

발견   외침   욕심

(1) 남의 것까지 ☐☐ 을 내면 안 된다.

(2) 아이의 다급한 ☐☐ 을 듣고 모두 놀랐다.

(3) 그는 신대륙을 ☐☐ 한 유럽의 탐험가이다.

확장

3 보기 의 밑줄 친 말처럼 흉내 내는 말이 사용된 문장에 ○표 하세요.

보기

소 한 마리가 들판에서 어슬렁어슬렁 걷고 있다.

(1) ㄱ 사자는 사슴을 향해서 달리고 달렸다.   (   )

ㄴ 발표회를 앞두고 가슴이 콩닥콩닥 뛰었다.   (   )

(2) ㄱ 목이 말랐던 그는 물을 벌컥벌컥 마셨다.   (   )

ㄴ 동생이 인형을 꺼안고 침대 위에서 자고 있다.   (   )

오늘 나의 실력은?   부모님의 응원 한마디

1 어린이 뮤지컬 공연을 찾아 주셔서 감사합니다. 아래 내용은 ✦티켓 구매와 ✦수령 및 공연 ✦관람에 관련된 안내입니다.

2 티켓 구매와 수령 안내

- 티켓 구매는 인터넷 ✦예매와 현장 구매로 가능합니다.

- 인터넷 예매는 미래 티켓 사이트에서만 가능합니다.

- 예매를 할 때는 날짜, 시간, 좌석 등을 반드시 확인해 주시기 바랍니다.

- 공연 시작 1시간 전부터 공연장 앞에 있는 현장 ✦매표소에서 예매한 티켓을 찾거나, 현장에서 티켓을 구매할 수 있습니다.

- 예매한 티켓을 빠르게 찾을 수 있도록 예매 번호와 예매자의 이름을 미리 확인해 주시기 바랍니다.

3 공연 관람 안내

- 본 공연은 5세 이상 관람이 가능합니다.

- 공연 ✦소요 시간은 총 90분입니다.

- 공연 시작 시간 전에 도착하여 미리 좌석에 앉아 주시기 바랍니다.

- 공연 도중 휴대 전화는 소리가 나지 않도록 해 주시거나 전원을 꺼 주시기 바랍니다.

- 공연 중 촬영이나 녹음은 절대로 불가능합니다.

- 음식물은 공연장 ㉠내부로 가지고 들어갈 수 없습니다.

- 공연 중 떠들거나 다른 관객들을 방해하는 행동을 하지 말아 주시기 바랍니다.

4 즐거운 공연 관람을 위하여 관객 여러분의 ✦협조를 부탁드립니다. 감사합니다.

낱말 풀이

✦**티켓**: 입장권, 승차권 등의 표.

✦**수령**: 돈이나 물건을 받음.

✦**관람**: 연극, 영화, 운동 경기, 미술품 등을 구경함.

✦**예매**: 표를 미리 사 둠.

✦**매표소**: 차표나 입장권 등의 표를 파는 곳.

✦**소요**: 필요하거나 요구됨.

✦**협조**: 힘을 보태어 도움.

쏙쏙! 내용 정리

빈칸에 들어갈 낱말을 글에서 찾아 쓰세요.

1 어린이 뮤지컬 공연의 티켓 ㄱㅁ와 수령 및 공연 관람에 대해 안내하고 있다.

✎ _____

2 티켓 구매는 ㅇㅌㄴ 예매와 현장 구매로 가능하다.

✎ _____

3 공연을 ㄱㄹ할 때는 공연 예절을 지켜야 한다.

✎ _____

4 즐거운 공연 관람을 위하여 ㄱㄱ들의 협조를 부탁하고 있다.

✎ _____

1 글의 목적

이 글을 쓴 목적으로 알맞은 것에 ○표 하세요.

(1) 공연 내용을 안내하기 위해서 ( )

(2) 공연 티켓 구매와 관람에 대해 안내하기 위해서 ( )

2 내용 이해

이 글의 내용으로 알맞지 <u>않은</u> 것은 무엇인가요? ( )

① 인터넷 예매는 미래 티켓 외에서도 가능하다.

② 예매할 때는 날짜, 시간, 좌석 등을 확인해야 한다.

③ 공연 티켓 구매는 인터넷과 현장 매표소에서 모두 가능하다.

④ 예매한 티켓은 공연장 앞에 있는 현장 매표소에서 찾을 수 있다.

⑤ 예매한 티켓을 빠르게 찾기 위해서는 예매 번호를 미리 확인해 두는 것이 좋다.

3 내용 이해

다음 중 공연장에서 하면 안 되는 행동을 두 가지 고르세요. (,)

① 공연 중 농생과 떠들기

② 공연 시작 전에 좌석에 앉기

③ 공연 시작 전 휴대 전화 끄기

④ 공연이 끝난 후 화장실 다녀오기

⑤ 음료수를 가지고 공연장 안에 들어가기

4 어휘

㉠과 바꾸어 쓸 수 있는 말은 무엇인가요? ( )

① 위로 ② 그대로 ③ 밖으로
④ 안으로 ⑤ 옆으로

5 이 글을 바르게 이해한 친구의 이름을 쓰세요.

_{적용}

> 혜원: 내 동생은 6살이니까 같이 공연을 보러 갈 수 있겠네. 공연하는 날 공연 시작 1시간 전에 미리 가서 현장 매표소에서 공연 티켓을 구매해야지.
>
> 세현: 휴대 전화 소리가 울리면 다른 사람에게 방해가 될 수도 있으니까 미리 소리가 나지 않도록 해 두어야겠어. 그리고 공연 중에 촬영은 안 된다고 했으니까 녹음만 해 두어야겠다.

(   )

6 이 글을 읽고 어린이 뮤지컬 공연을 예매하려고 합니다. 더 검색해 볼 내용으로 알맞지 <u>않은</u> 것은 무엇인가요? (   )

_{내용
추론}

① 공연장의 위치   ② 공연 소요 시간

③ 공연이 없는 날   ④ 공연 티켓의 가격

⑤ 공연에 출연하는 배우

7 빈칸에 알맞은 말을 써서, 이 글의 짜임을 정리해 보세요.

_{글의
구조}

어린이 뮤지컬 공연 티켓 구매와 수령 및 관람 안내

티켓 구매와 수령 안내

- 티켓 구매는 인터넷 예매와 현장 구매로 가능함.
- ❶(   ) 예매는 미래 티켓에서만 가능함.
- 공연 시작 1시간 전부터 현장 ❷(   )에서 예매한 티켓을 찾거나, 현장에서 티켓을 구매할 수 있음.

공연 관람 안내

- 공연 시작 시간 전에 도착하여 미리 좌석에 앉아 있어야 함.
- ❸(   )은 공연장 내부로 가지고 들어갈 수 없음.
- 공연 중 다른 관객들을 ❹(   )하는 행동을 해서는 안 됨.

어린이 뮤지컬 공연의 티켓 구매와 수령 및 공연 관람에 대해 안내하고 있다.

1 다음 뜻을 지닌 낱말을 [보기]에서 골라 빈칸에 쓰세요.

> **보기**
>
> 관람   예매   협조

(1) 표를 미리 사 둠.   (   )

(2) 힘을 보태어 도움.   (   )

(3) 연극, 영화, 운동 경기, 미술품 등을 구경함.   (   )

2 다음 문장의 빈칸에 들어갈 알맞은 낱말을 찾아 선으로 이으세요.

할머니 댁에 가려고 기차표 ( )를 해 두었다.	•	• 관람
이번 일은 이웃 주민들의 ( )로 무 사히 끝났다.	•	• 예매
주말에 가족들과 축구 경기 ( )을 하러 경기장에 갔다.	•	• 협조

확장

3 다음 밑줄 친 낱말과 비슷한 뜻을 가진 낱말을 [보기]에서 찾아 쓰세요.

> **보기**
>
> 순조롭다   찍다   청하다

(1) 일의 신행이 <u>원활하다</u>.   (   )

(2) 엄마가 오빠에게 도움을 <u>부탁하다</u>.   (   )

(3) 그가 아름다운 산의 모습을 <u>촬영하다</u>.   (   )

오늘
나의 실력은?   부모님의
응원 한마디

☐ 이야기
☐ 시
☐ 극본
☑ 설명하는 글
☐ 주장하는 글
☐ 생활 글

1 안내견은 시각 장애인의 안전한 ⑦보행을 돕기 위해 특별히 훈련된 장애인 보조견을 말해요. 안내견은 시각 장애인이 안전하게 걸을 수 있도록 ✚안내하고 시각 장애인과 항상 함께하며 그들이 사회생활을 할 수 있도록 도와줘요.

2 전 세계에서 활동하고 있는 안내견은 대부분 지능이 뛰어나고 온순한 리트리버 종이에요. 리트리버 종은 다양한 환경에 잘 적응하고 긍정적이며 명랑한 성격을 가지고 있어서 안내견으로 활동하기에 ✚적합하지요.

3 안내견은 시각 장애인에게 길을 안내하거나 위험을 미리 알리는 역할을 해야 하므로, 특별한 훈련을 받아야 해요. 그래서 안내견을 훈련하는 교육 ✚기관이 있어요. 안내견은 이곳에서 훈련 기간 동안 ✚배변이나 식사와 같은 기본적인 내용은 물론 일상생활에서 발생할 수 있는 여러 가지 상황에 대해 교육을 받아요. 예를 들어 교통 신호의 ✚변화에 따라 이동하는 방법이나 대중교통을 이용하는 방법에 대한 훈련을 받아요.

4 이러한 훈련을 받은 안내견이 활동할 수 있게 되면 안내견임을 나타내는 노란색 옷을 입고, 장애인 보조견 ✚표지를 달아요. 장애인 보조견 표지가 있으면 일반적인 반려동물과 달리 대중교통이나 식당, ✚숙박 시설, 공공장소 등 여러 사람이 ✚모이는 곳에 들어갈 수 있어요.

5 시각 장애인의 눈과 발이 되어 주는 안내견을 길에서 만났을 때는 주의해야 할 점이 있어요. 안내견을 만나서 반갑고 신기한 마음이 들어도 함부로 부르거나 쓰다듬으면 안 돼요. 또 안내견이 기특하더라도 먹을 것을 주면 안 돼요. 이러한 행동들은 안내견이 시각 장애인을 안전하게 안내하는 데 방해가 될 수 있기 때문이에요.

낱말 풀이

✚ **안내**: 어떤 사람을 그 사람이 잘 모르는 장소로 이끌거나 가고자 하는 곳까지 데려다 줌.

✚ **적합**: 어떤 일이나 조건에 꼭 들어맞아 알맞음.

✚ **기관**: 사회생활에서 일정한 역할을 하거나 목적을 이루기 위해 설치한 기구나 조직.

✚ **배변**: 똥을 눔.

✚ **변화**: 무엇의 모양이나 상태 등이 달라짐.

✚ **표지**: 어떤 것을 다른 것과 구별하게 하는 표시나 특징.

✚ **숙박**: 여관이나 호텔 등에서 잠을 자고 머무름.

✚ **모이는**: 여러 사람이 한곳에 오게 되거나 한 단체에 들게 되는.

쏙쏙! 내용 정리

빈칸에 들어갈 낱말을 글에서 찾아 쓰세요.

1 ㅇㄴㄱ 은 시각 장애인을 위해 훈련된 보조견이다.

✎ _____

2 안내견으로 활동하는 대부분은 지능이 뛰어나고 온순한 ㄹㅌㄹㅂ 종이다.

✎ _____

3 안내견은 특별한 ㅎㄹ 을 받아야 한다.

✎ _____

4 안내견으로 활동하게 되면 노란색 옷을 입고, 장애인 ㅂㅈㄱ 표지를 단다.

✎ _____

5 안내견을 만났을 때는 함부로 부르거나 쓰다듬으면 안 되고, ㅁㅇㄱ 을 주면 안 된다.

✎ _____

1
중심
소재

이 글에서 설명하는 대상을 빈칸에 쓰세요.

☐☐☐

2
내용
이해

이 글의 내용으로 알맞지 않은 것은 무엇인가요?

( )

① 안내견을 훈련하는 교육 기관이 있다.
② 안내견의 대부분은 리트리버 종이다.
③ 안내견은 시각 장애인의 사회생활을 도와준다.
④ 안내견이 되려면 특별한 훈련과 교육을 받아야 한다.
⑤ 안내견이 지나갈 때는 친근하게 쓰다듬어 주어야 한다.

3
어휘

㉠의 뜻으로 알맞은 것에 ○표 하세요.

(1) 걸어 다님. ( )
(2) 기계나 자동차를 움직이고 조종함. ( )

4
내용
이해

안내견에 대한 설명으로 알맞지 않은 것은 무엇인가요?

( )

① 시각 장애인과 대중교통에 함께 탈 수 있다.
② 시각 장애인이 장애물을 피할 수 있도록 도와준다.
③ 시각 장애인이 공공장소에 들어가면 밖에서 기다려야 한다.
④ 시각 장애인이 밥을 먹으러 식당에 가면 같이 들어갈 수 있다.
⑤ 시각 장애인이 안전하게 횡단보도를 건널 수 있도록 안내한다.

5

적용

이 글을 읽고 느낀 점을 알맞게 이야기한 친구의 이름을 쓰세요.

> 재원: 길을 걷다가 안내견을 만나면 간식을 주어야겠어.
>
> 다은: 안내견이 시각 장애인을 안전하게 안내할 수 있도록 길에서 안내견을 마주쳐도 눈으로만 봐야겠어.

(   )

6

내용
추론

보기의 글쓴이가 본 안내견에 대한 내용으로 알맞은 것에 ○표 하세요.

> **보기**
>
> 오늘 길에서 안내견을 보았는데, 궁금한 점이 생겨서 집에 와서 인터넷으로 검색해 보았다. 안내견이 되기 위해 자원봉사자의 집에서 지내는 적응 과정에 있으면 '저는 안내견 공부 중입니다.'라는 문구가 쓰인 주황색 옷을 입는다고 한다. 그리고 안내견 훈련 기관에서 훈련을 받는 중이거나 안내견으로 활동하고 있으면, '시각 장애인 안내견'이라는 말이 쓰인 노란색 옷을 입는다고 한다. 이를 통해 내가 오늘 길에서 본 안내견은 아직 적응 과정에 있다는 것을 알 수 있었다.

(1) 노란색 옷을 입고 있었으며, 안내견으로 활동 중일 것이다. (   )

(2) 주황색 옷을 입고 있었으며, 안내견이 되기 위해 공부 중일 것이다.

(   )

7

글의
구조

빈칸에 알맞은 말을 써서, 이 글의 짜임을 정리해 보세요.

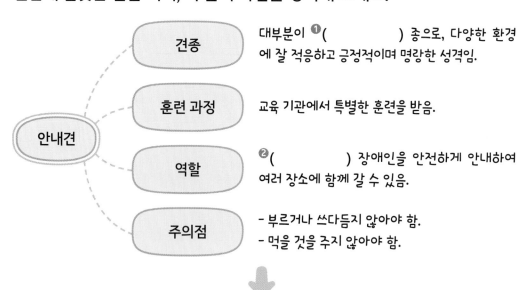

안내견 ─ 견종: 대부분이 ❶(   ) 종으로, 다양한 환경에 잘 적응하고 긍정적이며 명랑한 성격임.

훈련 과정: 교육 기관에서 특별한 훈련을 받음.

역할: ❷(   ) 장애인을 안전하게 안내하여 여러 장소에 함께 갈 수 있음.

주의점:
- 부르거나 쓰다듬지 않아야 함.
- 먹을 것을 주지 않아야 함.

⬇

안내견은 시각 장애인이 ❸(   )하게 걸을 수 있도록 도와준다.

탄탄 어휘 마무리

1 다음 낱말의 뜻으로 알맞은 것을 찾아 선으로 이으세요.

변화 •

안내 •

적합 •

• 무엇의 모양이나 상태 등이 달라짐.

• 어떤 일이나 조건에 꼭 들어맞아 알맞음.

• 어떤 사람을 그 사람이 잘 모르는 장소로 이끌거나 가고자 하는 곳까지 데려다 줌.

2 다음 문장의 빈칸에 들어갈 알맞은 낱말을 보기 에서 골라 쓰세요.

보기

변화   안내   적합

(1) 이 땅은 농사를 짓기에 ☐☐ 하다.

(2) 민아는 표정에 ☐☐ 가 별로 없다.

(3) 나는 그의 ☐☐ 로 도서관을 찾아갔다.

확장

3 다음 밑줄 친 낱말의 알맞은 뜻을 보기 에서 골라 번호를 쓰세요.

보기

모이다 { ① 여러 사람이 한곳에 오게 되거나 한 단체에 들게 되다.
② 사람들의 관심이나 흥미가 끌리다.

(1) 사람들의 관심이 지민이에게 모이다. (   )

(2) 추석을 맞아 오랜만에 친척들이 한자리에 모이다. (   )

오늘
나의 실력은?   부모님의
응원 한마디

1 옛날 옛적에 하늘의 신이 금강산을 만들 때의 이야기예요. 하늘의 신은 금강산을 ✛빼어난 풍경을 지닌 산으로 만들기 위해서 전국에서 가장 잘생긴 바위 일만 이천 개를 금강산으로 모이게 했어요. 남쪽 울산에 있었던 울산바위도 이 이야기를 듣고, 고향인 울산을 떠나서 금강산으로 향했지요.

"잘생긴 바위라면 내가 빠질 수 없지! 나도 금강산으로 가야겠다."

2 그러나 울산바위는 덩치가 워낙 크고 무거워 걸음이 느렸어요. 울산바위는 긴 여행에 ✛지쳐서 금강산을 코앞에 두고 설악산의 미시령 고개에서 하룻밤을 쉬어 가기로 했어요.

3 다음 날 아침 울산바위가 다시 길을 떠나려고 했을 때, 금강산에서 하늘의 신을 모시는 신하가 헐레벌떡 달려와 말했어요.

"어젯밤에 전국에서 바위들이 와 일만 이천 개의 바위가 이미 다 모였으니 더 이상 금강산에 오지 마시오."

울산바위는 이 소식을 듣고 너무나 ✛실망하고 말았어요.

"이렇게 먼 길을 힘들게 왔는데, 어떻게 다시 돌아가지? 고향에 있는 다른 바위들을 볼 ㉠면목이 없네."

울산바위는 금강산에 가려는 큰 ✛결심을 하고 고향인 울산을 ✛떠나왔기에, 다시 울산으로 돌아갈 ✛체면이 없었지요. 결국 울산바위는 엉엉 울며 설악산에 그대로 ✛머무르게 되었어요.

4 이렇게 하여 강원도에 있는 설악산에 '울산바위'라는 바위가 생기게 되었어요. 이러한 전설이 남아 있는 울산바위는 아름다운 풍경을 자랑하며 지금도 설악산을 찾는 많은 사람들에게 사랑받고 있어요.

낱말 풀이

✛ **빼어난**: 여럿 가운데서 두드러지게 뛰어난.

✛ **지쳐서**: 힘든 일을 하거나 어떤 일에 시달려서 힘이 없어.

✛ **실망하고**: 기대하던 대로 되지 않아 희망을 잃거나 마음이 몹시 상하고.

✛ **결심**: 어떻게 하기로 굳게 마음을 정함. 또는 그런 마음.

✛ **떠나왔기에**: 있던 곳을 떠나 다른 곳으로 옮겨 왔기에.

✛ **체면**: 남을 대하기에 떳떳한 입장이나 얼굴.

✛ **머무르게**: 도중에 멈추거나 일시적으로 어떤 곳에 묵게.

 쏙쏙! 내용 정리

빈칸에 들어갈 낱말을 글에서 찾아 쓰세요.

1 울산바위는 하늘의 신의 말을 듣고, 고향인 울산을 떠나 ㄱ ㄱ ㅅ 으로 향했다.

✎ _____

2 지친 울산바위는 금강산을 코앞에 두고 설악산 ㅁ ㅅ ㄹ 고개에서 하룻밤을 쉬었다.

✎ _____

3 금강산에 이미 일만 이천 개의 바위가 모두 모여 울산바위는 ㅅ ㅇ ㅅ 에 그대로 머무르게 되었다.

✎ _____

4 ㅇ ㅅ 바위는 아름다운 풍경으로 설악산을 찾는 사람들에게 사랑받고 있다.

✎ _____

---

1 글의 종류

이 글에 대한 설명으로 알맞은 것은 무엇인가요?

(   )

① 설악산에 가는 방법을 설명한 글이다.
② 옛날부터 전해져 내려오는 이야기이다.
③ 알맞은 근거를 들어서 주장하는 글이다.
④ 사실을 있는 그대로 전달하는 이야기이다.
⑤ 글쓴이가 여행한 곳에 대해 소개한 글이다.

2 내용 이해

하늘의 신이 전국의 가장 잘생긴 바위들을 금강산으로 모은 까닭은 무엇인가요? (   )

① 자신이 아는 바위가 많다는 것을 자랑하기 위해서
② 금강산보다 설악산이 더 좋다는 것을 알리기 위해서
③ 금강산을 아름다운 풍경을 지닌 산으로 만들기 위해서
④ 금강산에서 가장 잘생긴 바위를 뽑는 대회를 열기 위해서
⑤ 울산바위와 다른 바위들이 친해질 기회를 만들어 주기 위해서

3 내용 이해

울산바위가 하룻밤을 쉬기로 한 고개는 어디인가요?

(   )

① 경주 고개   ② 울산 고개
③ 금강산 고개   ④ 미시령 고개
⑤ 한계령 고개

4 내용 추론

금강산에 오지 말라는 이야기를 들은 울산바위의 기분으로 알맞은 것은 무엇인가요? (   )

① 기쁨.   ② 신남.   ③ 만족함.
④ 속상함.   ⑤ 지겨움.

5 울산바위가 고향으로 돌아가지 <u>않은</u> 까닭은 무엇인가요? (　　　)

내용
이해

① 걸음이 너무 느렸기 때문에
② 고향에 가는 방법을 잊었기 때문에
③ 고향에 돌아갈 체면이 없었기 때문에
④ 다른 바위들과 가족이 되었기 때문에
⑤ 하늘의 신과 한 약속을 지켜야 했기 때문에

6 다음 중 ㉠의 뜻으로 알맞은 것을 골라 기호를 쓰세요.

어휘

> ㉮ 마음속에 맺힌 게 없어지네.
> ㉯ 놀림을 받거나 하여 화가 나네.
> ㉰ 부끄러워서 다른 사람을 대할 용기가 없네.

(　　　)

7 빈칸에 알맞은 말을 써서, 이 글의 짜임을 정리해 보세요.

글의
구조

> 하늘의 신이 전국에서 가장 잘생긴 바위들을 ❶(　　　　)에 모이게 함.

↓

> 울산바위는 금강산에 가다가 설악산의 미시령 고개에서 하룻밤을 쉬었는데, 다음 날 아침 금강산에 바위가 다 모였으니 오지 말라는 소식을 듣고 실망함.

↓

> 울산바위는 고향에 다시 돌아갈 체면이 없어 ❷(　　　　)에 머무르게 됨.

> ❸(　　　　)는 금강산에 가지 못하여 설악산에 남았다.

1 다음 뜻을 지닌 낱말을 보기 에서 골라 빈칸에 쓰세요.

보기

| 떠나오다 | 빼어나다 | 실망하다 |

(1) 여럿 가운데서 두드러지게 뛰어나다.   (   )

(2) 있던 곳을 떠나 다른 곳으로 옮겨 오다.   (   )

(3) 기대하던 대로 되지 않아 희망을 잃거나 마음이 몹시 상하다.

(   )

2 다음 문장의 빈칸에 들어갈 알맞은 낱말을 찾아 선으로 이으세요.

이 호수는 경치가 아주 (   ).   •   • 떠나오다

원하는 선물을 받지 못해 (   ).   •   • 빼어나다

한 달 동안 미국으로 여행을 (   ). •   • 실망하다

확장

3 다음 밑줄 친 낱말의 알맞은 뜻을 보기 에서 골라 번호를 쓰세요.

보기

머무르다 { ① 도중에 멈추거나 일시적으로 어떤 곳에 묵다.
           ② 일정한 수준이나 범위에 그치다.

(1) 버스가 정류장에 잠시 머물렀다.   (   )

(2) 우리 팀은 올해도 아쉽게 준우승에 머물렀다.   (   )

오늘
나의 실력은?   부모님의
응원 한마디

☐ 이야기
☐ 시
☐ 극본
☑ 설명하는 글
☐ 주장하는 글
☐ 생활 글

1 ✦층간 ✦소음은 아파트와 같은 공동 주택의 한 층에서 발생하는 생활 소음이 다른 층으로 전달되는 것을 말해요. 이러한 층간 소음으로 인해 이웃에게 ✦피해를 주거나 받는 일들이 종종 있어서, 이웃 간에 갈등이 생기기도 해요. 공동 주택에서 모두가 ㉠편안하고 즐겁게 생활하려면 층간 소음을 줄이기 위해 노력해야 해요. 층간 소음을 줄일 수 있는 방법에 대해 알아보아요.

2 첫 번째, 집 안에서는 쿵쿵 걷거나 뛰지 않아요. 집 안에서 조심성 없이 걷거나 뛰어다니면, 바닥을 통해 아랫집 천장에 내 발소리가 전달되어 소음이 되어요. 따라서 집 안에서는 사뿐사뿐 조용히 걸어야 해요. 그리고 집 안에서 실내화를 신는 것도 발소리를 줄이는 데 도움이 되지요.

3 두 번째, 무거운 물건을 ✦끌어서 옮기지 않아요. 의자나 화분처럼 무거운 물건을 바닥에 끌어서 옮기면 큰 소리가 나서 소음이 되어요. 따라서 무거운 물건을 옮길 때는 바닥에서 완전히 들어서 옮기거나, 바닥에 천을 대어 부드럽게 옮기는 것이 좋아요.

4 세 번째, 늦은 밤이나 이른 아침에는 큰 소음이 발생하는 세탁기나 청소기 사용을 ✦자제해요. 큰 소리가 나는 기계는 낮 시간에 사용하는 것이 좋아요. 이외에도 늦은 밤이나 이른 아침에는 텔레비전이나 악기, 운동 기구에서도 큰 소리가 나지 않게 조심해야 하지요.

5 층간 소음은 공동 주택 생활에서는 어쩔 수 없이 일어나는 현상이에요. 그러나 서로를 배려하며 층간 소음을 줄이려고 노력한다면 나와 이웃이 모두 행복하게 생활할 수 있어요. 우리 지금부터 노력해 보아요.

낱말 풀이

✦ **층간**: 층과 층 사이.

✦ **소음**: 불쾌하고 시끄러운 소리.

✦ **피해**: 몸, 재산, 명예 등에 손해를 입음.

✦ **끌어서**: 바닥에 댄 채로 잡아당겨 움직여서.

✦ **자제**: 자신의 욕구를 스스로 억누르고 다스림.

쏙쏙! 내용 정리

빈칸에 들어갈 낱말을 글에서 찾아 쓰세요.

1 ㅊㄱ ㅅㅇ은 공동 주택에서 발생하는 생활 소음이 다른 층으로 전달되는 것이다.

✏ _____

2 집 안에서는 ㅋㅋ 걷거나 뛰지 않는다.

✏ _____

3 무거운 물건을 ㄲㅇㅅ 옮기지 않는다.

✏ _____

4 늦은 밤이나 이른 아침에는 큰 ㅅㅇ이 발생하는 기계 사용을 자제한다.

✏ _____

5 서로를 배려하며 층간 소음을 줄이려고 ㄴㄹ하자.

✏ _____

1
글의 목적

이 글을 쓴 까닭으로 알맞은 것을 골라 기호를 쓰세요.

㉮ 층간 소음을 줄이는 방법에 대하여 알리려고 한다.
㉯ 층간 소음이 사람의 몸에 미치는 영향에 대하여 알리려고 한다.

(   )

2
내용 이해

이 글의 내용으로 알맞은 것에는 ○표, 알맞지 않은 것에는 X표 하세요.

(1) 층간 소음 때문에 이웃 간에 갈등이 생기기도 한다.
(   )

(2) 층간 소음은 건물 밖의 소음이 건물 안에서 들리는 것을 말한다.
(   )

3
적용

이 글을 읽고, 집 안에서 쿵쿵 소리를 내며 걷는 동생에게 해 줄 수 있는 말로 알맞은 것에 ○표 하세요.

(1) 실내화를 신고 사뿐사뿐 걸어 보렴. (   )
(2) 뛰어도 되지만 쿵쿵 소리는 내지 마. (   )

4
어휘

㉠과 뜻이 반대되는 말은 무엇인가요? (**)**

① 불편하고   ② 쓸쓸하고   ③ 여유롭고
④ 재미있고   ⑤ 조용하고

5 수아의 일기를 읽고 알 수 있는 내용이 <u>아닌</u> 것은 무엇인가요? (   )

적용

> 오늘 집에서 숙제를 하고 있었는데, 아파트 관리 사무소에서 안내 방송이 나왔다. 요즘 밤 시간에 층간 소음으로 고통을 받는 이웃들이 있으니 주의해 달라는 내용이었다. 나도 의자를 끌어서 옮길 때가 많은데 앞으로는 꼭 들어서 옮겨야겠다고 생각하였다. 그리고 우리 가족은 가끔 늦은 밤에 세탁기를 돌리고는 하는데, 앞으로 늦은 밤에는 세탁기를 사용하지 말자고 이야기해야겠다.

① 수아네 가족은 공동 주택에 살고 있다.
② 수아네 아파트에는 층간 소음 문제가 있다.
③ 수아는 물건을 옮길 때 층간 소음을 줄이는 방법을 모른다.
④ 수아네 가족은 그동안 층간 소음을 일으킨 적이 있을 것이다.
⑤ 수아는 가족들에게 층간 소음을 줄이는 방법에 대해 말할 것이다.

6 이 글을 읽고 느낀 점을 알맞게 이야기한 친구의 이름을 쓰세요.

주제

> 주아: 공동 주택에 살면 나도 층간 소음으로 피해를 받을 수 있어. 그러니까 힘들게 배려하며 생활할 필요는 없는 것 같아.
> 한이: 층간 소음은 공동 주택 생활에서 어쩔 수 없이 일어나는 일이야. 그러니까 층간 소음을 줄이려고 노력하면서 서로를 배려해야겠어.

(   )

7 빈칸에 알맞은 말을 써서, 이 글의 짜임을 정리해 보세요.

글의
구조

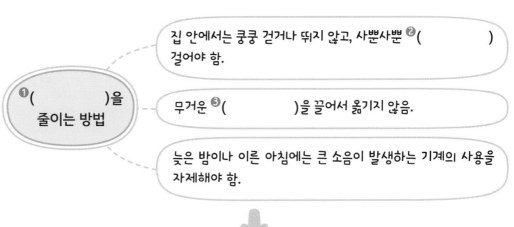

❶(**)을 줄이는 방법**

- 집 안에서는 쿵쿵 걷거나 뛰지 않고, 사뿐사뿐 ❷(   ) 걸어야 함.
- 무거운 ❸(   )을 끌어서 옮기지 않음.
- 늦은 밤이나 이른 아침에는 큰 소음이 발생하는 기계의 사용을 자제해야 함.

↓

층간 소음을 줄이기 위해 노력하자.

1 다음 낱말의 뜻으로 알맞은 것을 찾아 선으로 이으세요.

소음 •   • 불쾌하고 시끄러운 소리.

자제 •   • 몸, 재산, 명예 등에 손해를 입음.

피해 •   • 자신의 욕구를 스스로 억누르고 다스림.

2 다음 문장의 빈칸에 들어갈 알맞은 낱말을 보기에서 골라 쓰세요.

> **보기**
>
> 소음   자제   피해

(1) 지하철 공사 중이어서 ☐☐이 심하다.

(2) 눈이 너무 많이 와서 농가의 ☐☐가 크다.

(3) 수업 시간에는 친구와 떠들고 싶어도 ☐☐해야 한다.

확장

3 다음 밑줄 친 낱말의 알맞은 뜻을 보기에서 골라 번호를 쓰세요.

> **보기**
>
> 끌다 { ① 바닥에 댄 채로 잡아당겨 움직이다.
>   ② 시간이 오래 걸리게 하다.

(1) 책상을 내 쪽으로 끌었다.   (   )

(2) 동생이 자꾸 결정을 미루고 시간을 끌었다.   (   )

☑ 이야기
☐ 시
☐ 극본
☐ 설명하는 글
☐ 주장하는 글
☐ 생활 글

1 옛날에 한 젊은이가 고을 ✛원님으로 가게 되었어요. ㉠젊은이는 그동안 자신을 ✛보살펴 준 스승을 찾아가 인사를 하였어요.

"스승님, 기대에 ✛어긋나지 않는 관리가 되겠습니다."

"백성을 사랑하고 희망을 주는 원님이 되시게나. 나는 너무 늙어서 그렇게 할 수 없네만……."

㉡"네. 그런데 지금 무엇을 하고 계십니까?"

"배나무를 ✛심지."

"언제 따 ㉮잡수시려고……."

"내가 못 먹으면 자식이나 이웃들이 먹겠지."

2 그로부터 ㉯ 년이 흘렀어요. ㉢원님은 벼슬이 더 높아져 다른 고을로 떠나게 되었어요. 그래서 다시 스승님께 인사를 드리러 갔어요. 스승은 원님을 반갑게 맞았어요. 그리고 배를 그릇에 가득 담아서 내놓았어요.

"배 맛이 참 좋습니다. ㉣이렇게 맛있는 배를 어디에서 구하셨습니까?"

"자네도 기억할 게야. 십 년 전에 자네가 우리 집에 찾아왔을 때 내가 심었던 그 배나무에서 딴 것이라네."

"십 년 전에 심으신 그 작은 나무에서 딴 배라고요?"

㉤"일 년을 보고 농사를 짓고, 십 년을 보고 나무를 심고, 백 년을 보고 ✛인재를 ✛기른다고 하지 않던가?"

원님은 스승의 말을 듣고 크게 깨달았어요.

낱말 풀이

✛ **원님**: 고을을 맡아 다스리는 사람을 높여 이르는 말.

✛ **보살펴**: 정성을 기울여 보호하며 도와.

✛ **어긋나지**: 기대에 맞지 않거나 일정한 기준에서 벗어나지.

✛ **심지**: 풀이나 나무 등의 뿌리나 씨앗을 흙 속에 묻지.

✛ **인재**: 어떤 일을 할 수 있는 학식이나 능력을 갖춘 사람.

✛ **기른다고**: 사람을 가르쳐 키운다고.

 쏙쏙! 내용 정리

빈칸에 들어갈 낱말을 글에서 찾아 쓰세요.

1 원님이 스승님을 찾아갔을 때 스승님은 ㅂㄴㅁ를 심고 있었다.

✎ _____

2 원님은 스승님이 주신 배가 ㅅ 년 전에 심은 배나무에서 딴 것임을 알고 놀랐다.

✎ _____

1
내용 추론

원님이 배나무를 심는 스승을 보고 했을 생각으로 가장 알맞은 것은 무엇인가요? (   )

① 나도 스승님처럼 배나무를 심어야겠어.

② 스승님께서는 어디에서 저렇게 멋진 배나무를 사 오셨을까?

③ 스승님께 배나무보다 사과나무가 더 좋다고 말씀드려야겠어.

④ 스승님께서 심으시는 배나무에 정말 맛있는 배가 열릴 것 같아.

⑤ 배나무가 자라려면 한참 걸릴 텐데 스승님은 언제 드시려고 배나무를 심으시는 걸까?

2
내용 이해

이 글을 읽고 스승의 행동에 대해 바르게 이야기한 것에 ○표 하세요.

(1) 맛있는 음식을 굶주리는 사람들과 나누어 먹으려는 스승의 마음씨를 본받아야해.   (   )

(2) 자신은 배를 못 먹을지도 모르지만 미래의 다른 사람을 위해 나무를 심은 스승의 행동은 참 지혜로워.

(   )

3
어휘

다음 중 ㉮와 같은 높임말은 무엇인가요? (   )

① 계시다   ② 기르다   ③ 내놓다

④ 어긋나다   ⑤ 찾아오다

4
내용 추론

㉯에 들어갈 말로 알맞은 것은 무엇인가요? (   )

① 이   ② 일   ③ 칠   ④ 십   ⑤ 백

5

주제

㉠~㉤ 중, 이 글의 주제와 가장 관련이 있는 깊은 것을 골라 기호를 쓰세요.

6

적용

이 글을 읽고 나눈 학생들의 대화로 알맞지 <u>않은</u> 것은 무엇인가요?

(   )

① 연아: 나도 스승님이 행동한 것처럼 미래를 보며 행동해야겠어.
② 형민: 스승님은 원님이 백성들을 지혜롭게 다스리기를 바라고 있어.
③ 은수: 스승님께 인사를 드리러 간 것을 보니 원님은 예의가 바른 것 같아.
④ 우영: 스승님의 말을 듣고 깨달음을 얻은 원님은 현재만을 생각하며 살아 갈 것 같아.
⑤ 예나: 원님은 자신이 먹은 배가 십 년 전에 심은 배나무에서 딴 것임을 알 고 깜짝 놀랐을 것 같아.

글의 짜임

알맞은 말에 ○표 하여, 이 글의 짜임을 정리해 보세요.

┌─────────────────────────┐   ┌─────────────────────────┐
│ 젊은이가 고을 원님으로 가게 │   │ 원님이 다른 고을로 가게 되어 │
│ 되어 인사를 하러 갔을 때   │   │ 인사를 하러 갔을 때   │
└─────────────────────────┘   └─────────────────────────┘

┌─────────────────────────┐ 십 년 후 ┌─────────────────────────┐
│ 스승님이 배나무를 심는 모습을 보고 │ ──────→ │ 스승님이 원님에게 │
│ ❶(설렘 / 의문)을 가짐. │   │ ❷(오 / 십) 년 전에 심었던 │
└─────────────────────────┘   │ 배나무에서 열린 배를 대접함. │
                                      └─────────────────────────┘

┌──┐
│ ❸(과거 / 미래)를 생각하며 준비해야 한다. │
└──┘

탄탄 어휘 마무리

1 다음 뜻을 지닌 낱말을 [보기]에서 골라 빈칸에 쓰세요.

> **보기**
> 보살피다　　심다　　어긋나다

(1) 정성을 기울여 보호하며 돕다. 　　　　　　　　(　　　　　)

(2) 풀이나 나무 등의 뿌리나 씨앗을 흙 속에 묻다. 　(　　　　　)

(3) 기대에 맞지 않거나 일정한 기준에서 벗어나다. 　(　　　　　)

2 다음 문장의 빈칸에 들어갈 알맞은 낱말을 찾아 선으로 이으세요.

형이 아픈 동생을 (　　). 　　　・　　　・ 보살피다

실험 결과가 예상과 (　　). 　　　・　　　・ 심다

식목일 날 마당에 나무를 (　　). 　・　　　・ 어긋나다

확장

3 다음 밑줄 친 낱말의 알맞은 뜻을 [보기]에서 골라 번호를 쓰세요.

> **보기**
> 기르다 { ① 사람을 가르쳐 키우다.
> 　　　　② 머리카락이나 수염을 길게 자라도록 하다.

(1) 그는 제자를 <u>기르는</u> 일에 보람을 느낀다. 　　　　(　　)

(2) 나는 머리카락을 엉덩이까지 <u>기르는</u> 것이 목표이다. 　(　　)

오늘
나의 실력은?   　　부모님의
응원 한마디

□ 이야기
□ 시
□ 극본
□ 설명하는 글
□ 주장하는 글
☑ 생활 글

미세 먼지를 조심해요!

1 미세 먼지는 눈에 보이지 않을 만큼 매우 작은 먼지예요. 우리 몸속에 들어와 여러 가지 병을 ㉠일으킬 수 있어 조심해야 해요. 공기에 미세 먼지가 얼마나 있는지 알려 주는 미세 먼지 ✦예보를 확인하고 건강을 지킵시다!

2 미세 먼지 예보 ✦등급

미세 먼지 예보 등급은 좋음, 보통, 나쁨, 매우 나쁨의 네 단계로 ✦구분하며, 각각 색을 다르게 표시하여 한눈에 확인할 수 있어요.

좋음	누구나 활동해도 괜찮아요.
보통	환자들은 미세 먼지를 오래 ✦마시면 좋지 않을 수 있어요.
나쁨	환자나 어린이들에게 나쁜 ✦영향을 줄 수 있고, 환자가 아닌 사람들도 건강에 좋지 않아요.
매우 나쁨	환자나 어린이들에게 매우 위험할 수 있어요. 환자가 아닌 사람들도 나쁜 영향을 받을 수 있어요.

3 미세 먼지가 많을 때는 이것을 주의해요!

✦외출을 하지 않도록 하고 실내에서 활동해요.	외출을 해야만 할 때에는 보건용 마스크를 써요.	차량의 이동이 많은 곳에는 가지 않도록 해요.

낱말 풀이

✦**예보**: 앞으로 일어날 일을 미리 알림.

✦**등급**: 높고 낮음이나 좋고 나쁨의 정도를 여러 층으로 나누어 놓은 단계.

✦**구분**: 어떤 기준에 따라 전체를 몇 개의 부분으로 나눔.

✦**마시면**: 공기 등의 기체나 냄새를 입이나 코로 들이쉬면.

✦**영향**: 어떤 것의 효과나 작용이 다른 것에 미치는 것.

✦**외출**: 할 일이 있어 집 밖으로 나감.

쏙쏙! 내용 정리

빈칸에 들어갈 낱말을 글에서 찾아 쓰세요.

 1 |ㅁ|ㅅ|ㅁ|ㅈ|는 눈에 보이지 않을 만큼 매우 작은 먼지이다.

🖉 _____

2 미세 먼지 예보 |ㄷ|ㄱ|은 좋음, 보통, 나쁨, 매우 나쁨의 네 단계로 구분한다.

🖉 _____

 3 미세 먼지가 많을 때는 |ㅇ|ㅊ|을 하지 않도록 하고 실내에서 활동해야 한다.

🖉 _____

1
중심
소재

미세 먼지의 뜻으로 알맞은 것은 무엇인가요?

(   )

① 눈에 보이지 않을 만큼 작은 먼지
② 항상 공기 중에 떠 있는 깨끗한 먼지
③ 손으로 잡을 수 있을 만큼 커다란 먼지
④ 들이마시면 몸을 건강하게 해 주는 먼지
⑤ 피부에 닿았을 때 피부를 촉촉하게 해 주는 먼지

2
내용
이해

미세 먼지를 조심해야 하는 까닭으로 알맞은 것에 ○표 하세요.

(1) 약간의 미세 먼지는 숨을 쉴 때 도움을 주기 때문에
(   )

(2) 우리 몸속에 들어와 여러 가지 병을 일으킬 수 있기 때문에
(   )

3
어휘

㉠의 뜻을 알맞게 이야기한 친구의 이름을 쓰세요.

> 재윤: 자신의 몸이나 다른 사람을 일어나게 한다는 뜻이야.
> 나연: 어떠한 증상이나 병을 생기게 하거나 앓게 한다는 뜻이야.

(   )

4
주제

이 글을 쓴 글쓴이의 의견으로 가장 알맞은 것은 무엇인가요? (   )

① 미세 먼지를 많이 만들기 위해 노력하자.
② 미세 먼지를 조심하여 자신의 건강을 지키자.
③ 미세 먼지의 안전성에 대하여 주위에 많이 알리자.
④ 미세 먼지를 줄일 수 있도록 승용차를 많이 사용하자.
⑤ 미세 먼지는 작아서 눈에 보이지 않기 때문에 안전하다.

5 미세 먼지 예보에 대한 설명으로 바르지 <u>않은</u> 것은 무엇인가요? (   )

내용
이해

① 미세 먼지 예보 등급은 모두 네 가지이다.

② 공기에 미세 먼지가 얼마나 있는지 알려 준다.

③ 예보 등급이 '좋음'일 때에는 누구나 활동을 할 수 있다.

④ 예보 등급이 '보통'인 날에 환자들이 밖에 오래 있으면 좋지 않다.

⑤ 예보 등급이 '나쁨'이어도 환자가 아닌 사람들은 건강에 문제가 없다.

6 다음은 미세 먼지가 많을 때 주의할 점을 실천하고 있는 친구들의 모습입니다. 이 중 바르게 실천하지 <u>못한</u> 친구를 찾아 기호를 쓰세요.

적용

> ㉮ 미세 먼지 예보 등급이 '매우 나쁨'이라 집 안에서만 시간을 보낸 진우
>
> ㉯ 미세 먼지 예보 등급이 '매우 나쁨'이지만 마스크를 쓰지 않고 차량의 이동이 많은 도로 근처에 간 민재
>
> ㉰ 미세 먼지 예보 등급이 '나쁨'이지만 도서 반납일이 오늘까지라 어쩔 수 없이 도서관에 가야 해서 보건용 마스크를 쓰고 외출한 예솔

(   )

7 빈칸에 알맞은 말을 써서, 이 글의 짜임을 정리해 보세요.

글의
구조

미세 먼지의 뜻	→	눈에 보이지 않을 만큼 매우 ❶( ) 먼지

미세 먼지 예보 ❷( )	→	좋음, 보통, 나쁨, 매우 나쁨의 4단계로 구분함.

미세 먼지가 많을 때 주의할 점	→	- 실내에서만 활동함. - 외출을 해야 할 때는 보건용 ❸( )를 씀. - 차량의 이동이 많은 곳에 가지 않음.

미세 먼지 예보를 확인하여 ❹(   )을 지키자.

탄탄 어휘 마무리

1 다음 낱말의 뜻으로 알맞은 것을 찾아 선으로 이으세요.

등급 •

예보 •

외출 •

• 할 일이 있어 집 밖으로 나감.

• 앞으로 일어날 일을 미리 알림.

• 높고 낮음이나 좋고 나쁨의 정도를 여러 층으로 나누어 놓은 단계.

2 다음 문장의 빈칸에 들어갈 알맞은 낱말을 보기 에서 골라 쓰세요.

보기

등급   예보   외출

(1) ⬜⬜ 후에는 손을 씻어야 한다.

(2) 많은 비가 오겠다던 ⬜⬜ 가 빗나갔다.

(3) 이 제품은 품질을 ⬜⬜ 에 따라 세 단계로 나눌 수 있다.

확장

3 다음 밑줄 친 '마시다'의 뜻으로 알맞은 그림의 번호를 쓰세요.

① 　　　　마시다　　　　②

(1) 시원한 물을 마시다.　　　　　　　　　(　　)
(2) 산에 올라가 신선한 공기를 마시다.　　(　　)

오늘
나의 실력은?   　　부모님의
응원 한마디

☐ 이야기
☐ 시
☐ 극본
☑ 설명하는 글
☐ 주장하는 글
☐ 생활 글

1 하늘을 자유롭게 날 수 있는 것은 새가 가진 가장 큰 능력입니다. 새가 하늘에서 자유롭게 움직일 수 있는 것은 날기에 ⁺알맞은 몸과 ⁺뛰어난 날기 기술을 ⁺지니고 있기 때문입니다.

2 새는 하늘을 날기에 알맞은 몸을 지니고 있습니다. 새는 매우 가벼우면서도 ⁺단단한 뼈와 ⁺공기주머니를 가지고 있어 몸을 공중에 ⁺띄우기가 쉽습니다. 그리고 새의 날개는 앞쪽이 두껍고 뒤쪽이 차차 얇아지는 모양으로 되어 있어 몸을 띄우는 힘을 쉽게 만들어 낼 수 있습니다. 또한 새는 가슴 근육부터 날개 뼈까지 이어져 있는 힘센 근육으로 날개를 강하게 움직일 수 있습니다.

3 새는 하늘을 나는 데 필요한 여러 가지 기술을 지니고 있습니다. 날개를 강하게 움직여 몸을 띄우고, 좀 더 쉽게 날아오르기 위해 바람을 이용하기도 합니다. 날개를 움직일 때 깃털은 날개의 방향에 따라 저절로 열렸다 닫혀 공기를 쉽게 밀어 낼 수 있습니다. 큰 날개를 가진 새들은 날개를 움직이지 않은 채 바람을 ㉠타고 멀리 날아갈 수 있습니다. 새들은 하늘에서 방향과 속도를 바꾸는 기술도 지니고 있습니다.

낱말 풀이

⁺**알맞은**: 일정한 기준이나 조건 또는 정도에 잘 맞아 넘치거나 모자라지 않는 데가 있는.

⁺**뛰어난**: 능력 등이 남보다 더 훌륭하거나 우수한.

⁺**지니고**: 능력이나 습관 등을 바탕으로 갖추고.

⁺**단단한**: 어떤 힘에 의해 모양이 변하지 않을 정도로 딱딱한.

⁺**공기주머니**: 새의 가슴과 배에 있는 주머니로, 공기를 드나들게 하여 새의 몸이 뜨는 일이나 호흡하는 일을 도움.

⁺**띄우기**: 물 위나 공중에 뜨게 하기.

쑥쑥! 내용 정리

빈칸에 들어갈 낱말을 글에서 찾아 쓰세요.

1 ㅅ 는 하늘을 자유롭게 날 수 있는 능력을 가졌다.

✏_____

2 새는 하늘을 날기에 알맞은 ㅁ 을 지니고 있다.

✏_____

3 새는 하늘을 나는 데 필요한 여러 가지 ㄱ ㅅ 을 지니고 있다.

✏_____

1
내용
이해

이 글의 주요 내용으로 알맞은 것을 찾아 ○표 하세요.

(1) 새가 어떻게 하늘을 자유롭게 날 수 있는지를 설명하고 있다. ( )

(2) 하늘을 날기 위해서 새의 몸이 어떻게 바뀌어 왔는지를 설명하고 있다. ( )

2
내용
이해

새의 몸에 대한 설명으로 알맞지 않은 것은 무엇인가요? ( )

① 새의 뼈는 매우 가볍다.

② 새는 공기주머니를 가지고 있다.

③ 새는 무르고 말랑한 뼈를 지니고 있다.

④ 새는 하늘을 날기에 알맞은 몸을 지니고 있다.

⑤ 새는 힘센 근육으로 강하게 날개를 움직일 수 있다.

3
적용

새의 날개 모양으로 알맞은 것을 찾아 ○표 하세요.

( ) ( ) ( )

4
어휘

밑줄 친 말이 ㉠과 같은 뜻으로 쓰인 것에 ○표 하세요.

(1) 우리는 기차를 타고 여행을 갔다. ( )

(2) 연이 바람을 타고 하늘로 날아갔다. ( )

5 새가 하늘을 날기 위해 지니고 있는 기술로 알맞은 것은 무엇인가요?

내용
이해
( )

① 계절에 따라 사는 곳을 바꾸는 기술
② 하늘에서 방향과 속도를 바꾸는 기술
③ 깃털을 물에 적셔서 무겁게 만드는 기술
④ 먼 곳에 있는 먹이를 정확히 볼 수 있는 기술
⑤ 사람이 들을 수 없는 소리를 들을 수 있는 기술

6 이 글을 바르게 이해한 친구의 이름을 쓰세요.

적용

> 수연: 새가 날개를 움직일 때 깃털은 별로 도움이 되지 않는구나.
> 우진: 큰 날개를 가진 새들은 날개를 움직이지 않아도 바람을 이용해서 멀리 날아갈 수 있구나.

( )

7 빈칸에 알맞은 말을 써서, 이 글의 짜임을 정리해 보세요.

글의
구조

하늘을 자유롭게 날 수 있는 ❶( )

까닭 ① | 까닭 ②

하늘을 날기에 알맞은 ❷( )을 지니고 있음. | 하늘을 나는 데 필요한 여러 가지 ❸( )을 지니고 있음.

새는 하늘을 자유롭게 날 수 있는 능력이 있다.

탄탄 어휘 마무리

1 다음 뜻을 지닌 낱말을 보기 에서 골라 빈칸에 쓰세요.

> **보기**
>
> 단단하다   뛰어나다   지니다

(1) 능력이나 습관 등을 바탕으로 갖추고 있다.   (   )
(2) 능력 등이 남보다 더 훌륭하거나 우수하다.   (   )
(3) 어떤 힘에 의해 모양이 변하지 않을 정도로 딱딱하다.   (   )

2 다음 문장의 빈칸에 들어갈 알맞은 낱말을 찾아 선으로 이으세요.

민규는 미술 실력이 (   ).   •   •   단단하다

새의 뼈는 가벼우면서도 (   ).   •   •   뛰어나다

채민이가 바른 생활 습관을 (   ).   •   •   지니다

확장

3 다음 낱말이 아래의 문장에서 어떤 뜻으로 사용되었는지 골라 번호를 쓰세요.

띄우다
① 물 위나 공중에 뜨게 하다.
② 편지나 소식 등을 부치거나 보내다.

(1) 하늘에 인공위성을 <u>띄우다</u>.   (   )
(2) 미국에 있는 이모에게 편지를 <u>띄우다</u>.   (   )

오늘 나의 실력은?   부모님의 응원 한마디

☐ 이야기
☑ 시
☐ 극본
☐ 설명하는 글
☐ 주장하는 글
☐ 생활 글

방학

김용택

1 학교는 뭘 할까

운동장은 뭘 할까

교실은 뭘 할까

2 내 책상 내 의자는 지금 뭘 할까
　미끄럼틀 철봉은 ✛서서 뭘 할까

3 선생님은 지금 어디서 뭘 하고
　내 짝은 숙제 ㉠다 했을까

4 학교는 지금 뭘 할까

낱말 풀이

✛ 서서: 사람이나 동물이 바닥에 발을 대고 몸을 곧게 해서.

쏙쏙! 내용 정리

빈칸에 들어갈 낱말을 글에서 찾아 쓰세요.

1 말하는 이는 학교 ☐ ☐ ☐, 교실이 무엇을 하고 있을지 궁금하다.

✎ _____

2 말하는 이는 책상과 ☐ ☐, 미끄럼틀과 철봉이 지금 무엇을 하고 있을지 궁금하다.

✎ _____

3 말하는 이는 선생님이 어디서 무엇을 하는지, 짝이 ☐ ☐ 를 다 했는지 궁금하다.

✎ _____

4 말하는 이는 ☐ ☐ 가 지금 무엇을 하고 있을지 궁금하다.

✎ _____

1 글의 종류

이 글에 대한 설명으로 알맞은 것에 ○표 하세요.

(1) 읽는 사람을 설득하고 있다. ( )

(2) 학교에 가는 방법을 설명하고 있다. ( )

(3) 말하는 이의 상황과 마음을 잘 드러내고 있다.

( )

2 내용 이해

이 시에서 말하는 이가 떠올린 대상이 아닌 것은 무엇인가요? ( )

① 내 짝   ② 동생   ③ 철봉
④ 운동장   ⑤ 내 책상

3 내용 추론

다음은 말하는 이의 상황을 정리한 것입니다. 알맞은 말을 골라 ○표 하세요.

말하는 이는 (방학 전 / 방학 중)에 (여행 / 학교) 생각을 하고 있다.

4 어휘

㉠과 바꾸어 쓸 수 있는 말은 무엇인가요? ( )

① 살짝   ② 약간   ③ 일부
④ 전부   ⑤ 조금

5 이 시에 드러나는 말하는 이의 마음으로 알맞은 것은 무엇인가요?

내용
추론
(   )

① 괴롭다.   ② 그립다.   ③ 긴장된다.
④ 재미있다.   ⑤ 화가 난다.

6 이 시의 특징에 대한 설명으로 알맞지 <u>않은</u> 것은 무엇인가요? (   )

표현
① 처음과 마지막 연을 비슷하게 하여 내용을 강조하고 있다.
② 같은 낱말이나 비슷한 표현이 반복되어서 리듬감이 느껴진다.
③ 소리를 흉내 내는 말을 사용하여 상황을 생생하게 표현하고 있다.
④ 사람이 아닌 대상을 사람인 것처럼 표현하여 대상이 친근하게 느껴진다.
⑤ 말하는 이가 궁금해하는 대상을 나열하여 장면을 자세히 떠올릴 수 있다.

7 빈칸에 알맞은 말을 써서, 이 시의 내용을 정리해 보세요.

시의
구조

말하는 이	방학 중인 학생
말하는 이의 현재 상황	방학 동안 ❶( )와 운동장, 교실, 책상과 의자, 미끄럼틀과 철봉, 선생님과 짝은 무엇을 하고 있을지 궁금해함.
말하는 이의 마음	학교에 가지 못해서 학교를 그리워함.

말하는 이는 ❷(   ) 동안 학교를 그리워하고 있다.

1 다음은 '학교'와 관련된 낱말입니다. 낱말의 뜻으로 알맞은 것을 찾아 선으로 이으세요.

대답하다 •

배우다 •

질문하다 •

• 새로운 지식을 얻다.

• 묻는 것에 해당하는 것을 말하다.

• 모르는 것이나 알고 싶은 것을 묻다.

2 다음 문장의 빈칸에 들어갈 알맞은 낱말을 보기 에서 골라 쓰세요.

보기

대답하다   배우다   질문하다

(1) 묻는 말에 또박또박 ☐☐☐☐.

(2) 리코더를 연주하는 방법을 ☐☐☐.

(3) 선생님께 궁금한 점을 ☐☐☐☐.

확장

3 다음 밑줄 친 낱말의 알맞은 뜻을 보기 에서 골라 번호를 쓰세요.

보기

서다 { ① 사람이나 동물이 바닥에 발을 대고 몸을 곧게 하다.
② 어떤 곳에서 다른 곳으로 가다가 멈추다.

(1) 바른 자세로 <u>서다</u>.   (   )

(2) 달리던 기차가 갑자기 <u>서다</u>.   (   )

오늘
나의 실력은?   부모님의
응원 한마디

3주 01일차

공부한 날　　　월　　　일

☐ 이야기
☐ 시
☐ 극본
☑ 설명하는 글
☐ 주장하는 글
☐ 생활 글

낱말 풀이

✦**거대한**: 엄청나게 큰.

✦**청동기 시대**: 인류의 역사를 구분하는 시대의 이름 중 하나.

✦**무덤**: 죽은 사람의 몸이나 유골을 땅에 묻어 놓은 곳.

✦**괴어서**: 기울어지거나 쓰러지지 않도록 아래를 받쳐서.

✦**분포하고**: 일정한 범위에 나뉘어 흩어져 있고.

✦**세계 문화유산**: 세계 유산 협약에 따라 유네스코에서 인류 전체를 위하여 보호해야 할 가치가 있다고 인정한 문화유산.

✦**등록**: 허가나 인정을 받기 위해 이름 등을 문서에 기록되게 하는 것.

✦**유적**: 남아 있는 자취.

✦**지위**: 사회적 신분에 따른 계급이나 위치.

✦**연구하는**: 어떤 사물이나 일에 관련된 사실을 밝히기 위해 그에 대해 자세히 조사하고 분석하는.

1 고인돌은 ✦거대한 돌로 만든 ✦청동기 시대의 대표적인 ✦무덤이에요. 고인돌이라는 낱말은 순수한 우리나라 말로, 큰 바위 아래를 돌로 ✦괴어서 받치고 있다는 뜻을 가지고 있어요. 고인돌은 지역마다 만들어진 시기와 모양이 조금씩 달라요.

2 고인돌은 세계적으로 여러 곳에 위치해 있으며, 그중에서도 우리나라는 가장 많은 고인돌이 발견된 지역이에요. 우리나라에는 전국에 약 40,000여 개나 되는 고인돌이 ✦분포하고 있는데, 이는 전 세계 고인돌의 절반 정도를 차지해요. 전라남도 고창과 화순, 인천 강화도에는 고인돌이 특히 많이 모여 있어요. 이 세 지역의 고인돌은 2000년에 ✦세계 문화유산으로 ✦등록되어 그 가치를 인정받기도 했어요. 이 중에서도 고창은 고인돌이 가장 많이 모여 있는 곳으로, 작은 크기의 고인돌부터 큰 크기의 고인돌까지 다양한 크기의 고인돌을 볼 수 있어요.

3 고인돌은 청동기 시대의 사람들이 어떻게 살았는지 알 수 있는 중요한 ✦유적이에요. 당시에는 아주 커다랗고 무거운 돌을 옮길 수 있는 기계가 없었기 때문에 이를 옮기려면 많은 사람들의 힘이 필요했을 거예요. 또한 고인돌 안에서는 당시에 사용한 그릇이나 칼 등 여러 귀한 물건들이 함께 발견되기도 했어요. 그래서 커다란 돌무덤에 묻힌 사람은 ✦지위가 높은 사람이었을 것으로 짐작할 수 있지요. 이를 통해서 청동기 시대에는 신분에 따른 차이가 있었다는 것을 알 수 있어요. 이렇게 고인돌은 역사가 기록되기 ㉠이전인 청동기 시대를 ✦연구하는 데 아주 중요한 자료로 사용되고 있어요.

쏙쏙! 내용 정리

빈칸에 들어갈 낱말을 글에서 찾아 쓰세요.

1 ㄱ ㅇ ㄷ 은 거대한 돌로 만든 청동기 시대의 무덤이다.

 _____

2 ㅇ ㄹ ㄴ ㄹ 는 세계에서 가장 많은 고인돌이 발견된 지역이다.

 _____

3 고인돌은 ㅊ ㄷ ㄱ 시대를 연구하는 데 아주 중요한 자료로 사용되고 있다.

 _____

---

1 글의 종류

이 글의 특징을 알맞게 이야기한 친구의 이름을 쓰세요.

> 수연: 지식이나 정보를 읽는 사람이 쉽게 이해할 수 있도록 사실에 바탕을 두고 쓴 글이야.
>
> 원우: 멀리 떨어져 있는 상대방에게 안부나 소식을 알리기 위해서 특정한 형태를 갖추어 쓴 글이야.

(   )

2 중심 소재

이 글에서 설명하는 대상을 빈칸에 쓰세요.

☐ ☐ ☐

3 내용 이해

이 글의 내용으로 알맞지 <u>않은</u> 것은 무엇인가요?

(   )

① 고인돌은 순수한 우리나라 말이다.
② 고인돌은 우리나라에서만 발견된다.
③ 고창에서는 다양한 크기의 고인돌을 볼 수 있다.
④ 고인돌은 거대한 돌로 만든 청동기 시대의 무덤이다.
⑤ 우리나라 고창, 화순, 강화도의 고인돌은 세계 문화유산으로 등록되었다.

4 어휘

㉠과 반대의 뜻을 가진 말은 무엇인가요? (   )

① 이때   ② 이미   ③ 이상
④ 이하   ⑤ 이후

5 다음을 보고 짐작할 수 있는 내용으로 알맞은 것에 ○표 하세요.

적용

 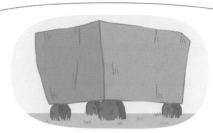

이러한 모양의 고인돌은 우리나라 중부 지역 위쪽에서 많이 발견되며, 받침돌이 크고 탁자 모양처럼 생김.

이러한 모양의 고인돌은 우리나라 남쪽 지역에서 많이 발견되며, 받침돌이 작고 바둑판 모양처럼 생김.

(1) 고인돌은 지역마다 모양이 조금씩 다르다. ( )

(2) 고인돌은 모두 똑같은 모양으로 만들어졌다. ( )

6 이 글을 읽고 나눈 대화입니다. 알맞게 이야기한 친구의 이름을 쓰세요.

내용 추론

강준: 고인돌에 묻힌 사람은 힘이 센 사람이었기 때문에 거대한 돌을 혼자서도 옮길 수 있었을 거야.

가을: 고인돌 안에서 귀한 물건이 함께 발견되었다고 한 것을 보니 고인돌에 묻힌 사람은 지위가 높은 사람이었나 봐.

( )

7 빈칸에 알맞은 말을 써서, 이 글의 짜임을 정리해 보세요.

글의 구조

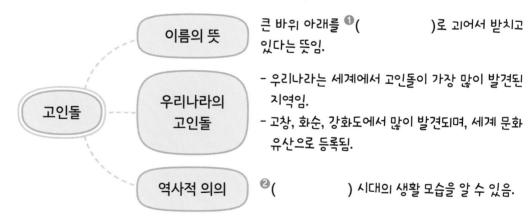

이름의 뜻 — 큰 바위 아래를 ❶( )로 괴어서 받치고 있다는 뜻임.

우리나라의 고인돌 — - 우리나라는 세계에서 고인돌이 가장 많이 발견된 지역임.
- 고창, 화순, 강화도에서 많이 발견되며, 세계 문화유산으로 등록됨.

역사적 의의 — ❷( ) 시대의 생활 모습을 알 수 있음.

고인돌

청동기 시대의 무덤인 ❸( )은
그 시대의 생활 모습을 알려 주는 중요한 자료이다.

1 다음 뜻을 지닌 낱말을 보기 에서 골라 빈칸에 쓰세요.

보기

| 거대하다 | 분포하다 | 연구하다 |

(1) 엄청나게 크다. ( )

(2) 일정한 범위에 나뉘어 흩어져 있다. ( )

(3) 어떤 사물이나 일에 관련된 사실을 밝히기 위해 그에 대해 자세히 조사하고
분석하다. ( )

2 다음 문장의 빈칸에 들어갈 알맞은 낱말을 찾아 선으로 이으세요.

식물이 전국에 널리 ( ). · · 거대하다

이 동물의 몸집은 매우 ( ). · · 분포하다

그는 평생 한국의 역사를 ( ). · · 연구하다

확장
3 다음 낱말이 아래의 문장에서 어떤 뜻으로 사용되었는지 골라 번호를 쓰세요.

괴다
① 기울어지거나 쓰러지지 않도록 아래를 받치다.

② 우묵하거나 좁은 곳에 액체나 냄새, 기체 등이 모이다.

(1) 민하가 습관적으로 턱을 <u>괴다</u>. ( )

(2) 어제 내린 비로 땅에 빗물이 <u>괴다</u>. ( )

오늘
나의 실력은?

부모님의
응원 한마디

☑ 이야기
☐ 시
☐ 극본
☐ 설명하는 글
☐ 주장하는 글
☐ 생활 글

1 성호네 마을에서 회의가 열렸습니다. 길을 넓히는 일 때문이었습니다. 마을 사람들의 의견은 크게 두 가지였습니다. 하나는 길을 넓히면 안 된다는 것이고, 다른 하나는 길을 넓혀야 한다는 것이었습니다.

2 먼저, 찬희 할아버지께서 말씀하셨습니다.

"길을 넓히려면 길가의 나무를 많이 베어야겠지. 풀 한 ✚포기, 나무 한 ✚그루의 소중함을 알아야 해!"

3 그러자 창수 어머니께서 말씀하셨습니다.

"지금은 길이 ㉠좁아서 참 불편해요. 큰 차가 ✚들어오지 못해서 물건을 ✚실어 나르는 데 어려움이 많아요."

4 이 말을 듣고, 소라 삼촌이 말하였습니다.

"맞아요. 지난번에 소라가 아팠을 때, 길이 좁아서 병원에 가는 데 시간이 많이 걸렸어요. 그러니 하루 빨리 길을 넓혀야 해요. 길을 넓힌 다음에 나무를 많이 심으면 되잖아요?"

5 성호 아버지께서 고개를 ✚설레설레 ✚저으며 말씀하셨습니다.

"차들이 많이 다니게 되면 좋은 점도 있겠죠. 그렇지만 공기가 나빠지고 물도 더러워지지 않을까요?"

마을 사람들은 쉽게 결정을 ✚내리지 못하였습니다.

낱말 풀이

✚ **포기**: 뿌리를 단위로 한 풀이나 나무를 세는 단위.

✚ **그루**: 나무를 세는 단위.

✚ **들어오지**: 밖에서 안으로 이동하지.

✚ **실어**: 무엇을 운반하기 위하여 차, 배, 비행기 등에 올려.

✚ **설레설레**: 몸의 한 부분을 가볍게 좌우로 흔드는 모양.

✚ **저으며**: 거절하거나 싫다는 뜻으로 머리나 손을 흔들며.

✚ **내리지**: 어떤 일에 대한 판단이나 결정을 하지.

쏙쏙! 내용 정리

빈칸에 들어갈 낱말을 글에서 찾아 쓰세요.

1 성호네 마을에서 ㄱ 을 넓히는 일 때문에 회의가 열렸다.

✎ _____

2 찬희 할아버지: 길가의 ㄴ ㅁ 를 많이 베어야 해서 길을 넓히면 안 된다.

✎ _____

3 창수 어머니: 길이 좁아서 큰 차가 들어오지 못해 물건을 나르는 데 ㅇ ㄹ ㅇ 이 많기 때문에 길을 넓혀야 한다.

✎ _____

4 소라 삼촌: 길이 좁아서 ㅂ ㅇ 에 가는 데 시간이 많이 걸렸기 때문에 길을 넓혀야 한다.

✎ _____

5 성호 아버지: ㄱ ㄱ 가 나빠지고 물도 더러워질 수 있기 때문에 길을 넓히면 안 된다.

✎ _____

1 글의 종류

이 글을 읽을 때 고려해야 할 점으로 알맞은 것을 골라 ○표 하세요.

(1) 리듬감이 느껴지는 낱말을 찾는다. ( )

(2) 감사한 마음을 전하는 대상을 파악한다. ( )

(3) 각 인물들의 의견을 파악하고 비교한다. ( )

2 내용 이해

마을 회의가 열린 까닭은 무엇인가요? ( )

① 마을의 길을 넓히는 일을 결정하기 위해

② 마을에 심을 나무의 종류를 결정하기 위해

③ 아픈 소라를 어떻게 위로할지를 이야기하기 위해

④ 마을에 병원을 지어야 하는 까닭을 이야기하기 위해

⑤ 마을에 다니는 차량의 수를 줄일 방법을 이야기하기 위해

3 내용 이해

마을 회의의 내용으로 알맞지 않은 것은 무엇인가요? ( )

① 마을 사람들의 의견은 크게 두 가지로 나뉘었다.

② 찬희 할아버지와 소라 삼촌은 서로 의견이 같다.

③ 창수 어머니는 길이 좁아서 불편함을 느끼고 있다.

④ 성호 아버지는 길을 넓혔을 때 물이 더러워질까 봐 걱정하고 있다.

⑤ 소라 삼촌은 위급한 상황에서 빨리 이동할 수 없다는 점을 의견에 대한 까닭으로 이야기하고 있다.

4 어휘

㉠과 반대의 뜻을 가진 말은 무엇인가요? ( )

① 넓어서   ② 많아서   ③ 멀어서

④ 밝아서   ⑤ 쉬워서

5 이 글에서 이루어진 회의에 대하여 알맞게 말한 친구의 이름을 쓰세요.

내용
추론

> 도윤: 마을 사람들이 서로의 의견을 전부 틀렸다고 말해서 쉽게 결정을 내리지 못하는 것 같아.

> 수아: 마을 사람들이 서로 다른 의견을 내세우고 있어서 쉽게 결정을 내리지 못하고 있는 것 같아.

(   )

6 보기 의 의견은 마을 사람 중 누구의 의견에 가까운가요? 알맞은 사람을 모두 고르세요. (,   )

적용

> 보기
>
> 길이 좁아서 겪는 불편이 있기는 하지만, 우리 마을이 가꾸어 온 자연이 크게 훼손될 것 같아서 길을 넓히지 않는 것이 좋겠습니다.

① 소라   ② 소라 삼촌   ③ 성호 아버지
④ 창수 어머니   ⑤ 찬희 할아버지

7 빈칸에 알맞은 말을 써서, 이 글의 짜임을 정리해 보세요.

글의
구조

마을 회의

의견 ①: 길을 넓히지 말자.

의견 ②: 길을 넓히자.

[찬희 할아버지]
길가의 나무를
많이 베어야 하기
때문에

[성호 아버지]
❶(   )
가 나빠지고 물이
더러워질 수
있기 때문에

[창수 어머니]
큰 차로 물건을
실어 나를 수
있기 때문에

[소라 삼촌]
위급한 상황에서
빨리 이동할 수
있기 때문에

성호네 마을 사람들은 길을 넓히는 일 때문에 ❷(   )를 하였다.

어휘 마무리

1 다음 낱말의 뜻으로 알맞은 것을 찾아 선으로 이으세요.

들어오다 •   • 밖에서 안으로 이동하다.

싣다 •   • 거절의 뜻으로 머리나 손을 흔들다.

젓다 •   • 무엇을 차, 배 등의 운반 기구에 올려놓다.

2 다음 문장의 빈칸에 들어갈 알맞은 낱말을 보기 에서 골라 쓰세요.

보기

들어오다   싣다   젓다

(1) 트럭에 이삿짐을 ☐☐.

(2) 과자를 먹자는 언니의 말에 싫다고 고개를 ☐☐.

(3) 문을 열어 두었더니 바람이 방 안으로 ☐☐☐☐.

확장

3 다음 빈칸에 들어갈 사물을 세는 낱말을 보기 에서 찾아 쓰세요.

보기

그루   송이   포기

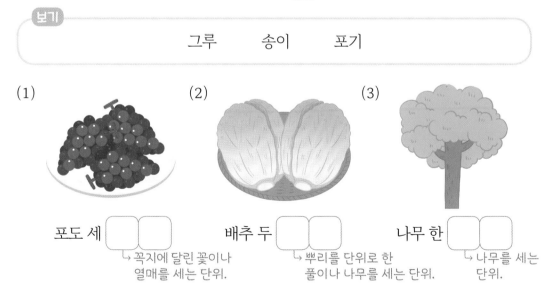

(1) 포도 세 ☐☐
↳ 꼭지에 달린 꽃이나 열매를 세는 단위.

(2) 배추 두 ☐☐
↳ 뿌리를 단위로 한 풀이나 나무를 세는 단위.

(3) 나무 한 ☐☐
↳ 나무를 세는 단위.

오늘 나의 실력은?   부모님의 응원 한마디

□ 이야기
□ 시
□ 극본
☑ 설명하는 글
□ 주장하는 글
□ 생활 글

1 과자, 빵, 우유, 냉동식품과 같은 ⁺가공식품의 ⁺용기나 포장지에 영양 ⁺성분과 관련된 정보가 표시된 것을 본 적이 있나요? 우리나라에서는 건강에 더 좋은 식품을 고를 수 있도록 돕는 영양 표시 ⁺제도를 ⁺시행하고 있어요. 그중 하나가 '영양 성분 표시'예요.

2 영양 성분 표시는 가공식품의 열량이나 영양 성분의 ⁺명칭, 영양소가 들어 있는 양 등을 정해진 기준에 따라 나타낸 표예요. 이 표에 반드시 표시해야 하는 영양 성분은 열량, 나트륨, 탄수화물, 당류, 지방, 트랜스 지방, 포화 지방, 콜레스테롤, 단백질의 총 9가지예요. 탄수화물, 단백질, 지방은 우리 몸에 ㉠꼭 필요한 3대 영양소이기 때문에, 그리고 당류, 트랜스 지방, 포화 지방, 콜레스테롤, 나트륨은 많은 양을 먹으면 몸에 좋지 않은 성분이기 때문에 표시하고 있어요. 그 밖에 식품에 따라 강조하고 싶은 영양 성분을 추가하여 표시할 수도 있어요.

3 이와 같은 영양 성분 표시를 통해 하루에 필요한 영양소 중 얼마만큼의 양이 ⁺해당 식품에 들어 있는지도 알 수 있어요. 이를 '1일 영양 성분 기준치에 대한 비율'이라고 하는데, 보통 사람에게 하루에 필요한 영양소의 양 전체를 100%(퍼센트)라고 했을 때, 이 식품에는 하루에 필요한 영양소 중 얼마만큼이 들어 있는지

영양정보	총 내용량 90g 465Kcal
총 내용량당	**1일 영양성분 기준치에 대한 비율**
나트륨 510mg	28%
탄수화물 45g	15%
당류 5g	5%
지방 30g	48%
트랜스지방 0.5g미만	
포화지방 8g	53%
콜레스테롤 5mg미만	1%
단백질 5g	10%

1일 영양성분 기준치에 대한 비율(%)은 2,000Kcal 기준이므로 개인의 필요 열량에 따라 다를 수 있습니다.

그 비율을 나타내는 것이에요. 예를 들어 이 표를 보면, 이 식품에는 탄수화물이 45g 들어 있고, 그 양은 하루에 필요한 탄수화물 중 15%라는 것을 알 수 있어요.

4 영양 성분 표시를 잘 활용해 영양소의 양을 비교하고 건강에 더 좋은 음식을 선택하여, 식습관을 똑똑하게 관리해 보세요.

낱말 풀이

+ **가공식품**: 저장과 조리가 편리하도록 원료를 특별한 방법으로 가공하여 새롭게 만든 먹을거리.

+ **용기**: 물건을 담는 그릇.

+ **성분**: 통일된 하나의 조직체를 구성하는 한 부분.

+ **제도**: 관습, 도덕, 법률 등의 규범이나 사회 구조의 체계.

+ **시행**: 법률 등을 일반 대중에게 알린 뒤에 실제로 그 효력을 나타내는 일.

+ **명칭**: 사람이나 사물 등을 가리켜 부르는 이름.

+ **해당**: 무엇과 관계가 있는 바로 그것.

쏙쏙! 내용 정리

빈칸에 들어갈 낱말을 글에서 찾아 쓰세요.

1 ㅇㅇㅅㅂㅍㅅ는 영양 표시 제도 중 하나로, 가공식품의 용기나 포장지에 적혀 있다.

2 영양 성분 표시에는 ㅇㄹ과 나트륨, 탄수화물, 당류, 지방, 트랜스 지방, 포화 지방, 콜레스테롤, 단백질을 반드시 표시해야 한다.

3 '1일 영양 성분 기준치에 대한 ㅂㅇ'은 보통 사람에게 하루에 필요한 영양소의 양 전체를 100%라고 했을 때, 이 식품에는 하루에 필요한 영양소 중 얼마만큼의 양이 들어 있는지 그 비율을 나타내는 것이다.

4 영양 성분 표시를 잘 활용하면 ㄱㄱ에 좋은 음식을 선택하여, 식습관을 관리하는 데 도움이 된다.

정답 확인
13쪽

1 이 글은 무엇에 대하여 설명하고 있나요? (   )

중심
소재

① 식습관   ② 가공식품   ③ 냉동식품
④ 3대 영양소   ⑤ 영양 성분 표시

2 이 글의 내용으로 알맞지 <u>않은</u> 것은 무엇인가요?

내용
이해

(   )

① 영양 성분 표시는 가공식품의 용기에 표시되어 있다.
② 트랜스 지방을 많이 먹는 것은 우리 몸에 좋지 않다.
③ 영양 성분 표시에 꼭 표시해야 하는 영양 성분은 9가지이다.
④ 탄수화물, 나트륨, 지방은 우리 몸에 꼭 필요한 3대 영양소이다.
⑤ 식품에 따라 강조하고 싶은 영양 성분을 추가로 표시할 수 있다.

3 '1일 영양 성분 기준치에 대한 비율'이 나타내는 것으로 알맞은 것에 ◯표 하세요.

내용
이해

(1) 하루에 필요한 영양소 중 식품의 가격 대비 들어 있는 영양소의 비율   (   )
(2) 하루에 필요한 영양소 중 해당 식품을 통해 얻을 수 있는 영양소의 비율   (   )

4 ㉠과 바꾸어 쓸 수 있는 말을 바르게 이야기한 친구의 이름을 쓰세요.

어휘

> 경민: '전혀'와 바꾸어 쓸 수 있어.
> 혜리: '반드시'와 바꾸어 쓸 수 있어.

(   )

5 다음 영양 성분 표시에 대한 설명으로 알맞은 것에는 〇표, 알맞지 <u>않은</u> 것에는 X표 하세요.

영양정보   총 내용량 200mL 135Kcal

나트륨 100mg 5%	탄수화물 10g 3%	당류 5g 10%
지방 8g 15%	트랜스지방 0.5g 미만	포화지방 5g 33%
콜레스테롤 25mg 8%	단백질 6g 11%	칼슘 200mg 29%

1일 영양성분 기준치에 대한 비율(%)은 2,000Kcal 기준이므로 개인의 필요 열량에 따라 다를 수 있습니다.

(1) 이 우유에 지방은 8g이 들어 있다.   (   )

(2) 이 우유에는 하루에 필요한 단백질 중 11%가 들어 있다.   (   )

(3) 이 우유의 영양 성분 표시에 9가지 영양 성분 외에 추가로 제시된 영양 성분은 없다.   (   )

6 이 글을 읽고 느낀 점을 알맞게 이야기한 친구의 이름을 쓰세요.

> 상아: 영양 성분 표시 외에 다른 영양 표시 제도는 무엇이 있는지 더 알아보고 싶어.
>
> 하진: 영양 성분 표시를 비교하여 음식을 선택하기보다는 내가 좋아하는 달콤한 맛의 빵과 과자를 골라 먹어야겠어.

(   )

7 알맞은 말에 〇표 하여, 이 글의 짜임을 정리해 보세요.

영양 성분 표시

> 9가지 영양 성분을 **①** (골라서 / 반드시) 표시해야 하며, 필요에 따라 영양 성분을 추가로 표시할 수 있음.

> 1일 영양 성분 기준치에 대한 **②** (가격 / 비율)은 하루에 필요한 영양소 중 해당 식품에 들어있는 양의 비율을 나타낸 것임.

> 영양 성분 표시를 잘 살펴서 건강에 **③** (좋은 / 해로운) 음식을 선택할 수 있다.

어휘 마무리

1 다음 뜻을 지닌 낱말을 [보기]에서 골라 빈칸에 쓰세요.

[보기]

명칭　　　성분　　　시행

(1) 사람이나 사물 등을 가리켜 부르는 이름. 　　　(　　　　　)

(2) 통일된 하나의 조직체를 구성하는 한 부분. 　　　(　　　　　)

(3) 법률 등을 일반 대중에게 알린 뒤에 실제로 그 효력을 나타내는 일.

(　　　　　)

2 다음 문장의 빈칸에 들어갈 알맞은 낱말을 찾아 선으로 이으세요.

멸치에는 칼슘 (　　　)이 많이 들어 있다. ・　　　　・ 명칭

자전거를 구성하는 각 부분의 (　　　)을 배웠다. ・　　　　・ 성분

최근 개정된 법률은 (　　　)이 되기도 전에 논란에 휩싸였다. ・　　　　・ 시행

확장

3 다음 낱말이 아래의 문장에서 어떤 뜻으로 사용되었는지 골라 번호를 쓰세요.

용기

① 물건을 담는 그릇.

② 겁이 없고 씩씩한 기운.

(1) 용기를 내어 발표를 마쳤다. 　　　　　　(　　　　)

(2) 일회용 용기에 도시락을 쌌다. 　　　　　(　　　　)

오늘 나의 실력은?   　　부모님의 응원 한마디

- ☐ 이야기
- ☐ 시
- ☐ 극본
- ☑ 설명하는 글
- ☐ 주장하는 글
- ☐ 생활 글

1 나는 할머니께서 끓여 주시는 된장찌개를 좋아한다. 된장찌개만 있으면 밥을 두세 그릇도 뚝딱 해치운다. 그럴 때면 메주에서 냄새가 난다고 투덜거린 것이 죄송스럽다. 이렇게 맛있는 된장은 어떻게 만드는 것일까? 나는 메주로 된장을 만드는 과정을 책에서 자세히 알아보았다.

2 먼저, 메주콩을 열두 시간 동안 물에 ✛불린 뒤에 푹 삶습니다. 삶은 콩은 절구에 ✛찧어 반죽처럼 만듭니다. 찧은 콩 반죽을 네모난 모양으로 빚어 메주를 만듭니다.

3 잘 만든 메주를 따뜻한 방에서 ✛꾸덕꾸덕할 때까지 말립니다. 메주를 따뜻한 곳에 두면 우리 몸에 ✛이로운 성분이 생깁니다. 2~3일간 메주를 잘 말려 볏짚으로 묶어 띄울 준비를 합니다.

4 메주를 볏짚으로 묶어 바람이 잘 통하는 곳에 매달아 놓습니다. 볏짚과 공기 중에는 메주를 ㉠발효시키는 여러 가지 ✛미생물이 살고 있습니다.

5 메주를 서너 달 동안 매달아 놓으면 된장의 고유한 맛과 향기를 내는 미생물이 많이 퍼집니다. 이 성분을 사람이 먹으면 몸이 튼튼하고 건강하게 됩니다.

6 이렇게 잘 띄운 메주를 깨끗이 씻어서 적당히 햇볕에 말립니다. 그런 뒤, 항아리에 메주와 소금물을 넣습니다. 이때 붉은 고추와 숯을 함께 넣어 줍니다. 붉은 고추와 숯은 ✛잡균을 없애고 냄새를 제거하여 주는 역할을 합니다. 20~30일이 지나면 항아리에서 메주를 건져 냅니다.

7 건져 낸 메주를 ✛삭혀 된장을 만듭니다.

- 열린교육 해오름, 「콩이 된장으로 변했어요」 중에서

낱말 풀이

- ✛**불린**: 물에 젖게 해서 부피를 커지게 한.
- ✛**찧어**: 곡식 따위를 잘게 만들려고 절구에 담고 공이로 내리쳐.
- ✛**꾸덕꾸덕할**: 물기 있는 물체의 겉이 조금 마르거나 얼어서 꽤 굳어 있을.
- ✛**이로운**: 이익이 있는.
- ✛**미생물**: 눈으로는 볼 수 없는 아주 작은 생물.
- ✛**잡균**: 여러 가지가 뒤섞여 깨끗하지 않은 세균.
- ✛**삭혀**: 김치나 젓갈 등의 음식물을 발효시켜 맛이 알맞게 되게 하여.

 쏙쏙! 내용 정리

빈칸에 들어갈 낱말을 글에서 찾아 쓰세요.

1 ㄷ ㅈ 을 만드는 과정을 책에서 알아보았다.

✎ _____

2 ㅁ ㅈ 는 삶은 콩을 찧어 네모난 모양으로 빚은 것이다.

✎ _____

3 우리 몸에 이로운 성분이 생기도록 메주를 ㄸ ㄸ ㅎ 방에서 말린다.

✎ _____

4 메주를 ㅂ ㅈ 으로 묶어 바람이 잘 통하는 곳에 매달아 놓는다.

✎ _____

5 ㅁ ㅅ ㅁ 은 된장의 고유한 맛과 향기를 낸다.

✎ _____

6 붉은 고추와 ㅅ 은 잡균을 없애고 냄새를 제거한다.

✎ _____

7 ㄷ ㅈ 은 메주를 삭힌 것이다.

✎ _____

1
글의 종류

이 글에 대한 설명으로 알맞은 것에 ○표 하세요.

(1) 글쓴이가 메주를 만드는 체험을 한 후에 느낀 점을 정리한 것이다. (   )

(2) 글쓴이가 된장을 만드는 과정과 관련된 책을 읽은 후의 내용을 정리한 것이다. (   )

2
내용 이해

메주를 만드는 순서에 맞게 번호를 쓰세요.

• 메주콩을 물에 불린다. (   )

• 삶은 콩을 절구에 찧는다. (   )

• 불린 메주콩을 푹 삶는다. (   )

• 네모난 모양으로 콩 반죽을 빚는다. (   )

3
내용 이해

다음 질문에 알맞은 답을 한 친구의 이름을 쓰세요.

> 메주를 왜 따뜻한 방에 두나요?

> 연우: 모양이 흐물흐물해지도록 하기 위해서입니다.
> 지민: 우리 몸에 이로운 성분이 생기게 하기 위해서입니다.

(   )

4
내용 추론

메주를 볏짚으로 묶어 바람이 잘 통하는 곳에 매달아 놓는 까닭은 무엇인가요? (   )

① 메주는 햇볕에서 더 눅눅해져서

② 메주에서 나는 독특한 냄새가 너무 심해서

③ 메주가 공기 중에 떠도는 먼지를 없애 주어서

④ 바람이 불면서 메주에 붙은 나쁜 콩을 떨어뜨려서

⑤ 볏짚과 공기 중에 있는 미생물을 이용하여 메주를 잘 발효시키기 위해서

5 밑줄 친 말이 ㉠과 같은 뜻으로 쓰인 것에 〇표 하세요.

어휘

(1) 남부 지방에 태풍 주의보가 발효 중이다. ( )

(2) 우리나라의 전통 음식인 김치는 대표적인 발효 식품이다. ( )

6 다음은 이 글을 읽고 알게 된 점을 정리한 것입니다. 알맞지 <u>않은</u> 것은 무엇인가요? ( )

적용

> 이 글을 읽고 된장을 만드는 방법을 이해할 수 있었다. ① 일단 된장을 만들기 위해서는 메주를 먼저 만들어야 한다. ② 그리고 메주를 서너 달 동안 매달아 잘 띄운다. ③ 잘 띄운 메주를 깨끗하게 씻어서 적당히 햇볕에 말린 후, 항아리에 메주와 소금물을 넣는다. ④ 이때, 메주의 양이 많아지게 하기 위해서 붉은 고추와 숯을 함께 넣어야 한다. ⑤ 20~30일이 지나면 항아리에서 메주를 건져 낸다. 건져 낸 메주를 삭혀서 된장을 만든다.

7 빈칸에 알맞은 말을 써서, 이 글의 짜임을 정리해 보세요.

글의
구조

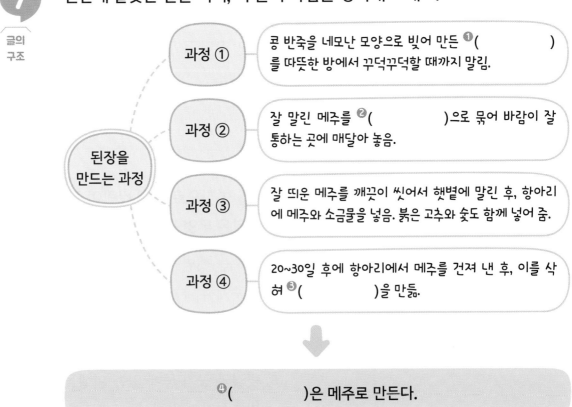

된장을 만드는 과정

과정 ① 콩 반죽을 네모난 모양으로 빚어 만든 ❶( ) 를 따뜻한 방에서 꾸덕꾸덕할 때까지 말림.

과정 ② 잘 말린 메주를 ❷( )으로 묶어 바람이 잘 통하는 곳에 매달아 놓음.

과정 ③ 잘 띄운 메주를 깨끗이 씻어서 햇볕에 말린 후, 항아리에 메주와 소금물을 넣음. 붉은 고추와 숯도 함께 넣어 줌.

과정 ④ 20~30일 후에 항아리에서 메주를 건져 낸 후, 이를 삭혀 ❸( )을 만듦.

⬇

❹( )은 메주로 만든다.

탄탄 어휘 마무리

1 다음 낱말의 뜻으로 알맞은 것을 찾아 선으로 이으세요.

불리다 •　　　　　　• 물에 젖게 해서 부피를 커지게 하다.

삭히다 •　　　　　　• 김치나 젓갈 등의 음식물을 발효시켜 맛이 알맞게 되게 하다.

찧다 •　　　　　　• 곡식 따위를 잘게 만들려고 절구에 담고 공이로 내리치다.

2 다음 문장의 빈칸에 들어갈 알맞은 낱말을 보기 에서 골라 쓰세요.

보기

불리다　　　　삭히다　　　　찧다

(1) 방아로 보리쌀을 ☐☐.

(2) 죽을 끓이려고 쌀을 물에 ☐☐☐.

(3) 멸치젓을 만들려고 멸치를 ☐☐☐.

확장

3 다음 밑줄 친 낱말과 비슷한 뜻을 가진 낱말을 보기 에서 골라 쓰세요.

보기

집어내다　　　　없애다　　　　흐르다

(1) 국에서 건더기를 건지다. 　　　　　　　(　　　　　)

(2) 문을 열어 냄새를 제거하다. 　　　　　　(　　　　　)

(3) 그를 기다린 지 한 시간이 지나다. 　　　(　　　　　)

오늘
나의 실력은?   　　　부모님의
응원 한마디

1 옛날, 한 청년이 의원이 되기 위해 과거 시험을 보러 서울로 떠났습니다. 주막에서 하룻밤을 지낸 청년이 떠나려고 짚신을 ㉮신고 있을 때, 한 아이가 울면서 주막으로 뛰어왔습니다.

"우리 어머니께서 많이 편찮으세요. 제발 좀 도와주세요!"

2 옆에 있던 다른 선비가 그 말을 듣고 말하였습니다.

"이곳에서 시간을 ✚빼앗기면 과거 시험 날짜에 맞추어 도착할 수 없다. ✚사정이 ✚딱하지만 난 도와줄 수 없어."

㉠청년은 고민하였습니다.

'나도 시간 맞추어 가기가 어렵겠지. 하지만…….'

㉡

3 청년은 숨을 헉헉 ✚내쉬며 과거 시험장으로 뛰어갔지만, 이미 시험은 모두 끝난 뒤였습니다. 청년은 할 수 없이 시험을 못 보고 다시 집으로 돌아가야 했습니다. 청년은 오는 길에 ✚묵었던 주막에 다시 묵게 되었습니다. 그런데 전에 도와주었던 아이가 웬 비단옷을 입은 할아버지와 함께 청년에게 다가왔습니다.

4 "외할아버지, 여기 이분이 어머니를 ✚고쳐 주신 ✚은인이십니다."

그 말을 들은 할아버지는 청년의 손을 ✚덥석 잡으며 말하였습니다.

"어제 과거 시험 문제가 내 딸이 앓고 있는 것과 같은 병을 고치는 방법이었는데 자네는 이미 답을 알고 있었군. 자네의 일을 임금님께 알려 드리고 의원이 될 수 있도록 해 주겠네."

아이의 할아버지는 고을의 원님이었습니다.

낱말 풀이

✚ **빼앗기면**: 일이나 시간, 자격 등을 억지로 잃게 되면.

✚ **사정**: 일의 형편이나 까닭.

✚ **딱하지만**: 사정이나 처지가 애처롭고 가엾지만.

✚ **내쉬며**: 숨을 몸 밖으로 내보내며.

✚ **묵었던**: 손님으로 머물던.

✚ **고쳐**: 병을 낫게 해.

✚ **은인**: 자신에게 은혜를 베푼 사람.

✚ **덥석**: 왈칵 달려들어 한 번에 꽉 움켜잡는 모양.

쏙쏙! 내용 정리

빈칸에 들어갈 낱말을 글에서 찾아 쓰세요.

1 한 청년이 의원이 되기 위해 ㄱㄱ 시험을 보러 서울로 떠났다.

✎ _____

2 청년은 도와 달라는 아이의 요청에 ㄱㅁ을 하였다.

✎ _____

3 시험장에 늦게 도착한 청년은 과거 시험을 보지 ㅁ하고 집으로 돌아가야 했다.

✎ _____

4 아이가 ㅇㅎㅇㅂㅈ와 주막에 찾아와 청년에게 고마운 마음을 전달하였다.

✎ _____

1 내용 이해

청년이 서울로 가려던 까닭을 빈칸에 쓰세요.

☐☐☐☐을 보기 위해서

2 내용 이해

㉠의 까닭을 알맞게 말한 친구의 이름을 쓰세요.

> 희원: 임금님과의 약속을 지켜야 할지, 아이의 아픈 할아버지를 도와주어야 할지 망설였기 때문이야.
> 아인: 과거 시험을 보러 서울에 가야 할지, 아이의 아픈 어머니를 도와주어야 할지 망설였기 때문이야.

(   )

3 내용 이해

이 글의 내용으로 알맞지 <u>않은</u> 것은 무엇인가요?

(   )

① 선비는 아이를 도와주지 않고 과거 시험을 보러 갔다.
② 청년은 과거 시험장에 늦게 도착해서 시험을 보지 못하였다.
③ 비단옷을 입은 아이는 병이 나은 어머니와 주막에 다시 찾아왔다.
④ 아이는 어머니가 편찮으셔서 도움을 구하기 위해 주막에 찾아왔다.
⑤ 고을 원님은 청년에게 의원이 될 수 있도록 해 주겠나고 이야기하였다.

4 어휘

㉮와 반대의 뜻을 가진 말은 무엇인가요? (**)**

① 돕고   ② 벗고   ③ 입고
④ 버리고   ⑤ 챙기고

5 **ⓛ**에 들어갈 내용으로 알맞은 것은 무엇인가요? ( )

내용
추론

① 청년은 아이를 위해 다른 의원을 불러 주었습니다.

② 청년은 울고 있는 아이를 뿌리치고 서울로 갔습니다.

③ 청년의 고민이 길어져 아이의 어머니는 결국 세상을 떠났습니다.

④ 청년은 아이를 따라가 어머니를 치료해 주었고, 아이의 어머니는 병이 다 나았습니다.

⑤ 청년은 고민 끝에 과거 시험을 보고 온 후에 어머니를 고쳐 주겠다고 아이와 약속했습니다.

6 이 글을 읽고 느낀 점을 바르게 이야기한 친구의 이름을 쓰세요.

적용

> 은결: 나도 청년처럼 어떤 일에 지각을 하게 되면 일찌감치 포기하는 법을 배워야겠어.
>
> 지수: 나도 청년처럼 다른 사람이 어려운 일을 당했을 때 도움을 주는 사람이 되고 싶어.

( )

7 빈칸에 알맞은 말을 써서, 이 글의 짜임을 정리해 보세요.

글의
구조

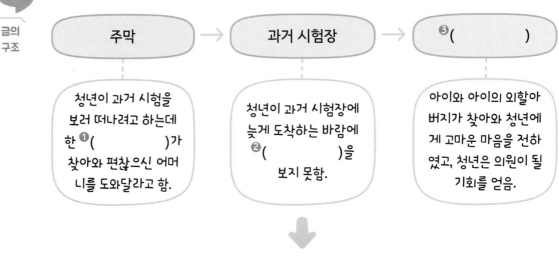

주막 → 과거 시험장 → ❸( )

청년이 과거 시험을 보러 떠나려고 하는데 한 ❶( )가 찾아와 편찮으신 어머니를 도와달라고 함.

청년이 과거 시험장에 늦게 도착하는 바람에 ❷( )을 보지 못함.

아이와 아이의 외할아버지가 찾아와 청년에게 고마운 마음을 전하였고, 청년은 의원이 될 기회를 얻음.

청년은 착한 일을 한 보답으로 꿈을 이룰 기회를 얻었다.

1 다음 뜻을 지닌 낱말을 보기에서 골라 빈칸에 쓰세요.

보기

| 딱하다 | 묵다 | 빼앗기다 |

(1) 손님으로 머물다.   (   )

(2) 사정이나 처지가 애처롭고 가엾다.   (   )

(3) 일이나 시간, 자격 등을 억지로 잃게 되다.   (   )

2 다음 문장의 빈칸에 들어갈 알맞은 낱말을 찾아 선으로 이으세요.

친척 집에서 하룻밤을 (   ).   •   •   딱하다

일에 지친 삼촌의 모습이 (   ).   •   •   묵다

게임에 시간을 너무 많이 (   ).   •   •   빼앗기다

확장

3 다음 밑줄 친 낱말의 알맞은 뜻을 보기에서 골라 번호를 쓰세요.

보기

고치다 ① 고장이 나거나 못 쓰게 된 것을 손질하여 쓸 수 있게 하다.
　　　　② 병을 낫게 하다.

(1) 고장 난 자동차를 고치다.   (   )

(2) 새로 나온 치료법으로 병을 고치다.   (   )

오늘
나의 실력은?   부모님의
응원 한마디

□ 이야기
□ 시
□ 극본
☑ 설명하는 글
□ 주장하는 글
□ 생활 글

1 　우리 몸에서 ✦세균이 가장 많은 부분은 어디일까요? 바로 손입니다. 우리는 생활을 하면서 손으로 이것저것을 만집니다. 그때마다 손에는 세균이 많이 ✦묻게 됩니다. 손바닥에는 약 150종류의 세균이 산다고 합니다. 그래서 손을 씻지 않고 빵을 먹으면 빵과 함께 세균도 먹게 됩니다. 손에 있던 세균이 입이나 코, 눈을 통해 우리 몸속으로 들어오면 여러 가지 ✦질병을 일으킵니다. 예를 들어 감기, 눈병, ✦식중독과 같은 병을 일으켜 우리의 건강을 해칩니다. 손에는 이렇게 ✦해로운 세균이 많이 살고 있습니다.

2 　우리는 손에 사는 세균이 몸속으로 들어오지 않도록 손을 잘 씻어 주어야 합니다. 화장실에 다녀온 후, 외출에서 돌아온 후에는 곧바로 손을 씻어야 합니다. 귀여운 반려동물을 만지며 즐겁게 논 후에도 항상 손을 씻어야 합니다. ㉠익히지 않은 음식이나 씻지 않은 과일에도 세균이 있을 수 있기 때문에, 이것들을 만진 후에도 손을 닦아 주어야 합니다. 그리고 음식을 먹거나 만들기 전에도 반드시 손을 씻어야 세균이 음식을 통해 몸속으로 들어오지 않습니다.

3 　또, 손을 올바른 방법으로 씻어야 손에 있는 세균을 없앨 수 있습니다. 이때 손을 물로만 씻기보다는 비누를 사용하여 손을 씻으면 세균을 더욱 더 확실하게 제거할 수 있습니다. 먼저 손바닥과 손등을 깨끗하게 닦아야 합니다. 손가락은 하나씩 돌려 닦아 주고, 손깍지를 끼고 ✦문질러서 손가락 사이도 씻어 줍니다. 마지막으로 손가락을 반대편 손바닥에 놓고 문지르며 손에서 세균이 가장 많이 사는 손톱 밑까지 ✦꼼꼼하게 닦습니다.

낱말 풀이

✦ 세균: 사람들을 병에 걸리게 하거나 음식을 썩게 하는 아주 작은 생물.
✦ 묻게: 먼지, 가루, 물 등이 달라붙게.
✦ 질병: 몸에 생기는 온갖 병.
✦ 식중독: 상한 음식을 먹고 복통, 설사 등의 증상이 일어나는 병.
✦ 해로운: 이롭지 않고 해가 되는 점이 있는.
✦ 문질러서: 눌러 대면서 이리저리 밀거나 비벼서.
✦ 꼼꼼하게: 빈틈이 없이 차분하고 조심스럽게.

쏙쏙! 내용 정리

빈칸에 들어갈 낱말을 글에서 찾아 쓰세요.

1 손에는 해로운 ㅅㄱ 이 많이 살고 있다.

✎ _____

2 ㅅ 을 잘 씻어서 손에 사는 세균이 몸속으로 들어오지 않도록 해야 한다.

✎ _____

3 손에서 세균이 가장 많이 사는 ㅅㅌ 밑까지 꼼꼼하게 닦아야 한다

✎ _____

1
내용
이해

다음 질문에 대한 답으로 알맞은 것에 ○표 하세요.

> 우리 몸에서 세균은 왜 손에 가장 많을까요?

(1) 세균들이 손에서만 살 수 있어서 　　　(　　　)

(2) 손으로 이것저것을 만질 때 세균이 함께 묻기 쉬워서

　　　　　　　　　　　　　　　　(　　　)

2
내용
이해

세균이 우리 몸속으로 들어오지 않도록 조심해야 하는 까닭을 알맞게 이야기한 친구의 이름을 쓰세요.

> 유리: 여러 가지 질병을 일으킬 수 있기 때문이야.
> 진원: 우리 몸이 새로운 세균을 전혀 받아들이지 못하기 때문이야.

(　　　)

3
내용
이해

이 글의 내용으로 알맞지 <u>않은</u> 것은 무엇인가요?

(　　　)

① 손에 사는 세균은 우리 몸에 해롭다.
② 손바닥에는 약 150종류의 세균이 살고 있다.
③ 손에서 가장 많은 세균이 사는 곳은 손등이다.
④ 씻지 않은 과일을 만진 후에는 손을 씻어야 한다.
⑤ 음식을 먹거나 만들기 전에 반드시 손을 씻어야 한다.

4
어휘

㉠의 뜻으로 알맞은 것에 ○표 하세요.

(1) 자주 경험하여 능숙하게 하지. 　　　(　　　)

(2) 뜨거운 열을 가하여 날것을 익게 하지. 　(　　　)

5

내용
추론

이 글에서 답을 찾을 수 <u>없는</u> 질문은 무엇인가요? (   )

① 손을 씻을 때 왜 비누를 사용해야 할까요?

② 세균이 몸속에 들어가면 어떤 병을 일으킬까요?

③ 손을 몇 초 이상 물로 씻어야 세균을 없앨 수 있을까요?

④ 익히지 않은 음식을 만진 후에는 왜 손을 닦아야 할까요?

⑤ 손에 있는 세균을 확실하게 제거하려면 어떻게 손을 씻어야 하나요?

6

적용

다음 중 올바른 손 씻기 방법을 지키지 <u>않은</u> 친구를 찾아 기호를 쓰세요.

> ㉮ 학교에 다녀온 후 집에서 손바닥과 손등을 모두 비누로 깨끗이 씻은 소영이
>
> ㉯ 화장실에서 소변을 본 후 세면대에서 손가락을 반대편 손바닥에 문지르며 꼼꼼하게 손을 씻은 채민이
>
> ㉰ 강아지와 놀다가 식탁에 놓여 있는 떡을 먹은 후 다섯 손가락을 한꺼번에 모아 손등만 대충 씻은 재원이

(   )

7

글의
구조

빈칸에 알맞은 말을 써서, 이 글의 짜임을 정리해 보세요.

> 우리 몸 중에서 ❶(   )에 세균이 가장 많이 살고 있음.

↓

> 손에 사는 세균이 ❷(   )으로 들어오지 않도록 손을 잘 씻어야 함.

↓

> 손에 있는 세균을 없애기 위해서는 올바른 방법으로 손을 씻어야 함.

> 손에 사는 ❸(   )을 없애려면 손을 잘 씻어야 한다.

어휘 마무리

1 다음 낱말의 뜻으로 알맞은 것을 찾아 선으로 이으세요.

꼼꼼하다 •

문지르다 •

해롭다 •

• 이롭지 않고 해가 되는 점이 있다.

• 빈틈이 없이 차분하고 조심스럽다.

• 눌러 대면서 이리저리 밀거나 비비다.

2 다음 문장의 빈칸에 들어갈 알맞은 낱말을 보기에서 골라 쓰세요.

> **보기**
>
> 꼼꼼하다   문지르다   해롭다

(1) 발을 수건에 ⬜⬜⬜⬜.

(2) 형은 일처리가 ⬜⬜⬜⬜.

(3) 탄산음료는 치아 건강에 ⬜⬜⬜.

확장

3 다음 중 다른 낱말을 포함하는 낱말을 찾아 ○표 하세요.

(1) | 감기 | 눈병 | 식중독 | 질병 |

(2) | 잡채 | 김밥 | 탕수육 | 음식 |

(3) | 머리 | 몸 | 발 | 손 |

오늘
나의 실력은?

부모님의
응원 한마디

1 어느 날, 한 농부가 ✚덫에 걸린 독수리를 잡았습니다.

"이 독수리는 무척 아름답구나! 이렇게 멋진 새를 내 욕심만 ✚채우자고 가두어 둘 수는 없지. 자, 내가 풀어 줄 테니 자유롭게 날아가거라. 훨훨 마음껏 날아가라고!"

농부의 손에서 ✚풀려난 독수리는 하늘 높이 올라갔습니다. 그런데 독수리는 곧 다시 내려와 농부의 머리 위를 빙빙 돌았습니다. 마치 자신을 구해 주어 고맙다는 인사를 하는 듯한 몸짓이었지요.

2 그리고 며칠이 지났습니다. 독수리를 구해 주었던 농부가 열심히 일을 하다가 땀을 ✚식히기 위하여 담 밑에 앉아서 쉬고 있었습니다. 그때 갑자기 독수리가 날아와 농부의 모자를 ✚가로채더니 ✚쏜살같이 날아가 버렸습니다. 깜짝 놀란 농부는 벌떡 일어나

"이게 누구야!"

하고 소리치며 하늘을 보았습니다. 며칠 전 자신이 구해 준 바로 그 독수리가 모자를 물고 달아나는 게 아니겠어요.

㉠"야, 이놈의 독수리야! 넌 은혜도 모르는구나. 당장 내 모자를 내놓아라."

3 농부는 ✚고함을 지르며 날아가는 독수리를 쫓아 뛰어갔습니다. 바로 그때였습니다.

"우르르 꽝!"

요란한 소리가 들려 뒤를 돌아보았더니 글쎄, 농부가 기대어 앉아 있던 높은 담이 와르르 무너지는 게 아니겠어요? 그러자 그 ㉡독수리는 모자를 땅에 떨어뜨리고 나서는 농부의 머리 위를 빙빙 맴돌았답니다.

㉢

낱말 풀이

✚ **덫**: 짐승을 잡기 위해 쓰는 장치.

✚ **채우자고**: 만족하자고.

✚ **풀려난**: 억압받던 상태에서 벗어나 자유로운 상태가 된.

✚ **식히기**: 땀을 말리거나 더 흐르지 않게 하기.

✚ **가로채더니**: 옆에서 갑자기 쳐서 빼앗더니.

✚ **쏜살같이**: 쏜 화살과 같이 매우 빠르게.

✚ **고함**: 크게 부르짖거나 외치는 소리.

쑥쑥! 내용 정리

빈칸에 들어갈 낱말을 글에서 찾아 쓰세요.

1 농부는 덫에 걸린 ⬚ㄷ ㅅ ㄹ 를 구해 주었다.

✎ _____

2 독수리가 담 밑에서 쉬고 있던 농부의 ⬚ㅁ ㅈ 를 가로채더니 물고 달아났다.

✎ _____

3 농부가 독수리를 쫓아 뛰어가 자 잠시 후 높은 ⬚ㄷ 이 무너졌 다.

✎ _____

1
내용
이해

이 글에 나온 독수리에 대한 설명으로 알맞은 것에는 ○표, 알맞지 <u>않은</u> 것에는 X표 하세요.

(1) 덫에 걸려 있었다.　　　　　　　　(　　　　)

(2) 농부에게 잡혔지만 곧 풀려났다.　　(　　　　)

(3) 농부의 머리 위를 돌며 약을 올렸다.　(　　　　)

2
내용
이해

농부가 독수리를 쫓아간 까닭은 무엇인가요?

(　　　　)

① 담 밑에 앉아서 쉬는 것이 지겨웠기 때문에

② 독수리가 농부의 모자를 물고 달아났기 때문에

③ 독수리를 다시 만나게 되어서 반가웠기 때문에

④ 자신을 구해 준 독수리인지 확인하고 싶었기 때문에

⑤ 비가 온다고 알려 준 독수리에게 인사를 하고 싶었기 때문에

3
내용
추론

㉠에서 농부는 어떤 마음이었을까요? (　　　　)

① 부럽다.　　　② 즐겁다.　　　③ 행복히다.

④ 흐뭇하다.　　⑤ 화가 난다.

4
내용
추론

㉡을 통해 알게 된 것을 바르게 말한 친구의 이름을 쓰세요.

> 원재: 독수리가 농부의 모자를 물고 가서 담이 무너졌 구나.
>
> 아현: 독수리는 농부가 위험해질 것을 이미 알고 있었 구나.

(　　　　)

5 이 글에 나온 흉내 내는 말 중 다음 뜻을 가진 말은 무엇인가요? (   )

어휘

> 쌓여 있던 단단한 물건들이 갑자기 야단스럽게 무너지는 소리.

① 깜짝   ② 벌떡   ③ 빙빙   ④ 휠휠   ⑤ 와르르

6 ㉢에 들어갈 농부의 말로 알맞은 것에 ○표 하세요.

내용
추론

> "하마터면 큰일 날 뻔했구나!
> 내가 구해 준 독수리가 나를 구해
> 주다니! 고맙다. 독수리야."
>
> (   )

> "하마터면 큰일 날 뻔했구나!
> 모자를 또 빼앗길 뻔했어.
> 다시는 오지 마라. 독수리야."
>
> (   )

7 알맞은 말에 ○표 하여, 이 글의 짜임을 정리해 보세요.

글의
구조

> 농부가 덫에 걸린 독수리를 ❶(묶어 / 풀어) 줌.

↓

> 며칠 후, 독수리가 담 밑에 앉아서 쉬고 있던 농부의 ❷(모자 / 시계)를 물고 달아남.

↓

> 농부가 독수리를 쫓아 뛰어가자 잠시 후 담이 무너짐.

↓

> 농부는 독수리가 자신을 구해 주었다는 것을 알게 됨.

> 독수리는 자신을 구해 준 농부에게 ❸(원수 / 은혜)를 갚았다.

1 다음 뜻을 지닌 낱말을 보기 에서 골라 빈칸에 쓰세요.

> 보기
>
> 가로채다   식히다   풀려나다

(1) 옆에서 갑자기 쳐서 빼앗다.   (   )

(2) 땀을 말리거나 더 흐르지 않게 하다.   (   )

(3) 억압받던 상태에서 벗어나 자유로운 상태가 되다.   (   )

2 다음 문장의 빈칸에 들어갈 알맞은 낱말을 찾아 선으로 이으세요.

등에 난 땀을 ( ).	•	•	가로채다
독수리가 농부의 손에서 ( ).	•	•	식히다
내가 먹을 과자를 동생이 ( ).	•	•	풀려나다

확장

3 다음 문장에 들어갈 알맞은 낱말을 골라 ○표 하세요.

(1) (며칠 / 몇일) 동안 계속 비가 내렸다.

(2) 여기 있는 음식을 먹고 싶은 만큼 (마음것 / 마음껏) 먹어라.

(3) 태민이는 학교를 마치고 집으로 (쏜살같이 / 쏜쌀같이) 달려갔다.

오늘
나의 실력은?   부모님의
응원 한마디

1 운동을 하면 좋다는 것은 모두가 알고 있는 사실이에요. 하지만, 운동을 꾸준히 하는 것은 쉽지 않지요. 우리는 건강하고 행복하게 살기 위해서 운동을 꾸준히 해야 해요. 운동을 꾸준히 하면 어떤 점이 좋은지 알아보아요.

2 첫째, ㉠건강한 몸을 만들 수 있어요. 운동을 꾸준히 하면 우리 몸은 점점 강해지고 건강해져서 다양한 활동을 할 수 있어요. 근육이 성장하고 뼈도 더 튼튼해져서 힘도 ⁺넘치게 될 거예요. 또 ⁺면역력이 좋아져서 병에도 잘 걸리지 않을 거예요.

3 둘째, 기분이 상쾌해지고 우울한 마음이 사라져요. 운동을 하면 ⁺스트레스가 ⁺해소되는 것을 느낄 때가 있을 거예요. 운동을 하면 뇌에서 ⁺엔도르핀이라는 물질이 나와서 우울하거나 걱정되는 마음이 많이 사라지게 되기 때문이에요.

4 셋째, 친구들과 즐거운 시간을 보낼 수 있어요. 운동은 우리를 더욱 즐겁게 해 줘요. 친구들과 함께 운동을 하면 친구들끼리 더 친해질 수 있고 좋은 ⁺추억도 만들 수 있어요. 또한 축구나 피구처럼 함께하는 운동을 하면 서로를 도와줄 수도 있고 ⁺응원해 줄 수 있어요.

5 이처럼 운동을 꾸준히 하면 몸이 건강해질 수 있고, 기분이 좋아질 수 있으며, 친구들과 즐거운 시간을 보낼 수 있어요. 운동은 우리가 건강과 행복을 얻을 수 있는 열쇠예요. 오늘부터라도 조금씩 운동을 시작해 보는 것은 어떨까요?

낱말 풀이

⁺**넘치게**: 어떤 마음이나 감정, 기운 등이 강하게 일어나게.

⁺**면역력**: 몸 밖에서 들어온 병균을 이겨 내는 힘.

⁺**스트레스**: 적응하기 어려운 환경에 처할 때 느끼는 심리적·신체적 긴장 상태.

⁺**해소**: 어려운 일이나 좋지 않은 상태를 해결하여 없애 버림.

⁺**엔도르핀**: 사람이나 동물의 뇌에서 나오는, 진통 효과가 있는 물질.

⁺**추억**: 지나간 일을 생각함. 또는 그런 생각이나 일.

⁺**응원**: 운동 경기 등에서 선수들을 격려하는 일.

쏙쏙! 내용 정리

빈칸에 들어갈 낱말을 글에서 찾아 쓰세요.

1 우리가 건강하고 행복하게 살기 위해서는 ○ ㄷ 을 꾸준히 해야 한다.

✎ _____

2 운동을 하면 ㄱ ㄱ 한 몸을 만들 수 있다.

✎ _____

3 운동을 하면 ㄱ ㅂ 이 상쾌해지고 우울한 마음이 사라진다.

✎ _____

4 운동을 하면 ㅊ ㄱ 들과 즐거운 시간을 보낼 수 있다.

✎ _____

5 건강과 ㅎ ㅂ 을 위해 운동을 시작해 보자.

✎ _____

1
글의
종류

이 글에 대한 설명으로 알맞은 것은 무엇인가요?

(   )

① 사람들을 설득하기 위한 글이다.
② 위대한 인물의 일생을 기록한 글이다.
③ 글쓴이가 거짓으로 꾸며 내어 쓴 글이다.
④ 하루에 있었던 일을 바탕으로 쓴 글이다.
⑤ 무대에서 공연하기 위한 목적으로 쓴 글이다.

2
내용
이해

이 글에서 글쓴이가 꾸준히 해야 한다고 말하고 있는 것은 무엇인지 빈칸에 쓰세요.

☐ ☐

3
내용
이해

운동을 꾸준히 하면 좋은 점으로 알맞지 <u>않은</u> 것은 무엇인가요? (   )

① 스트레스를 해소할 수 있다.
② 근육이 성장하고 뼈가 튼튼해진다.
③ 면역력이 약해져서 병에 잘 걸린다.
④ 친구들과 좋은 추억을 만들 수 있다.
⑤ 기분이 상쾌해지고 우울한 마음이 사라진다.

4
어휘

㉠과 바꾸어 쓸 수 있는 말은 무엇인가요? (   )

① 아픈   ② 지친   ③ 힘든
④ 튼튼한   ⑤ 피곤한

5 다음은 글쓴이가 이 글을 쓰기 전에 한 메모입니다. 이 글에 반영되지 <u>않은</u> 것은 무엇인가요? (   )

내용
추론

> ① 운동을 꾸준히 해야 한다는 주제로 글을 써야겠어. ② 운동을 하면 좋은 점을 세 가지 정도 들어야겠어. ③ 일단 건강과 관련된 장점을 가장 먼저 쓰고, 기분을 전환할 수 있다는 내용을 써야지. ④ 친구들과 좋은 관계를 맺을 수 있다는 점도 함께 알려야겠어. ⑤ 마지막으로 운동을 많이 했을 때 생기는 문제점도 함께 적어야겠어.

6 이 글을 읽고 느낀 점을 알맞게 이야기한 친구의 이름을 쓰세요.

적용

> 규민: 친구들과 함께 운동을 하다 보면 다툴 일이 자주 생기잖아. 그러니까 운동을 친구들이랑 같이 하면 친구들과 사이가 더 멀어질 것 같아.
> 연지: 운동을 하면 뇌에서 엔도르핀이라는 물질이 나와서 우울하거나 걱정되는 마음이 많이 사라진대. 걱정이 있을 때는 운동을 해 봐야겠어.

(   )

7 빈칸에 알맞은 말을 써서, 이 글의 짜임을 정리해 보세요.

글의
구조

운동을 꾸준히
해야 하는 까닭

— 건강한 ❶(   )을 만들 수 있음.

— 기분이 상쾌해지고 우울한 마음이 사라짐.

— ❷(   )들과 즐거운 시간을 보낼 수 있음.

건강하고 행복하게 살기 위해서 ❸(   )을 꾸준히 해야 한다.

1 다음 낱말의 뜻으로 알맞은 것을 찾아 선으로 이으세요.

응원 •

• 운동 경기 등에서 선수들을 격려하는 일.

추억 •

• 지나간 일을 생각함. 또는 그런 생각이나 일.

해소 •

• 어려운 일이나 좋지 않은 상태를 해결하여 없애 버림.

2 다음 문장의 빈칸에 들어갈 알맞은 낱말을 보기 에서 골라 쓰세요.

보기

응원   추억   해소

(1) 갈증 ☐☐ 에는 주스보다 물이 좋다.

(2) 사진 속에는 아빠의 ☐☐ 이 담겨 있었다.

(3) 풍선을 흔들며 우리 팀을 열심히 ☐☐ 했다.

확장

3 다음 밑줄 친 낱말의 알맞은 뜻을 보기 에서 골라 번호를 쓰세요.

보기

넘치다 ⎰ ① 가득 차서 밖으로 흘러나오다.
      ⎱ ② 어떤 마음이나 감정, 기운 등이 강하게 일어나다.

(1) 욕조에 물이 넘치다.   (   )

(2) 그들은 우승에 대한 자신감이 넘치다.   (   )

오늘
나의 실력은?   부모님의
응원 한마디

□ 이야기
□ 시
□ 극본
☑ 설명하는 글
□ 주장하는 글
□ 생활 글

1 안녕하세요, 여러분! 오늘은 변호사가 하는 일에 대해 알려 드릴게요. 변호사는 법적으로 †자격을 갖추고 †의뢰인을 위하여 법과 관련된 다양한 문제들을 해결하는 사람이에요.

2 사람들은 †재판을 통해 사람 사이의 다양한 다툼을 해결하기 위해 법원을 찾아요. 또한 †법원은 재판을 통해 죄를 지은 사람에게 처벌을 내리기도 해요. 재판에 참여할 수 있는 †전문가에는 ㉮판사, 검사, 변호사가 있어요. 그 중 변호사는 재판에서 도움이 필요한 †당사자를 †대신하여 변호하는 일을 해요. 변호사는 재판에서 도움이 필요한 당사자, 즉 의뢰인에게 ㉠유리한 결과를 내기 위해 상대방의 잘못이나 문제점을 조사하고, 이를 뒷받침할 여러 †증거도 찾아야 해요.

3 변호사는 재판과 관련된 일만 하지는 않아요. 법률 사무소에서 각종 법률 †상담을 하기도 하고, 한 회사에 †소속되어 일하기도 하지요. 예를 들어, 회사에서 일하는 변호사는 그 회사가 법적으로 안전하게 일할 수 있게 도와주고, 법과 관련된 †조언도 해 주어요.

4 요약하자면, 변호사는 법을 사용하여 사람들의 †권리를 보호해 주는 직업이라고 할 수 있어요. 변호사가 되려면 대학교를 졸업하고 법학 전문 대학원에서 3년 동안 법에 대해 공부한 후, 변호사 시험에 합격해야 해요. 만약에 여러분이 변호사가 되고 싶다면 꿈을 이루기 위해 공부를 열심히 해야겠지요?

낱말 풀이

+ **자격**: 일정한 신분이나 지위.
+ **의뢰인**: 남에게 어떤 일을 부탁하여 맡긴 사람.
+ **재판**: 법원에서 법적으로 문제가 되는 사건에 대하여 법률에 따라 판단하는 일.
+ **법원**: 재판을 하는 국가 기관.
+ **전문가**: 어떤 한 분야를 연구하거나 그 일을 하며 그 분야에 상당한 지식과 경험을 가진 사람.
+ **당사자**: 어떤 일에 직접 관계가 있는 사람.
+ **대신**: 어떤 대상이 맡던 것을 다른 대상이 새로 맡음.
+ **증거**: 법에서 재판의 사실을 인정하기 위하여 필요한 것.
+ **상담**: 어떤 문제를 해결하기 위하여 서로 이야기함.
+ **소속**: 어떤 기관에 속함.
+ **조언**: 도움이 되는 말.
+ **권리**: 어떤 일을 하거나 다른 사람에게 요구할 수 있는 정당한 힘이나 자격.

쏙쏙! 내용 정리

빈칸에 들어갈 낱말을 글에서 찾아 쓰세요.

1 ㅂㅎㅅ는 의뢰인을 위하여 법과 관련된 다양한 문제를 해결하는 사람이다.

✎ _____

2 변호사는 재판에서 도움이 필요한 당사자를 ㄷㅅ하여 변호하는 일을 한다.

✎ _____

3 변호사는 법률 사무소에서 법률 상담을 하기도 하고, ㅎㅅ에서 일하기도 한다.

✎ _____

4 변호사가 되려면 법학 전문 대학원에서 공부한 뒤 변호사 ㅅㅎ에 합격해야 한다.

✎ _____

1
중심
소재

이 글에서 설명하는 직업을 찾아 빈칸에 쓰세요.

☐☐☐

2
내용
이해

변호사가 하는 일로 알맞지 <u>않은</u> 것은 무엇인가요?

(   )

① 재판에 필요한 증거를 찾는다.
② 재판에서 사람들을 변호한다.
③ 법률 사무소에서 법률 상담을 한다.
④ 회사에 법과 관련된 조언을 해 준다.
⑤ 범죄를 저지른 사람들을 직접 잡으러 간다.

3
내용
이해

이 글의 내용으로 알맞지 <u>않은</u> 것은 무엇인가요?

(   )

① 변호사는 법적으로 자격을 갖추어야 한다.
② 법원에서는 죄를 지은 사람에 대한 처벌을 내린다.
③ 의뢰인은 법과 관련하여 다양한 문제를 해결해 준다.
④ 재판에 참여할 수 있는 전문가로는 판사, 검사, 변호사가 있다.
⑤ 사람들은 재판을 통해 다양한 다툼을 해결하기 위해 법원을 찾는다.

4
어휘

㉠의 뜻으로 알맞은 것에 ○표 하세요.

(1) 이익이 있는. (   )
(2) 이익이 되지 않는. (   )

5 이 글을 바르게 이해한 친구의 이름을 쓰세요.

적용

> 윤지: 변호사는 재판과 관련된 일만 하니까 법원에서만 볼 수 있겠네.
>
> 선민: 변호사가 되려면 대학교를 먼저 졸업하고 법학 전문 대학원을 가야 해.

(   )

6 다음은 ㉮에 대한 추가 설명입니다. 알맞은 것에 ○표 하세요.

내용
추론

> 재판에는 민사 재판, 형사 재판, 행정 재판 등 여러 종류가 있지만 형사 재판에는 판사, 변호사 외에 검사도 반드시 참여해야 해요. 세 직업은 모두 법을 다루는 일을 하지만, 그 역할은 각각 조금씩 달라요. 변호사는 법과 관련된 문제를 겪고 있는 사람을 보호하고 도와주는 역할을 해요. 그러나 검사는 변호사와 달리 어떤 사람의 행동이 법에 어긋나는지를 밝혀내는 사람으로, 증거를 바탕으로 처벌을 요구할 수 있어요. 마지막으로 판사는 검사와 변호사의 말을 모두 듣고 제출된 증거를 바탕으로 유죄와 무죄를 가려 최종 판결을 내리는 사람이에요.

(1) 판사, 검사, 변호사는 모두 법을 다루는 일을 하는 직업이다. (   )

(2) 판사는 법을 어긴 사람의 처벌을 재판에 요구하는 사람이다. (   )

 빈칸에 알맞은 말을 써서, 이 글의 짜임을 정리해 보세요.

글의
구조

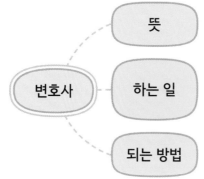

뜻 — 법적으로 자격을 갖추고 의뢰인을 위하여 **❶**(   )과 관련된 다양한 문제들을 해결하는 사람

변호사 — **하는 일** — 재판에서 도움이 필요한 당사자를 위하여 변호를 함.
- 법률 사무소에서 법률 상담을 하거나, **❷**(   )에 소속되어 일하기도 함.

되는 방법 — 대학교를 졸업하고 법학 전문 대학원에서 공부한 후, 변호사 시험에 합격해야 함.

❸(   )는 법과 관련된 다양한 문제들을 해결하는 사람이다.

1 다음 뜻을 지닌 낱말을 보기 에서 골라 빈칸에 쓰세요.

보기

상담   소속   자격

(1) 어떤 기관에 속함.   (   )

(2) 일정한 신분이나 지위.   (   )

(3) 어떤 문제를 해결하기 위하여 서로 이야기함.   (   )

2 다음 문장의 빈칸에 들어갈 알맞은 낱말을 찾아 선으로 이으세요.

찬이는 우리 학교에 (   )된 학생이다. •   • 상담

이모가 나의 보호자 (   )으로 현장
체험 학습에 함께 갔다.   •   • 소속

최근에 병원에서 의사 선생님과 건강과
관련된 (   )을 했다.   •   • 자격

확장

3 다음 낱말이 아래의 문장에서 어떤 뜻으로 사용되었는지 골라 번호를 쓰세요.

대신

① 어떤 대상이 맡던 것을 다른 대상이 새로 맡음.

② 왕이 있는 나라에서 장관을 맡은 사람을 이르는 말.

(1) 발을 다친 지민이 대신 소진이가 달리기 경기에 나갔다.   (   )

(2) 왕이 아직 너무 어려서 여러 대신에게 왕의 권한이 주어졌다. (   )

오늘
나의 실력은?   부모님의
응원 한마디

□ 이야기
□ 시
☑ 극본
□ 설명하는 글
□ 주장하는 글
□ 생활 글

1 앨리스는 언니와 함께 숲속에 앉아 있다. 앨리스의 언니는 앨리스에게 책을 읽어 주고 있다. 앨리스는 듣지 않고 ✛딴청을 피운다.

앨리스의 언니: (화난 목소리로) 앨리스, 내 말 듣고 있니? 책을 읽어 주고 있는데 ✛집중해서 들어야지!

앨리스: (하품을 하며) ㉠그림도 없는 책을 무슨 재미로 읽어?

앨리스의 언니: 좋은 책들 중에는 그림이 없는 책들이 많단다.

앨리스: (꿈꾸는 듯한 표정으로) 난 그림책이 좋아. 어떤 곳에는 분명 그림책만 있는 세상이 있을 거야.

2 바로 그때 큰 시계를 들고 ㉡서둘러 지나가는 토끼가 ✛등장한다.

토끼: (✛급한 목소리로) 벌써 시간이 이렇게 되었다니! 큰일이네.

앨리스: (혼잣말로) 이상한 토끼네. 왜 그렇게 서둘러 가는 걸까?

토끼: 늦어 버렸어! 바쁘다, 바빠. 어서 가야지!

3 앨리스는 토끼를 따라간다. 토끼는 급하게 뛰어가다가 토끼굴 속으로 사라진다. 앨리스가 토끼굴을 향해 다가간다.

앨리스: (호기심 가득한 표정으로) 이 토끼굴 안에는 무엇이 있을까? 한번 들어가 볼까?

　앨리스가 ✛주저하지 않고 토끼굴 속으로 들어간다.
　잠시 무대의 불이 꺼지고, 배경이 숲속에서 이상한 나라로 바뀐다.
　토끼굴 안으로 들어간 앨리스가 이상한 나라의 ✛풍경을 보고 ✛어리둥절해하고 있다.

앨리스: (㉢   ) 여긴 대체 어디지? 이곳은 정말로 이상한 곳이야.

낱말 풀이

✛ 딴청: 어떤 일을 하는 데 그 일과는 전혀 관계없는 일이나 행동.

✛ 집중해서: 한 가지 일에 모든 힘을 쏟아부어서.

✛ 등장한다: 사람이 무대 등에 나타난다.

✛ 급한: 시간적 여유 없이 일을 서둘러 매우 빠를.

✛ 주저하지: 선뜻 결정하여 행동하지 못하고 망설이지.

✛ 풍경: 감정을 불러일으키는 경치나 상황.

✛ 어리둥절해하고: 일이 돌아가는 상황을 잘 몰라서 얼떨떨하고.

빈칸에 들어갈 낱말을 글에서 찾아 쓰세요.

1 앨리스는 언니가 읽어 주는 ㅊ 이 재미없다고 생각하였다.
🖉 _____

2 앨리스는 큰 시계를 들고 지나 가는 ㅌㄲ 를 보았다.
🖉 _____

3 앨리스는 토끼를 따라 ㅌ ㄲㄱ 에 들어갔다.
🖉 _____

1
글의
종류

이 글을 읽는 방법으로 알맞은 것은 무엇일까요?
(   )

① 내용이 사실인지 확인하며 읽는다.
② 인물의 말과 행동에 주목하여 읽는다.
③ 일을 하는 과정과 방법을 정리하며 읽는다.
④ 설명하는 대상의 특징을 정리하며 읽는다.
⑤ 글쓴이의 주장과 근거가 알맞은지 생각하며 읽는다.

2
내용
이해

이 글의 내용으로 알맞지 <u>않은</u> 것은 무엇인가요?
(   )

① 앨리스와 언니는 숲속에 앉아 있었다.
② 토끼는 시간이 늦어서 바쁘게 뛰어갔다.
③ 앨리스는 급하게 뛰어가는 토끼를 따라갔다.
④ 앨리스는 토끼굴로 바로 들어가지 못하고 망설였다.
⑤ 앨리스의 언니는 앨리스에게 책을 읽어 주고 있었다.

3
내용
추론

앨리스가 ㉠과 같이 말한 까닭으로 알맞은 것에 ○표 하세요.

(1) 책을 혼자서만 읽고 싶어서 (   )
(2) 언니가 읽어 주는 책이 재미없고 지루해서
(   )

4
어휘

㉡과 바꾸어 쓸 수 있는 말은 무엇인가요? (   )

① 굼뜨게   ② 느리게   ③ 더디게
④ 재빨리   ⑤ 천천히

5

내용 추론

ⓒ에 들어갈 말로 가장 알맞은 것은 무엇인가요? (   )

① 놀란 표정으로   ② 슬픈 표정으로   ③ 쓸쓸한 표정으로

④ 우울한 표정으로   ⑤ 지루한 표정으로

6

적용

다음은 이 극본을 바탕으로 연극을 할 때 고려할 점을 정리한 내용입니다. 알맞지 <u>않은</u> 것을 골라 기호를 쓰세요.

> ㉮ 토끼는 큰 시계를 들고 다니므로, 소품으로 큰 시계를 준비해야 한다.
>
> ㉯ 앨리스를 연기할 때는 호기심이 많은 소녀처럼 표현하면 좋을 것 같다.
>
> ㉰ 무대 배경은 토끼굴 안의 '이상한 나라의 풍경' 한 가지만 준비하면 된다.

(   )

7

글의 구조

빈칸에 알맞은 말을 써서, 이 글의 짜임을 정리해 보세요.

❶(   )는 언니가 읽어 주는 책을 지루해하고 있음.

↓

❷(   )가 등장하여 큰 시계를 들고 서둘러 지나감.

↓

호기심을 느낀 앨리스가 토끼를 따라 ❸(   ) 속으로 들어가자,
이상한 나라의 풍경이 펼쳐짐.

⬇

앨리스는 토끼를 따라 토끼굴 속으로 들어갔고, 이상한 나라의 풍경이 펼쳐졌다.

어휘 마무리

1 다음 낱말의 뜻으로 알맞은 것을 찾아 선으로 이으세요.

등장하다 •
                    • 사람이 무대 등에 나타나다.

주저하다 •
                    • 한 가지 일에 모든 힘을 쏟아붓다.

집중하다 •
                    • 선뜻 결정하여 행동하지 못하고 망설이다.

2 다음 문장의 빈칸에 들어갈 알맞은 낱말을 보기 에서 골라 쓰세요.

보기

등장하다   주저하다   집중하다

(1) 주인공이 무대 위에 ☐☐☐☐.

(2) 좋아하는 만화 영화를 보면서 ☐☐☐☐.

(3) 용기가 없어서 마음을 정하지 못하고 ☐☐☐☐.

확장

3 다음 밑줄 친 낱말의 알맞은 뜻을 보기 에서 골라 번호를 쓰세요.

보기

급하다 { ① 시간적 여유 없이 일을 서둘러 매우 빠르다.
         ② 경사나 기울기가 가파르다.

(1) 이 길은 경사가 <u>급하다</u>.   (   )

(2) 지각을 해서 걸음이 <u>급하다</u>.   (   )

오늘
나의 실력은?
     부모님의
응원 한마디

☐ 이야기
☐ 시
☐ 극본
☑ 설명하는 글
☐ 주장하는 글
☐ 생활 글

1 지구는 우리 생명의 ✢터전이에요. 하지만 이런 지구가 우리의 욕심과 ✢무분별한 ✢개발로 점점 예전의 모습을 잃어 가고 있어요. 이 문제의 심각성을 깨닫고 지구를 지키기 위해 사람들이 모여 지구를 위한 날, 즉 '지구의 날'을 만들었어요. 지구의 날은 환경 오염 문제의 심각성을 ✢일깨우기 위한 날로, 매년 4월 22일이에요.

2 지구의 날은 1970년 4월 22일에 미국에서 처음 시작되었어요. 당시 미국의 정치인 게이로 닐슨과 하버드 대학교의 학생이었던 데니스 헤이즈가 ✢주도해서 첫 행사를 열었어요. 첫 번째 지구의 날 행사에는 2,000만 명 이상의 많은 사람들이 행사에 참가하여 연설을 들었으며, 토론회를 ㉠개최하고 환경 보호를 위한 행동을 실천했어요. 첫 행사 이후 지구의 날이 되면 전 세계에서 많은 사람들이 ㉡환경 보호를 위한 다양한 행사에 참여하고 있어요.

3 우리나라에서는 2009년부터 지구의 날에 전국 ✢소등 행사를 하고 있어요. 지구의 날인 4월 22일 오후 8시가 되면 10분 동안 모두가 잠시 조명을 끄는 것이에요. 10분은 짧은 시간이지만, 환경부에 따르면 10분간 조명을 끄면 약 52톤의 이산화 탄소를 줄이는 효과가 있다고 해요.

4 다가올 4월 22일에는 우리 모두 저녁 8시부터 10분 동안 소등 행사에 참여해 보는 것이 어떨까요? 우리의 작은 실천이 모여서 환경 오염과 기후 변화를 ✢억제하는 데 큰 도움을 줄 수 있어요.

낱말 풀이

✢**터전**: 생활의 근거지가 되는 곳.

✢**무분별한**: 일의 옳고 그름을 판단하는 능력이 없는.

✢**개발**: 토지나 천연자원을 이용하기 쉽거나 쓸모 있게 만듦.

✢**일깨우기**: 알려 주거나 가르쳐서 깨닫게 하기.

✢**주도해서**: 중심이 되어 어떤 일을 이끌어서.

✢**소등**: 등불을 끔.

✢**억제하는**: 정도나 한도를 넘어서 나아가려는 것을 억눌러 멈추게 하는.

쏙쏙! 내용 정리

빈칸에 들어갈 낱말을 글에서 찾아 쓰세요.

1 'ㅈㄱ의 날'은 환경 오염 문제의 심각성을 일깨우기 위한 날로, 매년 4월 22일이다.

✎ ＿＿＿＿＿＿＿＿＿

2 '지구의 날'은 1970년 4월 22일에 처음 ㅅㅈ되었다.

✎ ＿＿＿＿＿＿＿＿＿

3 우리나라에서는 2009년부터 '지구의 날'에 전국 ㅅㄷ 행사를 하고 있다.

✎ ＿＿＿＿＿＿＿＿＿

4 우리 모두 4월 22일에 하는 소등 행사에 ㅊㅇ해 보자.

✎ ＿＿＿＿＿＿＿＿＿

1
글의
종류

이 글의 특징으로 알맞은 것에 ○표 하세요.

(1) 여행에서 있었던 일을 시간 순서대로 쓴 글이다.
(　　)

(2) 어떤 대상에 대한 정보를 전달하기 위해 쓴 글이다.
(　　)

2
중심
소재

이 글의 설명 대상을 찾아 빈칸에 쓰세요.

▢▢▢▢

3
내용
이해

이 글의 내용으로 알맞지 <u>않은</u> 것은 무엇인가요?
(　　)

① 지구의 날은 매년 4월 22일이다.
② 첫 번째 지구의 날 행사는 1970년에 우리나라에서 열렸다.
③ 지구의 날은 환경 오염 분제의 심각성을 일깨우기 위한 날이다.
④ 지구의 날 행사는 시작되었을 때부터 많은 사람들이 참가했다.
⑤ 우리나라에서는 2009년부터 지구의 날에 전국 소등 행사를 하고 있다.

4
어휘

㉠과 바꾸어 쓸 수 있는 말은 무엇인가요? (　　)

① 닫고　　② 열고　　③ 끝내고
④ 만들고　　⑤ 바꾸고

5 ⓛ의 예로 알맞지 <u>않은</u> 것은 무엇인가요? (   )

적용

① 온라인 환경 퀴즈 대회
② 투명 페트병 분리배출 운동
③ 우리의 소원을 담은 등불 날리기 행사
④ 환경 보호의 중요성을 알리는 영화 상영회
⑤ 공원에서 쓰레기를 주우면서 달리는 '줍깅' 행사

6 이 글을 바르게 이해한 친구의 이름을 쓰세요.

내용
추론

> 한별: 지구의 날은 나라에서 정해 놓은 기념일이라서 사람들이 4월 22일에
> 환경 보호 행사에 참여하지 않으면 처벌을 받게 돼.
> 선우: 지구의 날 소등 행사에서 조명을 끈 단 10분만으로도 이산화 탄소가
> 크게 줄어드는 것처럼, 평소에 작은 실천들을 꾸준히 하면 지구의 환경을
> 보호하는 데 큰 도움이 될 거야.

(   )

7 빈칸에 알맞은 말을 써서, 이 글의 짜임을 정리해 보세요.

글의
구조

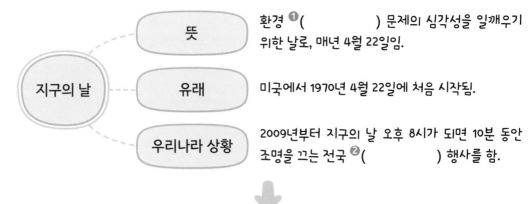

지구의 날

뜻 ─ 환경 ❶(   ) 문제의 심각성을 일깨우기 위한 날로, 매년 4월 22일임.

유래 ─ 미국에서 1970년 4월 22일에 처음 시작됨.

우리나라 상황 ─ 2009년부터 지구의 날 오후 8시가 되면 10분 동안 조명을 끄는 전국 ❷(   ) 행사를 함.

> 지구의 날인 4월 22일이 되면 전 세계의 많은 사람들은
> 환경 보호를 위해 다양한 행사에 참여하고 있다.

1 다음 뜻을 지닌 낱말을 보기 에서 골라 빈칸에 쓰세요.

보기

억제하다   일깨우다   주도하다

(1) 중심이 되어 어떤 일을 이끌다.   (   )

(2) 알려 주거나 가르쳐서 깨닫게 하다.   (   )

(3) 정도나 한도를 넘어서 나아가려는 것을 억눌러 멈추게 하다.

(   )

2 다음 문장의 빈칸에 들어갈 알맞은 낱말을 찾아 선으로 이으세요.

| 지연이가 주로 모임을 (   ). | • | • | 억제하다 |

| 동생에게 한 번 더 잘못을 (   ). | • | • | 일깨우다 |

| 용돈이 얼마 남지 않아서 며칠간 지출을 (   ). | • | • | 주도하다 |

확장

3 다음 낱말의 뜻을 보고, 문장에 어울리는 낱말을 골라 ○표 하세요.

| 개발 | 토지나 천연자원을 이용하기 쉽거나 쓸모 있게 만듦. |
| 계발 | 지능이나 재능, 사상 등을 일깨워 발전시킴. |

(1) 이 공원은 버려진 땅을 (개발 / 계발)하여 만든 것이다.

(2) 그는 자격증 시험을 준비하며 자기 (개발 / 계발)을 하고 있다.

오늘
나의 실력은?   부모님의
응원 한마디

1 옛날, 어느 마을에 농사를 열심히 ㉠짓는 한 농부가 살았습니다. 이 농부의 옆집에도 농사를 잘 짓는 할아버지가 살았습니다. 농부는 항상 옆집 할아버지의 밭과 자신의 밭을 ✚비교하며 자신의 곡식이 더 잘 자라고 있는가를 살펴보았습니다.

2 어느덧 가을이 되었습니다. 농부의 농사는 ✚풍년이 들었습니다. 그런데 옆집 할아버지의 농사가 좀 더 잘되었습니다. 농부는 옆집 할아버지가 자신보다 더 많은 곡식을 ✚거둔 것을 보고, 참을 수 없이 샘이 났습니다. 어떻게 하면 자신이 더 많은 곡식을 가질 수 있을까 고민하던 농부는 옆집 할아버지의 곡식을 훔치기로 결심했습니다.

3 어느 깊은 밤, 농부는 옆집에 몰래 들어가 할아버지가 쌓아 놓은 곡식을 모두 ✚훔쳐서 돌아갔습니다. 그래서 농부는 옆집 할아버지보다 더 많은 곡식을 가지게 되었습니다. 그런데 농부는 강 건너 마을에 훨씬 많은 곡식을 가진 농부가 산다는 소문을 들었습니다. 농부는 샘이 나서 견딜 수가 없었습니다.

"이 세상에 나보다 더 열심히 농사를 지은 사람은 없어! 그러니까 내가 가장 많은 곡식을 가져야 해!"

4 어느 깊은 밤, 농부는 강 건너 마을에 가서 사람들의 눈을 피해 많은 곡식을 훔쳐서 돌아왔습니다. 이 모습을 ✚지켜본 하느님은 화가 났습니다. 하느님은 자신이 가진 것에 ✚만족하지 못하고 계속해서 다른 사람의 곡식을 훔치는 농부에게 어떤 벌을 주어야 할지 고민하였습니다. 일주일 후, 하느님은 농부를 개미로 만들었습니다. 그래서 지금도 개미들은 곡식을 이곳에서 저곳으로 옮기는 것이라고 합니다.

낱말 풀이

✚비교하며: 둘 이상의 것을 함께 놓고 어떤 점이 같고 다른지 살펴보며.

✚풍년: 농사가 잘되어 다른 때보다 수확이 많은 해.

✚거둔: 익은 곡식이나 열매를 모아서 가져온.

✚훔쳐서: 남의 것을 몰래 가져다가 자기 것으로 해서.

✚지켜본: 주의를 기울여 살펴본.

✚만족: 기대하거나 필요한 것이 부족함 없거나 마음에 듦.

쏙쏙! 내용 정리

빈칸에 들어갈 낱말을 글에서 찾아 쓰세요.

1 농부는 자신의 밭과 옆집 할아버지의 밭을 ㅂㄱ 하였다.

✎ _____

2 농부는 자신보다 더 많은 곡식을 거둔 옆집 할아버지에게 샘이 나서 할아버지의 곡식을 ㅎㅊㄱ 로 결심하였다.

✎ _____

3 농부는 강 건너 마을에 훨씬 많은 곡식을 가진 농부가 산다는 이야기를 듣고 또 ㅅ 이 나서 견딜 수 없었다.

✎ _____

4 농부는 강 건너 마을에 가서 곡식을 훔쳤고, 이러한 농부의 모습을 지켜본 하느님은 농부를 ㄱㅁ 로 만들었다.

✎ _____

1 농부에 대한 설명으로 알맞은 것에 ○표 하세요.
내용 이해

(1) 가을에 농사를 망쳤다. (　　　)

(2) 욕심이 많은 성격이다. (　　　)

(3) 곡식을 훔치다가 옆집 사람에게 들켰다. (　　　)

2 농부가 강 건너 마을에 사는 농부의 곡식을 훔친 까닭은 무엇인가요? (　　　)
내용 이해

① 농작물이 잘 자라지 못해 먹을 것이 모자라서

② 강 건너 마을 농부가 농부의 곡식을 훔쳐 가서

③ 할아버지가 곡식을 가지고 가도 된다고 말해서

④ 강 건너 마을 농부가 빌린 곡식을 갚지 않아서

⑤ 자신이 가장 많은 곡식을 가져야 한다고 생각해서

3 밑줄 친 말이 ㉠과 같은 뜻으로 쓰인 것에 ○표 하세요.
어휘

(1) 나무로 집을 짓는 중이다. (　　　)

(2) 농사를 짓는 일이 보람되다. (　　　)

(3) 봄을 주제로 시를 짓는 행사를 했다. (　　　)

4 하느님이 농부에게 내린 벌을 알맞게 말한 친구의 이름을 쓰세요.
내용 이해

> 승민: 농부를 개미로 만들어 버렸어.
> 현아: 농부가 하루 종일 개미만 관찰하게 하였어.

(　　　)

5 농부에게 해 줄 수 있는 말로 알맞은 것은 무엇인가요? (   )

내용
추론

① 다른 사람을 몰래 흉보는 태도는 옳지 않아.

② 게으름을 피우지 말고 열심히 농사를 지어야 해.

③ 다른 사람과 자신을 비교하면 행복해지기 어려워.

④ 하느님에게 상을 받기 위해서 최선을 다하는 모습이 기특해.

⑤ 하고 싶은 일이 있으면 끝까지 해내고야 마는 태도가 멋있어.

6 이 글의 주제는 무엇인가요? (   )

주제

① 친구를 사랑하는 마음을 가져야 한다.

② 꾸준하게 노력하면 못 이룰 것이 없다.

③ 농사를 너무 열심히 지을 필요는 없다.

④ 자신이 가진 것에 만족할 줄 알아야 한다.

⑤ 어른을 공경하는 예의 바른 사람이 되어야 한다.

7 알맞은 말에 ○표 하여, 이 글의 짜임을 정리해 보세요.

글의
구조

> 농부는 옆집 할아버지와 강 건너 마을에 사는 농부보다
> 더 **❶**(적은 / 많은) 곡식을 가지고 싶어 함.

↓

> 농부는 밤에 몰래 두 사람의 곡식을 **❷**(버림 / 훔침).

↓

> 농부의 모습을 본 하느님이 농부에게 개미가 되는 **❸**(벌 / 상)을 줌.

> 자신이 가진 것에 **❹**(만족 / 반성)할 줄 알아야 한다.

1 다음 낱말의 뜻으로 알맞은 것을 찾아 선으로 이으세요.

비교하다 •

지켜보다 •

훔치다 •

• 주의를 기울여 살펴보다.

• 남의 것을 몰래 가져다가 자기 것으로 하다.

• 둘 이상의 것을 함께 놓고 어떤 점이 같고 다른지 살펴보다.

2 다음 문장의 빈칸에 들어갈 알맞은 낱말을 보기 에서 골라 쓰세요.

보기

비교하다   지켜보다   훔치다

(1) 도둑이 물건을 ☐☐☐.

(2) 물건의 가격을 ☐☐☐☐.

(3) 동생이 춤을 추는 모습을 유심히 ☐☐☐☐.

확장
3 다음 낱말이 아래의 문장에서 어떤 뜻으로 사용되었는지 골라 번호를 쓰세요.

거두다

① 익은 곡식이나 열매를 모아서 가져오다.

② 벌여 놓거나 차려 놓은 것을 정리하다.

(1) 가을이 되어 벼를 거두다.　　　　　　　　　　　(　　　)

(2) 자고 일어나 이부자리를 거두다.　　　　　　　　(　　　)

오늘
나의 실력은?　 　　부모님의
응원 한마디

방울토마토 관찰 일지

1

날짜	20○○년 5월 3일 △요일(방울토마토를 심은 지 33일째)		
관찰 장소	교실 창가	**준비물**	관찰 일지, 연필, 30cm 자
관찰 내용	오늘 방울토마토를 자로 재 보니, 줄기의 세로 길이는 23cm이고, 가장 큰 잎의 길이는 5cm이다. 지난번보다 방울토마토가 많이 자랐다. 특히 줄기의 길이가 많이 길어졌고, 잎의 개수가 늘어났다. 아직 꽃은 피지 않았다.		
새롭게 알게 된 점이나 느낀 점	한 달 전만 해도 아주 작은 새싹이었는데 방울토마토가 쑥쑥 자라나고 있어서 신기하고 기분이 좋다. 열매는 언제쯤 달릴지 궁금하다.		

2

날짜	20○○년 6월 1일 □요일(방울토마토를 심은 지 62일째)		
관찰 장소	교실 창가	**준비물**	관찰 일지, 연필, 30cm 자
관찰 내용	방울토마토 줄기의 세로 길이가 35cm가 넘었다. 가장 큰 잎의 길이는 7cm이다. 노랗게 피었던 꽃이 지고 나서 그 자리에 드디어 방울토마토의 열매가 ㉠달렸다. 방울토마토의 열매는 연두색이다. 아랫부분의 잎이 노란색으로 변하고 있어서 잘라 주었다.		
새롭게 알게 된 점이나 느낀 점	방울토마토 열매가 열려서 정말 뿌듯했다. 처음에는 열매가 연두색이었다가 점점 주황색으로 변하고, 다 익으면 우리가 자주 보는 빨간색이 된다고 한다.		

낱말 풀이

✚ **일지**: 매일매일 그날의 일을 적은 기록.

✚ **자랐다**: 생물이 부분적으로 또는 전체적으로 점점 커졌다.

✚ **피지**: 꽃봉오리나 잎 등이 벌어지지.

✚ **지고**: 꽃이나 잎이 시들어 떨어지고.

✚ **변하고**: 무엇이 다른 것이 되거나 성질이 달라지고.

✚ **익으면**: 열매나 씨가 여물면.

빈칸에 들어갈 낱말을 글에서 찾아 쓰세요.

1 방울토마토를 심은 지 33일째에는 아직 ꕤꕤ 이 피지 않았다.

✎ _____

2 방울토마토를 심은 지 62일째에는 꽃이 진 자리에 연두색 ꕤꕤ 가 달렸다.

✎ _____

1 중심 소재

글쓴이가 관찰하고 있는 대상을 이 글에서 찾아 쓰세요.

☐ ☐ ☐ ☐ ☐

2 내용 이해

5월 3일의 관찰 내용(㉮)과 6월 1일의 관찰 내용(㉯)으로 알맞지 <u>않은</u> 것은 무엇인가요? (   )

① ㉮: 아직 꽃이 피지 않았다.

② ㉮: 방울토마토 줄기의 세로 길이는 23cm이었다.

③ ㉯: 가장 큰 잎의 크기는 5cm이었다.

④ ㉯: 노랗게 피었던 꽃이 지고 열매가 열렸다.

⑤ ㉯: 아랫부분의 잎이 노란색으로 변하고 있었다.

3 내용 이해

다음 중 글쓴이가 방울토마토를 관찰 후 느낀 점으로 알맞은 것은 무엇인가요? (   )

① 방울토마토 꽃이 져서 아쉽고 슬프다.

② 방울토마토를 키우는 것은 별로 재미가 없다.

③ 방울토마토의 성장 속도가 너무 느려서 지루하다.

④ 방울토마토가 쑥쑥 자라나서 기분이 좋고 뿌듯하다.

⑤ 방울토마토 열매가 달릴 때까지 너무 오래 걸려서 실망스럽다.

4 어휘

㉠과 바꾸어 쓸 수 있는 말은 무엇인가요? (   )

① 졌다   ② 넘었다   ③ 열렸다

④ 터졌다   ⑤ 피었다

5

적용

다음을 읽고 글쓴이의 관찰 일지에 대한 설명으로 알맞은 것에 ○표 하세요.

> 관찰 일지에는 관찰 대상, 날짜, 관찰 장소, 준비물, 관찰 내용, 새로 알게 된 점이나 느낀 점 등을 기록합니다. 관찰을 할 때는 맨눈이나 돋보기 등으로 대상을 주의 깊게 살피고, 관찰을 한 후에는 관찰 대상의 사진을 찍거나 그림을 그려 두면 좋습니다. 그리고 자로 길이를 재어 두면 관찰 대상이 변화한 모습을 확실히 알 수 있습니다.

(1) 글쓴이는 교실 창가에서 자로 방울토마토의 길이를 재어 변화된 모습을 기록하였다. ( )

(2) 글쓴이는 돋보기를 준비물로 챙겨 가 방울토마토를 주의 깊게 살핀 후, 방울토마토의 잎만 자세히 그림으로 기록하였다. ( )

6

내용
추론

보기 는 6월 1일에 관찰한 방울토마토의 모습입니다. 6월 1일 이후 방울토마토가 변한 모습으로 알맞은 그림에 ○표 하세요.

보기

7

글의
구조

빈칸에 알맞은 말을 써서, 이 글의 짜임을 정리해 보세요.

❶( )
관찰 일지

방울토마토를 심은 지 33일째 → 방울토마토 줄기의 세로 길이는 23cm, 제일 큰 잎의 길이는 5cm이고, 아직 ❷( )은 피지 않음.

방울토마토를 심은 지 62일째 → 방울토마토 줄기의 세로 길이는 35cm를 넘었고, 제일 큰 잎의 길이는 7cm이었으며 연두색 ❸( )가 달림.

방울토마토가 자라는 과정을 관찰하고 관찰 일지를 기록하였다.

1 다음 뜻을 지닌 낱말을 보기 에서 골라 빈칸에 쓰세요.

보기
> 자라다 　　 지다 　　 피다

(1) 꽃이나 잎이 시들어 떨어지다. 　　　　　　(　　　　　)

(2) 꽃봉오리나 잎 등이 벌어지다. 　　　　　　(　　　　　)

(3) 생물이 부분적으로 또는 전체적으로 점점 커지다. (　　　　　)

2 다음 문장의 빈칸에 들어갈 알맞은 낱말을 찾아 선으로 이으세요.

| 키가 쑥쑥 (　　). | • | 　　• 자라다 |

| 봄이 되자 벚꽃이 활짝 (　　). | • | 　　• 지다 |

| 날씨가 서늘해지자 낙엽이 (　　). | • | 　　• 피다 |

확장
3 다음 밑줄 친 낱말의 알맞은 뜻을 보기 에서 골라 번호를 쓰세요.

보기
> 익다 ① 열매나 씨가 여물다.
> 　　　② 고기, 채소, 곡식 등의 날것이 열을 받아 맛과 성질이 달라지다.

(1) 생선이 노릇노릇 잘 익다. 　　　　　　　　(　　)

(2) 과수원에 있는 사과가 빨갛게 익다. 　　　　(　　)

오늘
나의 실력은?

부모님의
응원 한마디

☐ 이야기
☐ 시
☐ 극본
☑ 설명하는 글
☐ 주장하는 글
☐ 생활 글

1 플로렌스 나이팅게일은 1820년에 영국 ✚귀족의 둘째 딸로 태어났어. 나이팅게일은 어린 시절부터 팔이 부러진 인형에 붕대를 ✚감아 주기도 하고 다친 동물을 치료해 줄 정도로 마음씨가 고운 아이였어.

2 나이팅게일은 17살에 병들고 가난한 사람들을 돌보며 살아야겠다고 결심하고, 간호사가 되겠다고 가족들에게 이야기했어. 하지만 당시에는 간호사라는 직업에 대한 ✚인식이 좋지 못했기 때문에 가족들은 모두 그녀의 꿈을 반대했어. 나이팅게일은 어쩔 수 없이 ✚독학으로 간호학 공부를 시작했어. 그러다가 독일에서 정식으로 간호사가 되기 위한 공부를 하게 되었고, 영국으로 돌아와 33세때인 1853년에 런던에 있는 한 자선 병원에서 간호사이자 병원을 운영하는 관리자로서 환자들을 위해 일하기 시작했어.

3 그러던 어느 날, 유럽의 크림 반도라는 곳에서 전쟁이 일어났어. 나이팅게일은 당장 전쟁터로 달려가 ✚야전 병원에서 부상당한 병사들을 돌보았어. 야전 병원은 환자들이 안전하게 지낼 수 없는 곳이었고, ✚위생 문제도 심각했어. 병원에는 쥐들이 들락거리고 침대에는 벼룩이 뛰어 다녔지. 나이팅게일은 이 문제를 해결하고자 간호사들을 교육했어. 또한 병원 구석구석을 청소하고 환자들에게는 깨끗한 환자복을 입혔지. 환자들에게 먹일 음식도 정성껏 만들었어. 이러한 나이팅게일의 노력 덕분에 부상을 당했던 병사들은 빨리 ㉠회복할 수 있었어. 그들은 깜깜한 밤에도 등불을 비추고 직접 환자를 돌보는 나이팅게일을 ㉡'등불을 든 천사'라고 부르며 고마워했어.

4 나이팅게일은 병원에서 ✚청결과 위생이 중요하다는 것을 널리 알리고 간호 교육을 발전시켰어. 나중에는 세계 최초의 전문 간호 학교를 세우기도 하였지. 나이팅게일은 이러한 노력과 ✚업적으로 전 세계적인 인정을 받았고, 지금까지도 많은 사람들에게 존경받는 위인이 되었어.

낱말 풀이

✚ **귀족**: 타고난 신분이나 사회적 계급이 높은 계층. 또는 그런 계층에 속한 사람.

✚ **감아**: 어떤 물체를 다른 물체에 말거나 빙 둘러.

✚ **인식**: 무엇을 분명히 알고 이해함.

✚ **독학**: 학교에 다니지 않고, 또는 다른 사람의 가르침 없이 혼자서 공부함.

✚ **야전 병원**: 전투 지역에서 가까운 곳에 설치하는 병원.

✚ **위생**: 건강에 이롭거나 도움이 되도록 조건을 갖추거나 대책을 세우는 일.

✚ **청결**: 맑고 깨끗함.

✚ **업적**: 사업이나 연구 등에서 노력과 수고를 들여 이룩해 놓은 결과.

쏙쏙! 내용 정리

빈칸에 들어갈 낱말을 글에서 찾아 쓰세요.

1 ㄴㅇㅌㄱㅇ 은 어린 시절부터 다친 동물을 치료해 줄 정도로 마음씨가 고왔다.

🖉 _____

2 나이팅게일은 가족들의 반대에도 불구하고 ㄱㅎㅅ 가 되었다.

🖉 _____

3 크림 반도에서 전쟁이 일어났을 때, 나이팅게일은 야전 병원에서 ㅂㅅ 을 당한 병사들을 돌보았다.

🖉 _____

4 나이팅게일은 병원에서 ㅊㄱ 과 위생이 중요하다는 것을 널리 알렸으며, 간호 교육을 발전시켰다.

🖉 _____

1
글의 갈래

이 글의 특징으로 알맞은 것은 무엇인가요? (   )

① 글쓴이가 자신의 삶을 돌아보며 쓴 글이다.
② 인물에 대해 자유롭게 상상해서 쓴 글이다.
③ 간호사가 되는 방법에 대해 설명하는 글이다.
④ 인물의 생애와 업적에 대해 소개하는 글이다.
⑤ 병원이 청결해야 한다고 주장하고 있는 글이다.

2
내용 이해

가족들이 나이팅게일이 간호사가 되는 것을 반대한 까닭으로 알맞은 것에 ○표 하세요.

(1) 나이팅게일이 환자 돌보는 일을 힘들어했기 때문에
                                                    (   )

(2) 당시에는 간호사라는 직업에 대한 인식이 좋지 않았기 때문에   (   )

3
내용 이해

나이팅게일에 대한 설명으로 알맞지 <u>않은</u> 것은 무엇인가요? (   )

① 세계 최초의 의사 학교를 세웠다.
② 1820년에 영국 귀족의 딸로 태어났다.
③ 독일에서 간호사가 되기 위한 공부를 했다.
④ 야전 병원에서 간호사들의 교육을 담당했다.
⑤ 병원에서의 청결과 위생의 중요함을 널리 알렸다.

4
어휘

㉠의 뜻을 알맞게 짐작한 친구의 이름을 쓰세요.

> 우현: 병이 나아서 몸이 예전의 상태가 되었다는 뜻인 것 같아.
>
> 태희: 병이 더 나빠져서 심각한 상태가 되었다는 뜻인 것 같아.

                                                    (   )

5

부상을 당한 병사들이 나이팅게일을 ⓛ처럼 부른 까닭으로 알맞은 것은 무엇인가요? (   )

① 나이팅게일이 밤에 병실의 등불을 끄고 다녔기 때문에
② 나이팅게일이 환자들에게 등불을 나누어 주었기 때문에
③ 나이팅게일이 밤에 등불을 들고 간호학 공부를 했기 때문에
④ 나이팅게일이 겁을 내지 않고 쥐와 벼룩을 잘 잡았기 때문에
⑤ 나이팅게일이 늦은 밤에도 등불을 켜고 직접 환자를 돌보았기 때문에

6

적용

이 글을 읽고 느낀 점을 알맞게 이야기한 친구의 이름을 쓰세요.

> 하임: 야전 병원의 더러운 환경을 개선하기 위해 노력한 나이팅게일 덕분에 부상을 당한 병사들은 치료를 잘 받을 수 있었던 거야.
> 수빈: 나이팅게일은 17살의 나이에 간호 학교에 입학하여 간호사라는 꿈을 가지고 체계적으로 공부하여 이렇게 훌륭한 간호사가 되었나 봐.

(   )

7

글의
구조

빈칸에 알맞은 말을 써서, 이 글의 짜임을 정리해 보세요.

나이팅게일

가족들의 반대에도 불구하고 간호사가 되겠다는 꿈을 이룸.

↓

크림 반도에 ❶(   )이 일어나자 전쟁터로 달려가 야전 병원에서 부상당한 병사들을 돌보았으며, 안전과 ❷(   ) 문제를 해결함.

↓

간호 교육을 발전시켰으며, 세계 최초의 전문 ❸(   ) 학교를 세움.

나이팅게일은 병원에서의 청결과 위생의 중요성을 알리고,
간호 교육을 발전시킨 업적을 세운 위인이다.

어휘 마무리

1 다음 낱말의 뜻으로 알맞은 것을 찾아 선으로 이으세요.

독학 •

• 사업이나 연구 등에서 노력과 수고를 들여 이룩해 놓은 결과.

업적 •

• 건강에 이롭거나 도움이 되도록 조건을 갖추거나 대책을 세우는 일.

위생 •

• 학교에 다니지 않고, 또는 다른 사람의 가르침 없이 혼자서 공부함.

2 다음 문장의 빈칸에 들어갈 알맞은 낱말을 보기 에서 골라 쓰세요.

보기

독학   업적   위생

(1) 그는 중국어를 [ ][ ]으로 공부했다.

(2) 위인은 위대한 [ ][ ]을 남긴 사람이다.

(3) 독감이 유행 중이므로 개인 [ ][ ]을 철저히 해야 한다.

확장

3 다음 낱말이 아래의 문장에서 어떤 뜻으로 사용되었는지 골라 번호를 쓰세요.

감다

① 어떤 물체를 다른 물체에 말거나 빙 두르다.

② 눈꺼풀로 눈을 덮다.

(1) 눈을 가볍게 <u>감다</u>.   (   )

(2) 손가락에 상처가 나서 반창고를 <u>감다</u>.   (   )

오늘
나의 실력은?   부모님의
응원 한마디

☑이야기
☐시
☐극본
☐설명하는 글
☐주장하는 글
☐생활 글

1 몇 년 전에 많은 사람에게 감동을 주었던 한 이야기를 소개하려고 해요. 바로 베트남에 살고 있는 히에우와 민이라는 두 친구 이야기예요.

2 히에우는 해가 뜨면 학교에 가기 위해 일어나 씻고, 옷을 입은 후 집을 나서요. 학교에 가야 하는 학생들에게는 매일 ⁺반복되는 ⁺평범한 아침 풍경이지요? 그러나 학교 가는 길에 히에우가 항상 ⁺들르는 곳이 있어요. 바로 친구 '민'의 집이에요.

3 민은 오른손과 두 다리가 없이 태어났어요. 집안 형편도 그다지 좋지 않았지요. '나는 정말 운이 없는 아이야.'라며 속상해하던 민에게 히에우가 다가와 두 다리가 되어 주겠다며 손을 내밀었어요. 히에우는 누가 시킨 것도 아니었는데 민을 도와주었지요. 그렇게 둘의 우정은 시작되었어요. 초등학교 2학년 때부터 함께한 등굣길은 10년 동안 이어졌어요. 비가 오나 눈이 오나, 히에우는 민을 등에 업고 ⁺등교를 했어요. 두 사람은 학교가 끝난 후에도 어디든 붙어 다니며 함께했어요.

4 민은 한마디 ㉠불평 없이 10년 간 자신의 두 다리가 되어 준 히에우 덕분에 희망을 얻었어요.

"히에우, 고마워. 네 덕분에 학교에 가는 것도 힘들었던 내가 꿈을 가질 수 있게 되었어."

히에우는 팔과 다리가 불편한 민과 시간을 보내는 동안 오히려 자신이 더 큰 용기를 얻었다고 말해요.

"장애를 피하지 않고 넘어선 민은 저에게 용기를 주었어요."

5 그렇게 서로를 의지하며 학업에도 최선을 다했던 두 사람은 각자 원하던 대학교에 ⁺합격했어요. 의사가 꿈이었던 히에우와 컴퓨터 프로그래머가 꿈이었던 민은 자신의 꿈에 한발 다가서게 되었지요. 서로 도우며 꿈을 향해 나아간 둘의 우정은 우리에게 용기와 희망을 전해 주어요.

낱말 풀이

⁺**반복되는**: 같은 일이 여러 번 계속되는.

⁺**평범한**: 뛰어나거나 특별한 점이 없이 보통인.

⁺**들르는**: 지나가는 길에 잠깐 들어가 머무르는.

⁺**등교**: 학생이 학교에 감.

⁺**합격했어요**: 시험, 검사, 심사 등을 통과했어요.

쏙쏙! 내용 정리

빈칸에 들어갈 낱말을 글에서 찾아 쓰세요.

1 ㅂㅌㄴ에 살고 있는 두 친 구인 히에우와 민의 이야기를 소개하려고 한다.

✎ _____

2 ㅎㅇㅇ는 학교 가는 길에 항상 친구 '민'의 집에 들른다.

✎ _____

3 민과 히에우는 10년 동안 함께 ㄷㄱ를 했다.

✎ _____

4 민은 히에우 덕분에 ㅎㅁ을 얻었고, 히에우는 민의 모습을 보며 용기를 얻었다.

✎ _____

5 히에우와 민은 각자 원하던 대 학에 합격하여 ㄲ에 한발 다 가서게 되었다.

✎ _____

1
글의
종류

이 글에 대한 설명으로 알맞은 것은 무엇인가요?

(   )

① 실제 일어난 일을 바탕으로 쓴 글이다.
② 여행지에서 본 것과 느낀 점을 쓴 글이다.
③ 하루에 있었던 일을 정리하기 위해 쓴 글이다.
④ 반복되는 짜임으로 리듬감이 느껴지는 글이다.
⑤ 어떤 일을 하는 방법을 자세히 알려 주는 글이다.

2
내용
이해

이 글의 내용으로 알맞지 않은 것은 무엇인가요?

(   )

① 히에우와 민은 서로에게 희망과 용기를 주었다.
② 히에우는 매일 아침 등굣길에 민의 집으로 갔다.
③ 히에우와 민은 각자 원하던 대학교에 가게 되었다.
④ 히에우는 담임 선생님의 부탁으로 민을 10년 동안 도 왔다.
⑤ 히에우는 의사, 민은 컴퓨터 프로그래머라는 꿈을 가 지고 있다.

3
어휘

㉠과 바꾸어 쓸 수 있는 말은 무엇인가요? (**)**

① 감정   ② 만족   ③ 불만
④ 불행   ⑤ 칭찬

4
주제

글쓴이가 이 글을 통해 말하고자 하는 것은 무엇일까요?
빈칸에 알맞은 말을 5 에서 찾아 쓰세요.

히에우와 민의 ☐☐

5 다음 중 '민'과 비슷한 상황에 있는 사람은 누구인지 골라 빈칸에 기호를 쓰세요.

적용

> ㉮ 넉넉하지 않은 형편이지만 폐지를 팔아 어려운 이웃에게 큰돈을 기부한 할머니
>
> ㉯ 어릴 때 사고로 다리를 다쳤지만 국가 대표가 되어 장애인 올림픽에 참가한 수영 선수

(   )

6 다음은 이 글을 읽은 친구들이 히에우와 민에게 묻고 싶은 것입니다. 알맞지 <u>않은</u> 것을 두 가지 고르세요. (,   )

적용

① 솔미: 히에우에게 왜 의사라는 꿈을 가지게 되었냐고 묻고 싶어.
② 보성: 민과 히에우 두 사람에게 어느 나라에 살고 있는지 묻고 싶어.
③ 주연: 민과 히에우 두 사람에게 언제부터 친구로 지냈는지 묻고 싶어.
④ 희재: 민과 히에우에게 대학에 합격했을 때 어떤 마음이 들었는지 묻고 싶어.
⑤ 민우: 히에우에게 민에게 다가가게 된 특별한 까닭이 있었는지 묻고 싶어.

7 알맞은 말에 ○표 하여, 이 글의 짜임을 정리해 보세요.

글의
구조

❶ (민 / 히에우)	❷ (민 / 히에우)
- 아침에 학교 가는 길에 민의 집에 들러서 민을 등에 업고 학교에 감. - 장애를 이겨 내려는 민의 모습을 보고 용기를 얻음. - 의사라는 꿈을 가지고 있음.	- 오른손과 두 다리가 없이 태어났지만 늘 함께해 준 히에우 덕분에 희망을 얻고 꿈을 이루기 위해 노력함. - 컴퓨터 프로그래머라는 꿈을 가지고 있음.

히에우와 민은 10년 동안 서로를 의지하며 ❸ (갈등 / 우정)을 이어 왔다.

탄탄 어휘 마무리

1 다음 뜻을 지닌 낱말을 보기 에서 골라 빈칸에 쓰세요.

> **보기**
>
> 반복되다   평범하다   합격하다

(1) 같은 일이 여러 번 계속되다.　　　　　　(　　　　　)
(2) 시험, 검사, 심사 등을 통과하다.　　　　(　　　　　)
(3) 뛰어나거나 특별한 점이 없이 보통이다.　(　　　　　)

2 다음 문장의 빈칸에 들어갈 알맞은 낱말을 찾아 선으로 이으세요.

대회를 앞두고 연습이 (　　　).	•		•	반복되다
이번 수학 시험의 수준은 (　　　).	•		•	평범하다
몇 년 동안 준비하던 시험에 (　　　).	•		•	합격하다

확장

3 다음 밑줄 친 낱말과 뜻이 반대인 낱말을 보기 에서 찾아 쓰세요.

> **보기**
>
> 소수   석식   하교

(1) 아침에 <u>등교</u>를 하다가 친구를 만났다.　(　　　　　)
(2) <u>다수</u>의 의견이 언제나 옳은 것은 아니다.　(　　　　　)
(3) <u>조식</u> 제공 시간은 오전 10시까지입니다.　(　　　　　)

오늘
나의 실력은?　 　부모님의
응원 한마디

□ 이야기
□ 시
□ 극본
☑ 설명하는 글
□ 주장하는 글
□ 생활 글

1 여러분도 줄넘기를 해 보았나요? 줄넘기는 누구나 어디서든 손쉽게 할 수 있는 운동이에요. 줄넘기가 언제 어디서 시작되었는지 정확히 알 수는 없지만, 줄넘기는 아주 오랜 역사를 가지고 있는 것으로 보여요. 전해져 내려오는 이야기나 고서에 남아 있는 기록을 통해서 이를 ⁺짐작할 수 있지요.

2 우리나라에서는 조선 시대에 아이들이 새끼줄을 잡고 뛰었다는 기록이 전해지고 있어요. 옛날에는 물건을 묶을 때 ⁺볏짚으로 ⁺꼰 새끼줄을 이용했어요. 새끼줄은 어디서나 쉽게 구할 수 있는 물건이었고, 새끼줄을 돌리면 잘 돌아가기 때문에 아이들이 이것을 이용해서 줄넘기를 했을 것이라고 짐작할 수 있어요.

3 줄넘기는 우리나라 외에 세계 여러 나라에서도 오래전부터 이어져 온 것으로 보여요. 미국에서는 아이들이 노래에 ⁺맞추어 줄넘기 운동을 했다는 사실이 ㉠오래된 책에 적혀 있으며, 영국에서는 '홉(hop)'이라는 ⁺작물의 ⁺수확 시기에 아이들이 홉의 줄기를 이용해서 줄넘기 놀이를 했다는 기록이 있어요. 또, 독일의 스포츠 학자 구츠무츠가 1793년에 쓴 책에는 청소년들이 사용한 줄넘기의 손잡이와 줄의 종류가 구체적으로 소개되어 있어요.

4 이렇듯 줄넘기는 역사적으로 오랜 시간 동안 여러 나라에서 즐겨 온 놀이이며, 운동 종목의 하나로 발전했어요. 현재에는 음악 줄넘기, 짝 줄넘기, 긴 줄넘기 등 다양한 방식의 줄넘기가 생겨났고, 줄넘기는 여전히 많은 사람들이 즐겨하는 운동이에요.

낱말 풀이

⁺**짐작할**: 사정이나 형편 등을 어림잡아 생각할.

⁺**볏짚**: 벼에서 낟알을 떨어내고 남은 줄기.

⁺**꼰**: 실처럼 가는 줄을 여러 가닥을 비비고 감아서 하나의 줄로 만든.

⁺**맞추어**: 서로 어긋남이 없이 조화를 이루어.

⁺**작물**: 논밭에서 심어 가꾸는 곡식이나 채소.

⁺**수확**: 심어서 가꾼 농작물을 거두어들임.

 쏙쏙! 내용 정리

빈칸에 들어갈 낱말을 글에서 찾아 쓰세요.

1 ㅈㄴㄱ 는 오랜 역사를 가지고 있다.

✎ _____

2 우리나라에서는 ㅈㅅ 시대에 새끼줄로 줄넘기를 했다는 기록이 있다.

✎ _____

3 여러 기록을 통해 ㅁㄱ, 영국, 독일에서도 줄넘기를 오래 전부터 해 왔음을 알 수 있다.

✎ _____

4 현재에는 음악 줄넘기, 짝 줄넘기 등 ㄴㅇㅎ 방식의 줄넘기가 생겨났다.

✎ _____

1
중심
소재

이 글에서 설명하고 있는 것은 무엇인가요? (   )

① 줄넘기의 역사
② 줄넘기를 처음 만든 사람
③ 새로 나온 줄넘기 줄의 특징
④ 가장 인기 있는 줄넘기 선수
⑤ 줄넘기 국가 대표가 되는 방법

2
내용
이해

이 글의 내용으로 알맞지 <u>않은</u> 것은 무엇인가요?

(   )

① 줄넘기가 시작된 때나 장소는 정확히 알 수 없다.
② 미국에서는 홉의 줄기를 이용해서 줄넘기 놀이를 했다.
③ 우리나라에서는 조선 시대에 줄넘기를 했다는 기록이 있다.
④ 현재에는 음악 줄넘기, 짝 줄넘기, 긴 줄넘기 등 다양한 방식의 줄넘기가 있다.
⑤ 독일의 한 학자는 자신의 책에 줄넘기를 할 때 사용한 손잡이와 줄의 종류를 소개했다.

3
내용
이해

우리나라의 조선 시대에 아이들은 무엇으로 줄넘기를 하였는지 **2** 에서 찾아 빈칸에 쓰세요.

☐☐☐

4
어휘

㉠과 바꾸어 쓸 수 있는 말을 **1** 에서 찾아 빈칸에 쓰세요.

☐☐

5 이 글의 내용을 통해 답을 찾을 수 <u>없는</u> 것에 X표 하세요.

내용
추론

(1) 음악 줄넘기의 규칙과 방법   (   )

(2) 줄넘기와 관련된 기록을 남긴 독일의 학자 이름   (   )

(3) 옛날 영국에서 아이들이 줄넘기를 할 때 사용했던 것   (   )

(4) 오래전부터 줄넘기를 해 왔음을 짐작할 수 있는 까닭   (   )

6 이 글을 읽고 더 알아보고 싶은 내용을 알맞게 이야기한 친구의 이름을 쓰세요.

내용
추론

> 지호: 중국이나 일본처럼 우리나라와 거리가 가까운 나라들에서도 줄넘기를 했는지 알아봐야겠어.
>
> 아영: 줄넘기가 아주 오랜 역사를 가지고 있다는데 그것을 알 수 있는 방법이 무엇인지 알아봐야겠어.

(   )

7 빈칸에 알맞은 말을 써서, 이 글의 짜임을 정리해 보세요.

글의
구조

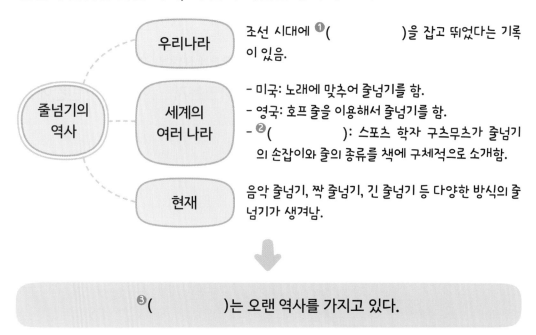

줄넘기의 역사

우리나라 — 조선 시대에 ❶(   )을 잡고 뛰었다는 기록이 있음.

세계의 여러 나라
- 미국: 노래에 맞추어 줄넘기를 함.
- 영국: 호프 줄을 이용해서 줄넘기를 함.
- ❷(   ): 스포츠 학자 구츠무츠가 줄넘기의 손잡이와 줄의 종류를 책에 구체적으로 소개함.

현재 — 음악 줄넘기, 짝 줄넘기, 긴 줄넘기 등 다양한 방식의 줄넘기가 생겨남.

❸(   )는 오랜 역사를 가지고 있다.

어휘 마무리

1 다음 낱말의 뜻으로 알맞은 것을 찾아 선으로 이으세요.

벗짚 •

수확 •

작물 •

• 심어서 가꾼 농작물을 거두어들임.

• 벼에서 낟알을 떨어내고 남은 줄기.

• 논밭에서 심어 가꾸는 곡식이나 채소.

2 다음 문장의 빈칸에 들어갈 알맞은 낱말을 보기에서 골라 쓰세요.

> **보기**
> 벗짚   수확   작물

(1) 농부들이 감자 ⬜⬜ 을 위해 아침 일찍 모였다.

(2) 밀, 쌀, 옥수수는 세계 3대 ⬜⬜ 이라고 불린다.

(3) 벼에서 쌀을 얻고 남은 ⬜⬜ 으로 초가집을 만들기도 한다.

확장

3 다음 밑줄 친 낱말의 알맞은 뜻을 보기에서 골라 번호를 쓰세요.

> **보기**
> 꼬다 ┤ ① 실처럼 가는 줄을 여러 가닥을 비비고 감아서 하나의 줄로 만들다.
> 　　　 ② 몸의 일부를 뒤틀다.

(1) 다리를 오른쪽으로 <u>꼬다</u>.　　　　　　　　　　　(　　　)

(2) 머리카락을 빙빙 돌려 <u>꼬다</u>.　　　　　　　　　(　　　)

오늘
나의 실력은?   　　부모님의
응원 한마디

☑ 이야기
☐ 시
☐ 극본
☐ 설명하는 글
☐ 주장하는 글
☐ 생활 글

낱말 풀이

✦ **맡기며**: 어떤 물건을 보관하게 하며.

✦ **소중한**: 매우 귀중한.

✦ **간수하였다가**: 물건을 잘 보관하였다가.

✦ **코웃음**: 코끝으로 가볍게 웃는 비웃음.

✦ **배짱**: 겁내거나 굽히지 않고 자기가 뜻하는 대로 이루려고 하는 생각이나 태도.

✦ **데려가는**: 자기를 따라 오게 하여 함께 가는.

✦ **두둑한**: 모자람이 없고 넉넉하고 풍부한.

1 어느 젊은이가 과거를 보러 가는 길에 주막 주인에게 좁쌀 한 톨을 ✦맡기며 부탁하였습니다.

"✦소중한 것이니 잘 ✦간수하였다가 내일 아침에 주시오."

주막집 주인은 이상한 젊은이라고 ✦코웃음을 치며 좁쌀을 아무 곳에나 던져두었습니다. 이튿날 아침 젊은이가 좁쌀을 달라고 하니 주막집 주인은 난처했습니다.

" ㉠ 에 쥐가 먹어 버렸소."

"그러면 그 쥐를 잡아서 내게 주시오."

주인은 할 수 없이 쥐 한 마리를 잡아 주었습니다. 젊은이는 다음 날 두 번째 주막에 가서 쥐를 잘 보관하였다가 달라고 일렀습니다. 이튿날 아침 주인이 고양이가 그 쥐를 잡아먹었다고 하자 젊은이는 그 고양이를 잡아 달라고 하였습니다.

세 번째 주막에서는 맡긴 고양이가 말에 채어 죽어 버렸습니다. 젊은이는 그 말을 달라 하여 말을 끌고 서울 가까운 주막에 들어갔습니다. 다음 날 네 번째 주막 주인은 간밤에 그 말이 소와 싸우다가 죽었다고 하였습니다. 이번에도 젊은이는 그 소를 달라고 하여 그 소를 끌고 가 장안의 주막에 맡겼습니다.

2 이튿날 주인은 아들이 그 소를 어느 정승 집에 팔아 버렸다고 하였습니다. 젊은이는 ✦배짱 좋게 정승의 집으로 가서 그간의 사정을 이야기하고 소를 내어 놓으라고 하였습니다.

"좁쌀 한 톨로 소를 만들다니 정말 대단한 젊은이군. 그런데 소는 벌써 잡아먹었소."

"그럼 먹은 자를 내놓으시오."

"허허허, 우리 딸이 먹었으니 내 딸을 ✦데려가는 것이 어떠한가?"

정승은 젊은이의 ✦두둑한 배짱과 살림을 늘려 가는 솜씨에 감동하여 딸을 젊은이에게 주고 사위로 삼았답니다.

쏙쏙! 내용 정리

정답 확인
27쪽

빈칸에 들어갈 낱말을 글에서 찾아 쓰세요.

1️⃣ 젊은이는 과거를 보러 가는 길에 주막에 들러 물건을 맡기고, 또 새로 얻는 과정을 반복하며 ㅈㅆ 한 톨로 소를 얻었다.

✎ _____

1

내용 이해

이 글의 내용으로 알맞지 <u>않은</u> 것은 무엇인가요?

(   )

① 젊은이는 과거를 보러 가고 있었다.
② 젊은이의 말은 소와 싸우다가 죽었다.
③ 젊은이는 두 번째 주막에서 고양이를 얻었다.
④ 서울에 도착한 젊은이는 정승에게 소를 팔았다.
⑤ 첫 번째 주막집 주인은 젊은이를 이상하게 생각하였다.

2

내용 이해

다섯 번째 주막에서 젊은이에게 어떤 일이 있었나요? 알맞게 이야기한 친구의 이름을 쓰세요.

> 준태: 다섯 번째 주막에서 젊은이는 정승의 딸을 새로 얻었어.
> 다애: 다섯 번째 주막에서 젊은이는 아무 것도 새로 얻지 못했어.

(   )

2️⃣ 정승은 젊은이의 배짱과 살림을 늘려 가는 솜씨에 감동하여 자신의 ㅅㅇ로 삼았다.

✎ _____

3

어휘

다음 뜻을 가진 말을 1️⃣에서 찾아 빈간에 쓰세요.

> 밤이나 좁쌀 등 곡식의 낱알을 세는 단위.

[   ]

4

내용 추론

㉠에 들어갈 말로 알맞은 것은 무엇인가요? (   )

① 그저께   ② 엊저녁   ③ 이튿날
④ 다음 날   ⑤ <u>그끄저께</u>

5

내용
이해

정승이 젊은이를 사위로 삼은 까닭은 무엇인가요? (   )

① 젊은이가 소를 잘 팔아서
② 젊은이가 동물들을 좋아해서
③ 젊은이가 물건을 잘 보관해서
④ 젊은이가 살림을 늘리는 솜씨에 감동해서
⑤ 젊은이가 쌀을 많이 가지고 있는 부자여서

6

적용

이 글을 읽고 느낀 점을 바르게 이야기하지 <u>못한</u> 친구는 누구인가요?

(   )

① 소희: 젊은이처럼 나도 배짱을 가진 사람이 되고 싶어.
② 세욱: 정승은 젊은이를 기특하게 생각하고 있는 것 같아.
③ 강연: 젊은이가 물건을 바꾸어 나가는 모습이 지혜로워 보였어.
④ 성규: 당황하지 않고 문제를 해결하는 젊은이의 모습을 본받을래.
⑤ 가람: 누군가가 물건을 맡기면 주막의 주인들처럼 잘 간수해야겠어.

7

글의
구조

빈칸에 알맞은 말을 써서, 이 글의 짜임을 정리해 보세요.

> 젊은이가 주막을 다니며 ❶(   ) 한 톨을 쥐, 고양이, 말, 소의 순서로 바꿈.

↓

> 다섯 번째 주막 주인의 ❷(   )이 소를 정승 집에 팔아 버려서,
> 젊은이는 소를 찾으러 정승 집으로 감.

↓

> 젊은이의 두둑한 배짱과 ❸(   )을 늘리는 솜씨를 보고
> 감동한 정승은 젊은이를 사위로 삼음.

> 작은 것을 가지고 있어도 슬기롭게 행동하면 자신이 원하는 바를 이룰 수 있다.

1 다음 뜻을 지닌 낱말을 보기 에서 골라 빈칸에 쓰세요.

> 보기
>
> 간수하다   두둑하다   소중하다

(1) 매우 귀중하다.   (   )

(2) 물건을 잘 보관하다.   (   )

(3) 모자람이 없고 넉넉하거나 풍부하다.   (   )

2 다음 문장의 빈칸에 들어갈 알맞은 낱말을 찾아 선으로 이으세요.

계약서를 금고에 (   ).   •   •   간수하다

올해 세뱃돈은 아주 (   ).   •   •   두둑하다

나는 무엇보다 건강이 (   ).   •   •   소중하다

확장

3 다음 밑줄 친 낱말의 알맞은 뜻을 보기 에서 골라 번호를 쓰세요.

> 보기
>
> 맡기다 { ① 어떤 일에 대한 책임을 지고 담당하게 하다.
>   ② 어떤 물건을 보관하게 하다.

(1) 택배를 물품 보관소에 <u>맡기다</u>.   (   )

(2) 엄마가 민재에게 설거지를 <u>맡기다</u>.   (   )

오늘
나의 실력은?   부모님의
응원 한마디

- ☐ 이야기
- ☐ 시
- ☐ 극본
- ☐ 설명하는 글
- ☐ 주장하는 글
- ☑ 생활 글

_ □ ✕

1 ○○ 어린이 안전 체험관 이용 시 유의 사항 안내

보낸 사람: ○○ 어린이 안전 체험관 담당자

받는 사람: ○○ 어린이 안전 체험관 ⁺방문객

---

2 안녕하세요. ○○ 어린이 안전 체험관 안내 담당자입니다. 우리 어린이 안전 체험관에 이용 ㉠예약을 해 주셔서 감사합니다. 안전 체험관 이용 시에는 반드시 아래의 유의 사항을 지켜 주셔야 합니다.

3 1. 체험 프로그램의 이용 ⁺연령을 확인해 주세요. 각 체험 프로그램은 이용 연령 ⁺제한이 있습니다. 이용 연령을 꼭 확인하시고, 해당 연령에 맞는 체험만 참여해 주세요.

2. 체험 시 복장은 편한 바지와 운동화 ⁺착용을 ⁺권장합니다. 구두, 슬리퍼를 신거나 치마, 레이스가 달린 옷 등을 입으면 움직이기 불편하기 때문에 체험이 어렵습니다.

3. 체험 시간을 반드시 지켜 주시기 바랍니다. 체험 시작 10분 전까지 도착한 후, 체험 접수처에서 예약 ⁺내역을 확인해 주세요. 예약한 체험 시간 이후에 도착하면 체험장에 입장하실 수 없습니다.

4. 보호자가 함께 입장하기를 권장합니다. 보호자가 함께하면 체험 중에 발생할 수 있는 사고나 문제를 빠르게 ⁺대처할 수 있습니다. 단 ㉡'어린이 지진 체험'의 경우 보호자의 입장이 제한됩니다.

5. 체험 프로그램을 시작할 때 방송하는 안내 사항을 잘 들어 주세요. 이 안내에는 체험을 할 때 유의해야 하는 중요한 정보가 ⁺포함되어 있습니다.

4 위의 유의 사항을 잘 지켜 주시면, 안전하고 즐거운 체험을 하실 수 있습니다. 감사합니다.

낱말 풀이

⁺**방문객:** 사람을 만나거나 무엇을 보기 위해 어떤 장소에 찾아오는 손님.

⁺**연령:** 사람이 살아온 햇수.

⁺**제한:** 일정한 정도나 범위를 정하거나, 그 정도나 범위를 넘지 못하게 막음.

⁺**착용:** 옷이나 신발 등을 입거나 신거나 함.

⁺**권장:** 어떤 일을 권하고 장려함.

⁺**내역:** 물품이나 경비 등의 세부적인 내용.

⁺**대처:** 어떤 어려운 일이나 상황을 이겨 내기에 알맞게 행동함.

⁺**포함:** 어떤 무리나 범위에 함께 들어 있거나 함께 넣음.

빈칸에 들어갈 낱말을 글에서 찾아 쓰세요.

1 ○○ 어린이 안전 체험관 안내 담당자가 ⬚ᄇ⬚ᄆ⬚ᄀ 에게 보낸 안내문이다.

🖉 _____

2 안내 담당자는 안전 체험 시 ⬚ᄋ⬚ᄋ 사항을 지켜 달라고 안내하고 있다.

🖉 _____

3 체험 이용 ⬚ᄋ⬚ᄅ, 권장하는 복장, 체험 시간 등을 잘 지켜 줄 것을 당부하고 있다.

🖉 _____

4 담당자는 안내한 유의 사항을 잘 지켜서 ⬚ᄋ⬚ᄌ하고 즐거운 체험을 하기를 바라고 있다.

🖉 _____

---

1 글의 목적

이 글을 쓴 목적으로 알맞은 것을 골라 ○표 하세요.

(1) ○○ 어린이 안전 체험관이 새로 문을 연다는 것을 안내하려고 쓴 글이다. (   )

(2) ○○ 어린이 안전 체험관을 이용할 때 유의 사항을 안내하려고 쓴 글이다. (   )

2 내용 이해

'○○ 어린이 안전 체험관'에서 지켜야 할 유의 사항으로 알맞지 않은 것은 무엇인가요? (   )

① 체험 프로그램은 연령 제한이 있다.

② 체험 시간 전에 미리 도착해야 한다.

③ 보호자는 모든 체험에 함께 입장할 수 있다.

④ 체험할 때 편한 바지와 운동화 착용을 권장한다.

⑤ 체험을 시작할 때 나오는 안내 사항을 잘 들어야 한다.

3 내용 추론

이 글을 읽고 대답할 수 있는 질문이 아닌 것을 두 가지 고르세요. (,   )

① 체험 예약은 어떻게 해야 하나요?

② 체험 시간에 늦으면 어떻게 되나요?

③ 예약 내역 확인은 어디서 해야 하나요?

④ 이 유의 사항을 보낸 사람은 누구인가요?

⑤ 각 체험 프로그램의 운영 시간은 어떻게 되나요?

4 어휘

㉠의 뜻을 알맞게 이야기한 친구의 이름을 쓰세요.

> 민규: 앞으로 배울 것을 미리 공부한다는 뜻이야.
>
> 수정: 자리나 방, 물건 등을 사용하기 위해 미리 약속한다는 뜻이야.

(   )

5 다음은 ○○ 어린이 안전 체험관의 체험 프로그램 안내표입니다. 알맞은 것에 ○표 하세요.

적용

체험 프로그램	이용 연령	운영 횟수 및 인원
유아 화재 안전	6~7세	3회, 1회당 10명
응급 처치	8세 이상	5회, 1회당 10명

(1) 유아 화재 안전 프로그램의 운영 횟수가 응급 처치 프로그램보다 많다.
(   )

(2) 유아 화재 안전 프로그램을 체험한 아이들은 응급 처치 프로그램은 체험할 수 없다.
(   )

6 다음은 ⓒ 시작 전에 나오는 안내 방송입니다. 안내 사항을 잘 지킨 친구를 찾아 기호를 쓰세요.

적용

> 어린이 지진 체험 중에는 땅이 흔들려 물건이 떨어질 수도 있습니다. 놀라지 말고 안내에 따라 행동해 주세요. 개인 물건은 분실될 수도 있으니 반드시 물품 보관함에 보관 후 체험해야 합니다.

> ㉮ 지진 체험 중 땅이 흔들려서 놀랐지만 안내에 따라 체험을 마친 정민이
> ㉯ 체험 모습을 사진으로 찍고 싶어서 휴대 전화를 체험장 안으로 가지고 온 현진이

(   )

7 빈칸에 알맞은 말을 써서, 이 글의 짜임을 정리해 보세요.

글의 구조

 ○○ 어린이 안전 체험관 이용 유의 사항

- 각 체험 프로그램의 이용 ❶(   )을 확인해야 함.
- 체험 시 복장은 편한 바지와 ❷(   ) 착용을 권장함.
- 체험 ❸(   )을 꼭 지켜야 함.
- ❹(   )의 입장을 대체로 권장함.

○○ 어린이 안전 체험관을 이용할 때의 유의 사항을 안내하고 있다.

탄탄 어휘 마무리

1 다음 낱말의 뜻으로 알맞은 것을 찾아 선으로 이으세요.

권장 •　　　　　　　• 어떤 일을 권하고 장려함.

내역 •　　　　　　　• 물품이나 경비 등의 세부적인 내용.

착용 •　　　　　　　• 옷이나 신발 등을 입거나 신거나 함.

2 다음 문장의 빈칸에 들어갈 알맞은 낱말을 보기에서 골라 쓰세요.

> 보기
>
> 권장　　　　내역　　　　착용

(1) 한 달 동안 사용한 용돈의 ⬜⬜ 을 살펴보았다.

(2) 수영장에서는 반드시 수영복을 ⬜⬜ 해야 한다.

(3) 도서관에 가서 초등학교 2학년 ⬜⬜ 도서를 빌려 읽었다.

확장

3 다음 밑줄 친 낱말과 비슷한 뜻을 가진 낱말을 보기에서 찾아 쓰세요.

> 보기
>
> 규제　　　　나이　　　　대응

(1) 이 놀이 공간은 복장 <u>제한</u>이 있습니다. (　　　　　)

(2) 아이들의 <u>연령</u>에 따라 맞는 장난감이 있다. (　　　　　)

(3) 문제가 발생하자 신속하게 <u>대처</u> 방안을 생각하다. (　　　　　)

오늘
나의 실력은?   　　　부모님의
응원 한마디

□ 이야기
□ 시
□ 극본
☑ 설명하는 글
□ 주장하는 글
□ 생활 글

1 휴대 전화가 나오기 전에는 전화기에 선을 연결해서 쓰는 유선 전화기를 사용했어요. 유선 전화기는 연결된 선 때문에 다른 자리로 이동하기가 어려웠어요. 밖에서는 사용이 더욱 더 어려웠기 때문에 집 안이나 사무실 같은 실내에서 주로 사용했어요. 그러다가 선이 연결되지 않아도 전화를 할 수 있는 무선 전화기가 개발되었고, 그 후에는 밖에서 이동하면서도 사용이 가능한 휴대용 전화기, 즉 휴대 전화가 등장했어요.

2 ㉠최초의 휴대 전화는 다른 기능은 없이 오직 전화만 할 수 있었어요. 모양도 벽돌처럼 아주 크고 무게도 매우 무거웠지요. 그리고 배터리가 빨리 ✚닳아서 통화도 아주 짧게만 할 수 있었어요. 게다가 가격도 매우 비쌌어요.

3 시간이 흘러 휴대 전화는 점점 더 작고 가벼워졌고, 모양도 다양해졌어요. 그리고 점차 통화나 문자 메시지 같은 연락 기능 외에 계산기, 달력 같은 ✚유용한 기능들이 추가되었고, 게임과 같은 오락 기능이나 사진을 찍을 수 있는 카메라 기능도 생겼어요.

4 그리고 휴대 전화가 더욱 발전하면서 컴퓨터의 기능이 추가된 휴대 전화인 스마트폰이 등장했어요. 스마트폰은 일반 휴대 전화보다 편리한 생활을 할 수 있도록 도와주어서 사람들 사이에서 큰 인기를 얻었어요. 통화나 문자 메시지 외에 인터넷 ✚검색, 사진 촬영 및 편집, 동영상 ✚시청, 음악 감상, 문서 작성, 길 찾기 등의 업무를 휴대 전화만으로도 전부 할 수 있게 되었기 때문이지요. 또한 주어진 기능만을 사용하던 기존의 휴대 전화와 달리, 애플리케이션이라는 ✚응용 프로그램을 설치하여 원하는 기능을 마음대로 사용할 수 있게 되었어요.

5 이렇게 휴대 전화는 우리의 삶에 깊숙이 연관을 맺고 있는 존재로, 꼭 필요한 ✚도구가 되었어요. 스마트폰 이후에 휴대 전화의 모습은 어떻게 변할까요? 기술의 발전을 기대해 보아요.

낱말 풀이

✚ 닳아서: 기름이나 전기 등을 써서 없어져.

✚ 유용한: 쓸모가 있는.

✚ 검색: 책이나 컴퓨터에서 필요한 자료를 찾아내는 것.

✚ 시청: 텔레비전 방송을 눈으로 보고 귀로 들음.

✚ 응용: 어떤 이론이나 지식을 구체적인 일이나 다른 분야에 알맞게 맞추어 이용함.

✚ 도구: 어떤 목적을 이루기 위한 수단.

쏙쏙! 내용 정리

빈칸에 들어갈 낱말을 글에서 찾아 쓰세요.

1 휴대 전화는 유·무선 전화기와 달리 ○ㄷ 하면서 사용이 가능하다.

🖊 _____

2 최초의 ㅎㄷ 전화는 다른 기능 없이 전화만 할 수 있었다.

🖊 _____

3 시간이 흘러 휴대 전화는 작고 가벼워졌고, 다양한 ㄱㄴ이 추가되었다.

🖊 _____

4 ㅅㅁㅌㅍ은 컴퓨터의 기능이 추가된 휴대 전화이다.

🖊 _____

5 휴대 전화는 우리의 ㅅ에 깊숙이 연관을 맺고 있다.

🖊 _____

1 주제

이 글의 제목으로 가장 알맞은 것은 무엇인가요?

(   )

① 스마트폰의 단점
② 유전 전화의 장점
③ 휴대 전화의 발전 과정
④ 일상생활에서 필요한 도구
⑤ 스마트폰을 써야 하는 까닭

2 내용 이해

이 글에 대한 설명으로 알맞지 <u>않은</u> 것은 무엇인가요?

(   )

① 최초의 휴대 전화로는 전화만 할 수 있었다.
② 유선 전화기는 연결된 선 때문에 이동이 어려웠다.
③ 휴대 전화가 나오기 전에는 유·무선 전화기를 사용하였다.
④ 무선 전화기가 발명된 이후에 유선 전화기가 개발되었다.
⑤ 시간이 흐르면서 휴대 전화에는 점점 다양한 기능이 추가되었다.

3 내용 이해

스마트폰이 인기를 얻은 까닭으로 알맞은 것에 ○표 하세요.

(1) 휴대 전화에 주어진 기능을 변동하지 않아도 되어서 편리하기 때문에   (   )
(2) 휴대 전화만으로도 다양한 업무를 할 수 있어 편리한 생활을 할 수 있게 되었기 때문에   (   )

4 어휘

알맞은 것에 ○표 하여 ㉠의 뜻을 완성해 보세요.

> ㉠의 '최초'는 '맨 (처음 / 마지막).'이라는 뜻이다.

정답 확인
29쪽

5 스마트폰으로 할 수 있는 일로 알맞지 <u>않은</u> 것은 무엇인가요? (   )

적용

① 친구와 사진을 찍은 후 밝기 등을 편집할 수 있다.

② 자동차가 알아서 길을 찾아 자동으로 운전을 하게 해 준다.

③ 검색 사이트에 접속하여 현충일이 어떤 날인지 검색할 수 있다.

④ 국어 시간에 읽은 작품에 대한 느낀 점을 문서로 작성할 수 있다.

⑤ 음악 재생 애플리케이션을 통해 좋아하는 가수의 음악을 들을 수 있다.

6 이 글을 읽고 알게 된 점을 알맞게 이야기한 친구의 이름을 쓰세요.

적용

> 준혁: 이렇게 휴대 전화가 발전해 온 것을 보니 스마트폰은 앞으로도 점점 더 발전하겠구나.
>
> 수연: 스마트폰이 나오기 전에는 휴대 전화로 게임도 할 수 없고 사진도 찍을 수 없어서 불편했을 거야.

(   )

7 빈칸에 알맞은 말을 써서, 이 글의 짜임을 정리해 보세요.

글의
구조

휴대 전화가 나오기 전 — 선을 연결해서 쓰는 ❶(   ) 전화기를 사용했으며, 이후에 실내에서는 선이 연결되지 않아도 쓸 수 있는 무선 전화기가 개발되었음.

↓

휴대 전화의 등장 — ❷(   )의 휴대 전화는 전화만 할 수 있었으나, 이후로 연락 기능 외에 계산기, 게임, 카메라 등 다양한 기능이 생김.

↓

스마트폰의 등장 — 스마트폰은 ❸(   )의 기능이 추가된 휴대 전화로, 인터넷 검색, 음악 감상, 문서 작성, 길 찾기 등 다양한 업무를 할 수 있음.

> **휴대 전화의 발전 과정을 설명하고 있다.**

1 다음 뜻을 지닌 낱말을 보기에서 골라 빈칸에 쓰세요.

> **보기**
> 검색   도구   응용

(1) 어떤 목적을 이루기 위한 수단.   (   )

(2) 책이나 컴퓨터에서 필요한 자료를 찾아내는 것.   (   )

(3) 어떤 이론이나 지식을 구체적인 일이나 다른 분야에 알맞게 맞추어 이용함.

(   )

2 다음 문장의 빈칸에 들어갈 알맞은 낱말을 찾아 선으로 이으세요.

언어는 생각을 표현하는 (   )이다.   •   • 검색

인터넷으로 좋아하는 가수를 (   )했다.   •   • 도구

(   ) 문제에 도전했지만 너무 어려워서 풀지 못했다.   •   • 응용

확장

3 다음 낱말이 아래의 문장에서 어떤 뜻으로 사용되었는지 골라 번호를 쓰세요.

시청 ─ ① 텔레비전 방송을 눈으로 보고 귀로 들음.

시청 ─ ② 시의 행정 일을 맡아보는 기관.

(1) 그는 시청에서 일하는 공무원이다.   (   )

(2) 하루에 텔레비전 시청 시간을 1시간으로 정했다.   (   )

오늘
나의 실력은?   부모님의
응원 한마디

□ 이야기
☑ 시
□ 극본
□ 설명하는 글
□ 주장하는 글
□ 생활 글

눈

윤동주

1 ✦지난밤에
　눈이 ✦소오복이 왔네

2 ㉮✦지붕이랑
　길이랑 밭이랑
　추워한다고
　✦덮어 주는 ㉠이불인가 봐

3 그러기에
　추운 겨울에만 ㉡내리지

낱말 풀이

✦ **지난밤**: 바로 어젯밤.
✦ **소복이**(소오복이): 쌓이거나 담긴 물건 등이 볼록하게 많이.
✦ **지붕**: 집의 윗부분을 덮는 덮개.
✦ **덮어**: 무엇이 드러나거나 보이지 않도록 다른 것을 얹어서 씌워.

쏙쏙! 내용 정리

빈칸에 들어갈 낱말을 글에서 찾아 쓰세요.

1 지난밤에 |ㄴ|이 내렸다.
🖉 _____

2 눈이 내려 |ㅈ||ㅂ|, 길, 밭을 모두 덮었다.
🖉 _____

3 눈은 추운 |ㄱ||ㅇ|에만 내린다.
🖉 _____

1
글의
종류

이와 같은 글을 읽는 방법으로 가장 알맞은 것은 무엇인가요? (   )

① 떠오르는 장면을 상상하며 읽는다.
② 각 문단의 중심 문장을 찾으며 읽는다.
③ 주장과 근거가 알맞은지 생각하며 읽는다.
④ 대상을 정확하게 설명했는지 확인하며 읽는다.
⑤ 두 대상의 공통점과 차이점을 생각하며 읽는다.

2
내용
이해

이 시에서 시간과 계절을 나타내는 말을 각각 찾아 빈칸에 쓰세요.

(1) 시간: ☐☐☐

(2) 계절: ☐☐

3
내용
추론

이 시는 어떤 모습을 표현한 것인가요? 알맞은 말을 골라 ○표 하세요.

(눈 / 이슬)이 내려 세상을 (답답하게 / 포근하게) 덮고 있는 모습을 표현한 것이다.

4
내용
추론

다음 중 ㉠이 가리키는 것은 무엇인가요? (   )

① 길   ② 눈   ③ 밭   ④ 겨울   ⑤ 지붕

5 ㉡의 뜻으로 알맞은 것은 무엇인가요? (   )

어휘

① 눈이나 비 등이 오지.
② 가루를 체에 치고 거르지.
③ 위에 있는 물건을 아래로 옮기지.
④ 어떤 일에 대한 판단이나 결정을 하지.
⑤ 버스, 지하철 등에서 밖으로 나와 어떤 곳에 닿지.

6 보기를 참고하여 ㉮에서 쓰인 표현 방법이 나타난 문장에 ○표 하세요.

표현

> 보기
>
> ㉮에서는 지붕, 길, 밭처럼 여러 장소의 이름을 말하면서 '이랑'이라는 말을 반복하고 있다. 이렇게 반복되는 말은 시에서 리듬감이 느껴지게 한다.

(1) 예쁜 꽃들이 방긋 웃고 있어요   (   )
(2) 산에도, 들에도, 바다에도, 바람이 솔솔   (   )

7 빈칸에 알맞은 말을 써서, 이 시의 내용을 정리해 보세요.

시의
구조

| 상황 | 지난밤에 **❶**(   )이 내려서 지붕, 길, 밭을 모두 덮음. |

| 말하는 이의 생각 | 눈이 추워하고 있는 지붕, 길, 밭을 **❷**(   )처럼 따뜻하게 덮어 주려고 추운 겨울에만 내리는 것 같다고 생각함. |

추운 겨울에 눈이 내려 지붕, 길, 밭을 포근하게 덮어 주고 있다.

1 다음 낱말의 뜻으로 알맞은 것을 찾아 선으로 이으세요.

소복이　　　•

지난밤　　　•

지붕　　　•

•　바로 어젯밤.

•　집의 윗부분을 덮는 덮개.

•　쌓이거나 담긴 물건 등이 볼록하게 많이.

2 다음 문장의 빈칸에 들어갈 알맞은 낱말을 보기 에서 골라 쓰세요.

보기
|소복이　　　지난밤　　　지붕|

(1) ☐☐☐ 에는 내내 비가 내렸다.

(2) 길에는 눈이 ☐☐☐ 쌓여 있다.

(3) 장마철에 대비하여 ☐☐ 을 미리 손보았다.

획징
3 다음 밑줄 친 낱말의 알맞은 뜻을 보기 에서 골라 번호를 쓰세요.

보기

덮다 ｛ ① 무엇이 드러나거나 보이지 않도록 다른 것을 얹어서 씌우다.
　　　② 펼쳐져 있는 책 등을 닫다.

(1) 씨앗을 흙으로 <u>덮고</u> 물을 흠뻑 주었다.　　　　　　　（　　　）

(2) 민아가 읽던 책을 <u>덮고</u> 자리에서 일어났다.　　　　　（　　　）

오늘
나의 실력은?　 　　부모님의
응원 한마디

□ 이야기
□ 시
□ 극본
☑ 설명하는 글
□ 주장하는 글
□ 생활 글

1 우리 조상이 옛날부터 만들어 먹던 과자를 한과라고 합니다. 한과에는 정과, 약과, 강정, 다식 등 여러 가지가 있습니다. 옛날에는 한과를 집에서 만들어 먹었지만, 요즈음에는 주로 시장에서 사 먹습니다.

2 정과는 식물의 뿌리나 열매를 달짝지근하게 ⁺조린 과자입니다. 색깔이 다른 여러 가지 과일, 인삼, 도라지, 연뿌리 등을 꿀에 조려서 만듭니다.

3 약과는 밀가루를 꿀과 기름 등으로 반죽하여 기름에 ⁺지진 과자입니다. 꿀물이나 ⁺조청에 넣어 두어 속까지 맛이 ㉠들면 꺼내어 먹습니다. 지금은 대부분 국화 모양을 본떠서 만들지만, 옛날에는 새, 물고기 등의 모양을 ⁺본떠서 만들었다고 합니다. 약과를 만들 때에는 만들고 싶은 모양으로 나무를 파서, 반죽한 것을 그 속에 넣어 찍어 냅니다.

4 강정은 찹쌀가루를 반죽하여 기름에 튀긴 뒤에 ⁺고물을 묻힌 과자입니다. 찹쌀가루를 반죽할 때에는 꿀과 술을 넣습니다. 그런 다음 끈적끈적해질 때까지 반죽을 쳐서 ⁺갸름하게 썰어 말린 뒤에 기름에 튀깁니다. 깨, 잣가루, 콩가루와 같은 고물을 묻혀 먹습니다.

5 다식은 여러 가지 가루를 조청이나 꿀로 알맞게 반죽하여 다식판에 박아 낸 과자입니다. 다식을 만들 때에는 콩, 깨, 밤 등의 가루를 사용합니다. 소나무 꽃가루인 송화로 만든 다식도 있습니다. 요즈음에는 여러 가지 곡식과 약재를 섞은 가루로 다식을 만들어 먹기도 합니다.

낱말 풀이

+**조린**: 식물의 열매, 뿌리 등을 꿀이나 설탕에 넣고 계속 끓여 단맛이 나게 한.

+**지진**: 달군 프라이팬에 기름을 두르고 전 등을 부쳐 익힌.

+**조청**: 엿 등을 진하게 엉기도록 끓이는 과정에서 묽게 끓여 굳지 않은 엿.

+**본떠서**: 이미 있는 것을 그대로 따라서 만들어서.

+**고물**: 맛과 모양을 더하기 위하여 떡의 겉에 묻히는 가루.

+**갸름하게**: 가늘고 긴 듯하게.

쏙쏙! 내용 정리

빈칸에 들어갈 낱말을 글에서 찾아 쓰세요.

1 ㅎㄱ는 우리 조상이 옛날부터 만들어 먹던 과자이다.

✏️ _____

2 ㅈㄱ는 식물의 뿌리나 열매를 달짝지근하게 조린 과자이다.

✏️ _____

3 ㅇㄱ는 밀가루를 꿀과 기름 등으로 반죽하여 기름에 지진 과자이다.

✏️ _____

4 ㄱㅈ은 찹쌀가루를 반죽하여 기름에 튀긴 뒤에 고물을 묻힌 과자이다.

✏️ _____

5 ㄷㅅ은 여러 가지 가루를 조청이나 꿀로 반죽하여 다식판에 박아 낸 과지이다.

✏️ _____

1
중심
소재

한과는 무엇을 부르는 말인가요? 알맞은 것에 ○표 하세요.

(1) 한 가지 재료만으로 만든 과자 (   )

(2) 우리 조상이 옛날부터 만들어 먹던 과자 (   )

2
글의
목적

이 글에서 설명하는 내용은 무엇인가요? (   )

① 한과에 쓰이지 않는 재료

② 지역에 따라 한과를 부르는 이름

③ 한과의 종류와 한과를 만드는 방법

④ 한과와 오늘날 과자의 공통점과 차이점

⑤ 한과가 오늘날까지 전해질 수 있었던 까닭

3
내용
이해

이 글의 내용으로 알맞지 <u>않은</u> 것은 무엇인가요?

(   )

① 요즘은 한과를 주로 시장에서 사 먹는다.

② 한과는 정과, 약과, 강정, 다식의 네 종류만 있다.

③ 다식은 소나무 꽃가루를 사용해서 만들기도 한다.

④ 약과를 만들 때는 모양을 찍어 내는 틀이 필요하다.

⑤ 정과는 식물의 뿌리나 열매를 꿀에 조려서 만든다.

4
어휘

㉠의 뜻을 알맞게 이야기한 친구의 이름을 쓰세요.

솔이: 어떤 일에 시간이나 노력이 쓰인다는 뜻이야.

성재: 색깔, 맛, 물기 등이 스미거나 배인다는 뜻이야.

(   )

5 강정을 만드는 순서에 맞게 번호를 쓰세요.

내용
이해

- 반죽을 기름에 튀긴다. ( )
- 튀긴 것에 고물을 묻힌다. ( )
- 반죽을 갸름하게 썰어 말린다. ( )
- 찹쌀가루에 꿀과 술을 넣어 반죽한다. ( )

6 다음을 읽고 '나'가 만든 한과로 알맞은 것을 골라 ○표 하세요.

적용

어제 할머니 댁에서 가족들과 함께 한과를 만들었다. 콩이나 밤 등의 가루가 아니라 밀가루로 반죽을 했다. 나는 한과를 국화 모양을 본떠서 만들었지만, 할머니께서는 전통을 살려 새 모양으로 만드셨다. 반죽을 나무틀에 넣고 찍어 내는 것이 재미있었다. 반죽을 기름에 지진 후에 꿀물에 넣어 두었는데, 속까지 맛이 들어야 한다고 해서 아직 맛은 보지 못했다. 빨리 먹고 싶다.

( ) ( ) ( ) ( )

7 빈칸에 알맞은 말을 써서, 이 글의 짜임을 정리해 보세요.

글의
구조

❶( )

정과 — 식물의 뿌리나 ❷( )를 달짝지근하게 조린 과자

약과 — 밀가루를 꿀과 기름 등으로 반죽하여 기름에 지진 과자

강정 — 찹쌀가루를 반죽하여 기름에 튀긴 뒤에 ❸( )을 묻힌 과자

❹( ) — 여러 가지 가루를 조청이나 꿀로 반죽하여 다식판에 박아 낸 과자

한과에는 여러 가지 종류가 있다.

1 다음 뜻을 지닌 낱말을 [보기]에서 골라 빈칸에 쓰세요.

> [보기]
> 갸름하다　　　본뜨다　　　지지다

(1) 가늘고 긴 듯하다.　　　　　　　　　　　　　　　(　　　　　)

(2) 이미 있는 것을 그대로 따라서 만들다.　　　　　　 (　　　　　)

(3) 달군 프라이팬에 기름을 두르고 전 등을 부쳐 익히다.　(　　　　　)

2 다음 문장의 빈칸에 들어갈 알맞은 낱말을 찾아 선으로 이으세요.

누나는 손가락이 (　　　). 　　　　·　　　·　갸름하다

이 무늬는 연꽃을 (　　　). 　　　　·　　　·　본뜨다

프라이팬에 두부를 (　　　). 　　　　·　　　·　지지다

확장

3 다음 낱말의 뜻을 보고, 문장에 어울리는 낱말을 골라 ○표 하세요.

조리다	식물의 열매, 뿌리 등을 꿀이나 설탕에 넣고 계속 끓여 단맛이 나게 하다.
졸이다	찌개, 국, 한약 등의 물을 줄어들게 하여 양이 적어지게 하다.

(1) 김치찌개를 (조리다 / 졸이다).

(2) 복숭아를 설탕물에 (조리다 / 졸이다).

(3) 할머니는 사과를 꿀에 (조려 / 졸여) 냉장고에 보관하셨다.

(4) 수프를 만들려면 야채를 물에 넣고 약한 불로 (조려야 / 졸여야) 한다.

오늘
나의 실력은?   　　부모님의
응원 한마디

☑ 이야기
☐ 시
☐ 극본
☐ 설명하는 글
☐ 주장하는 글
☐ 생활 글

1 아기 박은 달이 되고 싶었습니다. ⁺살랑바람이 불었습니다. 달이 얼굴을 내밀었습니다.

"달님!"

아기 박이 불렀습니다.

"왜?"

달이 대답하였습니다.

"나는 달님을 닮았지요?"

"그런데?"

"왜 나는 빛이 나지 않나요?"

아기 박은 눈물을 글썽였습니다. 달은 부드럽게 웃었습니다. 그리고 아기 박에게 ⁺일러 주었습니다.

2 "어떤 소녀가 있었단다."

"……."

"한때는 노래를 잘 ⁺부르는 사람을 보고 ㉠성악가가 되려고 하였지."

"그래서요?"

"그런데 그림을 잘 ⁺그리는 사람을 보고는 ㉡화가가 되려고도 하였어."

"그래서 어떻게 되었나요?"

"동화를 ⁺쓰는 사람이 되었단다."

"왜요?"

"그 소녀는 글쓰기를 좋아하였고, 재주도 있었거든."

"……."

"네가 좋아하고 ⁺잘하는 일을 찾아보렴."

아기 박은 고개를 끄덕였습니다.

－ 김영자, 「아기 박의 꿈」 중에서

낱말 풀이

⁺ **살랑바람**: 살랑살랑 부는 바람.

⁺ **일러**: 무엇이라고 말해.

⁺ **부르는**: 음악에 맞추어 노래의 가사를 소리 내는.

⁺ **그리는**: 연필, 붓 등을 이용하여 사물을 선이나 색으로 나타내는.

⁺ **쓰는**: 머릿속의 생각이나 느낌을 종이 등에 글로 적어 나타내는.

⁺ **잘하는**: 익숙하고 능란하게 하는.

쏙쏙! 내용 정리

빈칸에 들어갈 낱말을 글에서 찾아 쓰세요.

1 ㅇㄱ ㅂ은 달이 되고 싶지만, 달처럼 빛이 나지 않아서 슬퍼하고 있다.

✏ _____

2 ㄷㄴ은 아기 박에게 좋아하고 잘하는 일을 찾아보라고 일러 주었다.

✏ _____

1

내용
이해

아기 박이 되고 싶어 한 것은 무엇인지 이 글에서 찾아 빈칸에 쓰세요.

☐

2

내용
이해

아기 박이 달님을 보며 눈물을 글썽인 까닭으로 알맞은 것에 ○표 하세요.

(1) 자신의 모습이 달님을 닮지 않아서 (   )

(2) 자신은 달님처럼 빛이 나지 않아서 (   )

3

내용
추론

달님이 아기 박에게 어떤 소녀의 이야기를 들려준 까닭으로 알맞은 것은 무엇일까요? (   )

① 아기 박에게 소녀를 소개해 주려고

② 아기 박에게 농화를 쓸 용기를 주려고

③ 아기 박에게 빛을 내는 전구를 선물하려고

④ 아기 박이 자기보다 더 멋진 달이 되도록 하려고

⑤ 아기 박이 좋아하고 잘하는 일을 찾아보게 하려고

4

어휘

㉠과 ㉡을 포함하는 말로 알맞은 것은 무엇인가요?

(   )

① 몸   ② 책   ③ 식물

④ 작가   ⑤ 직업

아기 박은 고개를 끄덕이었습니다.

'내가 좋아하고 잘하는 일은 무엇일까?'

아기 박은 오래오래 생각하였습니다.

어느 날 밤이었습니다. 아기 박은 순이가 바가지에 물을 담아 시원하게 마시는 것을 보고 자기가 할 일을 깨달았습니다.

"단단한 ㉮ 이 되겠어요."

5

내용 추론

㉮에 들어갈 말로 알맞은 것은 무엇일까요? (   )

① 물   ② 밤   ③ 빛   ④ 그릇   ⑤ 사람

6

적용

아기 박의 말을 들은 달님이 아기 박에게 해 줄 말로 알맞은 것에 ○표 하세요.

(1) 잘할 수 있는 것을 찾아낸 네가 정말 대견하구나.   (   )

(2) 내가 하지 못하는 일을 하는 네가 정말 부럽구나.   (   )

7

글의 구조

알맞은 말에 ○표 하여, 이 글의 짜임을 정리해 보세요.

> 아기 박 — 자신과 닮은 ❶(달 / 별)이 되고 싶지만, 빛이 나지 않아 슬퍼함.

> 달님 — 소녀의 이야기를 들려주며 아기 박에게 ❷(미워하고 / 좋아하고) 잘하는 일을 찾아보라고 말해 줌.

> 누구나 자신이 좋아하고 ❸(놀라는 / 잘하는) 일이 있다.

1 다음 낱말의 뜻으로 알맞은 것을 찾아 선으로 이으세요.

그리다 •

부르다 •

쓰다 •

• 음악에 맞추어 노래의 가사를 소리 내다.

• 머릿속의 생각이나 느낌을 종이 등에 글로 적어 나타내다.

• 연필, 붓 등을 이용하여 사물을 선이나 색으로 나타내다.

2 다음 문장의 빈칸에 들어갈 알맞은 낱말을 보기 에서 골라 쓰세요.

보기

그리다   부르다   쓰다

(1) 책상에 앉아 일기를 ☐☐.

(2) 무궁화 꽃을 보고 그림을 ☐☐☐.

(3) 우리 반 친구들 모두 응원가를 ☐☐☐.

확장

3 다음 낱말이 아래의 문장에서 어떤 뜻으로 사용되었는지 골라 번호를 쓰세요.

이르다 ┬ ① 무엇이라고 말하다.

└ ② 어떤 장소나 시간에 닿다.

(1) 나는 친구와 약속한 장소에 이르다.   (   )

(2) 수영장 안전 요원이 아이들에게 주의할 점을 이르다.   (   )

오늘
나의 실력은?   부모님의
응원 한마디

□ 이야기
□ 시
□ 극본
□ 설명하는 글
☑ 주장하는 글
□ 생활 글

1 "⁺실내에서 뛰지 마세요!"

㉠최근 선생님이 우리에게 자주 하시는 말씀입니다. 학기 초에 선생님과 우리 반 친구들은 '실내에서 뛰지 않기'라는 약속을 정하였습니다. 하지만 우리 반 친구 대부분은 이 약속을 잘 지키지 않습니다. 여전히 교실이나 복도에서 뛰어다니는 친구가 많습니다.

2 저는 최근에 수업을 마치고 집에 갈 때 복도에서 달려오는 친구와 ⁺부딪칠 뻔한 적이 있습니다. 다행히 친구를 피하였기 때문에 괜찮았지만 크게 ⁺다칠 뻔하였습니다.

이것 말고도 복도에서 뛰지 말아야 하는 까닭은 여러 가지가 있습니다. 복도에서 뛰면 다른 반 친구들에게 피해를 주게 됩니다. 복도에서의 쿵쾅거리는 소리는 공부에 큰 ⁺방해가 됩니다.

그리고 복도에서 뛰어다니는 ⁺습관을 고치지 못하면 계단에서도 뛰어다니게 됩니다. 이처럼 뛰어다니다가 잘못하여 미끄러지면 크게 다칠 수 있습니다.

마지막으로, 복도에서 뛰는 행동은 다른 친구들이나 동생들에게 ⁺그릇된 습관을 가지게 할 수도 있습니다. 예를 들어, 우리가 복도에서 뛰어다니면 1학년 동생들이 이와 같은 잘못된 행동을 따라 할 수 있습니다.

3 그러므로 우리 반 친구들이 복도에서 뛰지 말고 천천히 걸어 다니면 좋겠습니다. 이제부터 자신과 다른 친구들의 안전을 위하여 '실내에서 뛰지 않기'를 꼭 ⁺실천합시다.

낱말 풀이

⁺ **실내**: 방이나 건물 등의 안.

⁺ **부딪칠**: 아주 세게 닿거나 마주칠.

⁺ **다칠**: 부딪치거나 맞거나 하여 몸이나 몸의 일부에 상처가 생길.

⁺ **방해**: 남의 일을 간섭하고 막아 해를 끼침.

⁺ **습관**: 오랫동안 되풀이하는 과정에서 저절로 익혀진 행동 방식.

⁺ **그릇된**: 어떤 일이 올바르지 않게 된.

⁺ **실천**: 이론이나 계획, 생각한 것을 실제 행동으로 옮김.

쏙쏙! 내용 정리

빈칸에 들어갈 낱말을 글에서 찾아 쓰세요.

1 학기 초에 '　ㅅ　ㄴ　에서 뛰지 않기'라는 약속을 정하였지만, 잘 지켜지지 않고 있다.

✎ _____

2 복도에서 뛰면 다른 반 친구들에게 　ㅍ　ㅎ　를 주고, 다칠 수 있으며, 다른 친구들이나 동생들이 그릇된 습관을 가지게 할 수 있다.

✎ _____

3 안전을 위하여 '실내에서 뛰지 않기'를 꼭 　ㅅ　ㅈ　하자.

✎ _____

---

1 이와 같은 글을 쓰는 목적은 무엇인가요? (　　　　)

글의 목적

① 다른 사람을 설득하기 위해서
② 자신이 잘 아는 대상을 설명하기 위해서
③ 자신의 여행 경험을 생생하게 기록하기 위해서
④ 재미있는 이야기를 다른 사람에게 들려주기 위해서
⑤ 자신이 아끼는 물건을 다른 사람에게 소개하기 위해서

---

2 글쓴이가 이 글을 쓴 까닭으로 알맞은 것에 ○표 하세요.

내용 이해

(1) 친구들이 실내에서 뛰지 않기로 한 약속을 잘 지키지 않아서 　　　　　　　　　　　　　　　　(　　)
(2) 친구들이 교실을 깨끗하게 청소하기로 한 약속을 잘 지키지 않아서 　　　　　　　　　　　　　(　　)

---

3 이 글에서 알 수 있는 '복도에서 뛰지 말아야 하는 까닭'으로 알맞은 것을 세 가지 고르세요. (　 , 　 , 　)

내용 이해

① 친구끼리 부딪쳐 다칠 수 있다.
② 다른 반 친구들에게 피해를 준다.
③ 다른 친구들과 함께 재미있게 놀 수 있다.
④ 동생들에게 잘못된 습관을 가지게 할 수 있다.
⑤ 달려오는 친구를 피하는 민첩성을 기를 수 있다.

---

4 ㉠과 바꾸어 쓸 수 있는 말은 무엇인가요? (　　　　)

어휘

① 옛날　　　② 훗날　　　③ 앞으로
④ 요즈음　　　⑤ 지난날

쏙쏙! 내용 정리

빈칸에 들어갈 낱말을 글에서 찾아 쓰세요.

1 학기 초에 '　ㅅ　ㄴ　에서 뛰지 않기'라는 약속을 정하였지만, 잘 지켜지지 않고 있다.

✎ _____

2 복도에서 뛰면 다른 반 친구들에게 　ㅍ　ㅎ　를 주고, 다칠 수 있으며, 다른 친구들이나 동생들이 그릇된 습관을 가지게 할 수 있다.

✎ _____

3 안전을 위하여 '실내에서 뛰지 않기'를 꼭 　ㅅ　ㅈ　하자.

✎ _____

---

1 이와 같은 글을 쓰는 목적은 무엇인가요? (　　　　)

글의 목적

① 다른 사람을 설득하기 위해서
② 자신이 잘 아는 대상을 설명하기 위해서
③ 자신의 여행 경험을 생생하게 기록하기 위해서
④ 재미있는 이야기를 다른 사람에게 들려주기 위해서
⑤ 자신이 아끼는 물건을 다른 사람에게 소개하기 위해서

---

2 글쓴이가 이 글을 쓴 까닭으로 알맞은 것에 ○표 하세요.

내용 이해

(1) 친구들이 실내에서 뛰지 않기로 한 약속을 잘 지키지 않아서 　　　　(　　)
(2) 친구들이 교실을 깨끗하게 청소하기로 한 약속을 잘 지키지 않아서 　　　　(　　)

---

3 이 글에서 알 수 있는 '복도에서 뛰지 말아야 하는 까닭'으로 알맞은 것을 세 가지 고르세요. (　 , 　 , 　)

내용 이해

① 친구끼리 부딪쳐 다칠 수 있다.
② 다른 반 친구들에게 피해를 준다.
③ 다른 친구들과 함께 재미있게 놀 수 있다.
④ 동생들에게 잘못된 습관을 가지게 할 수 있다.
⑤ 달려오는 친구를 피하는 민첩성을 기를 수 있다.

---

4 ㉠과 바꾸어 쓸 수 있는 말은 무엇인가요? (　　　　)

어휘

① 옛날　　　② 훗날　　　③ 앞으로
④ 요즈음　　　⑤ 지난날

5 이 글의 주제로 가장 알맞은 것은 무엇인가요? (   )

주제

① 동생을 잘 보살피자.　　　② 실내에서 뛰지 말자.

③ 교실 청소를 열심히 하자.　　④ 수업 시간에 떠들지 말자.

⑤ 길을 걸을 때 한눈팔지 말자.

6 이 글을 읽은 후 느낀 점을 알맞게 이야기한 친구의 이름을 쓰세요.

적용

> 수연: 친구들에게 부탁하는 글을 쓸 때는 글쓴이처럼 부탁하는 까닭을 자세히 써야겠어.
>
> 윤민: 친구들에게 부탁하는 글을 쓸 때는 글쓴이처럼 자신의 부탁을 꼭 들어 달라고 강요해야겠어.

(   )

7 알맞은 말에 ○표 하여, 이 글의 짜임을 정리해 보세요.

글의
구조

> 학기 초에 '실내에서 뛰지 않기'라는 약속을 정하였지만
> ❶(지켜짐 / 지켜지지 않음).

↓

| 실내에서 뛰지 말아야 하는 까닭 | - 다른 반 친구들에게 피해를 주게 됨.
- 뛰어다니다가 미끄러지면 크게 다칠 수 있음.
- 다른 친구들이나 동생들에게 ❷(좋은 / 그릇된) 습관을 가지게 할 수 있음. |

↓

> 복도에서는 뛰지 말고 천천히 걸어 다니면 좋겠음.

> 실내에서 ❸(걷지 / 뛰지) 않기를 실천하자.

1 다음 뜻을 지닌 낱말을 보기 에서 골라 빈칸에 쓰세요.

> 보기
>
> 방해   습관   실천

(1) 남의 일을 간섭하고 막아 해를 끼침.   (   )

(2) 이론이나 계획, 생각한 것을 실제 행동으로 옮김.   (   )

(3) 오랫동안 되풀이하는 과정에서 저절로 익혀진 행동 방식.

                                        (   )

2 다음 문장의 빈칸에 들어갈 알맞은 낱말을 찾아 선으로 이으세요

편식하는 ( )을 고쳤다.	•		•	방해
동생의 ( )로 학교에 지각했다.	•		•	습관
엄마와의 약속을 ( )에 옮겼다.	•		•	실천

확장

3 다음 밑줄 친 낱말의 알맞은 뜻을 보기 에서 골라 번호를 쓰세요.

> 보기
>
> 다치다 { ① 부딪치거나 맞거나 하여 몸이나 몸의 일부에 상처가 생기다.
> ② 마음이나 체면이나 명예가 상하다.

(1) 진이가 수아의 말에 마음을 <u>다치다</u>.   (   )

(2) 길을 가다가 넘어져서 무릎을 <u>다치다</u>.   (   )

오늘
나의 실력은?   부모님의
응원 한마디

- ☐ 이야기
- ☐ 시
- ☐ 극본
- ☑ 설명하는 글
- ☐ 주장하는 글
- ☐ 생활 글

낱말 풀이

✦**관리하는**: 어떤 일을 책임 지고 맡아 처리하는.

✦**빌려주는**: 물건이나 돈을 나중에 돌려받거나 대가를 받기로 하고 얼마 동안 쓰게 하는.

✦**저축**: 돈을 아껴 써서 모아 둠.

✦**대가**: 어떤 일에 들인 노력에 대한 보수.

✦**환전**: 한 나라의 화폐를 다른 나라의 화폐와 맞바꿈.

✦**공과금**: 전기료, 전화료, 수도료 등과 같이 국가나 공공 단체가 국민에게 부과하는 세금.

✦**업무**: 직장 등에서 맡아서 하는 일.

1 은행은 돈과 관련된 일을 하는 기관이에요. 은행이 하는 가장 기본적인 일은 사람들의 돈을 맡아서 ✦관리하는 일과 돈이 필요한 사람에게 돈을 ✦빌려주는 일이에요. 사람들은 자신이 가지고 있는 돈을 안전하게 보관하기 위해 은행에 맡길 수 있고, 돈이 필요한 사람들은 은행에서 돈을 빌릴 수 있어요.

2 우리는 은행에서 통장, 즉 '계좌'를 만들어서 돈을 맡기고 찾을 수 있어요. ✦저축을 하기 위해 모은 돈을 은행에 맡기는 것을 '예금'이라고 해요. 은행에 예금을 해 두면 계좌를 통해 돈을 저축할 수 있고, 돈을 다시 찾아서 쓸 수도 있어요. 또한 자신이 돈을 얼마나 가지고 있는지 궁금하면 언제라도 확인할 수 있어요.

3 은행은 우리가 예금한 돈을 모아서 돈이 필요한 사람들이나 회사에 빌려주기도 해요. 그리고 은행은 이 사람들이나 회사에 돈을 빌려준 ✦대가로 '이자'라는 것을 받아요. 이렇게 받은 이자로 은행은 다시 돈을 불린 다음, 예금을 한 사람들에게 다시 이자의 일부를 주어요. 그래서 예금을 해 두면 저축한 돈에 대한 이자를 받을 수 있기 때문에 원래 저축한 것보다 더 많은 돈을 가질 수 있어요.

4 은행에서는 이 외에도 다양한 서비스를 제공해요. 예를 들어, 우리나라 돈을 외국 돈으로 ㉠교환해 주는 ✦환전 서비스를 제공해요. 또, 우리는 은행을 통해서 전기세나 수도세와 같은 ✦공과금을 낼 수도 있어요.

5 예전에는 은행 ✦업무를 보려면 은행 영업점에 직접 가야 했어요. 하지만 최근에는 정보·통신 기술이 발달하면서 은행에 가지 않고도 컴퓨터, 휴대 전화 등을 이용하여 인터넷만 연결되면 언제 어디서나 편리하게 은행의 서비스를 이용할 수 있어요.

쏙쏙! 내용 정리

빈칸에 들어갈 낱말을 글에서 찾아 쓰세요.

1 ㅇㅎ은 돈을 맡아서 관리하거나 돈을 빌려주는 일을 하는 기관이다.

2 ㅇㄱ은 모은 돈을 은행에 맡기는 것이다.

3 은행은 사람이나 회사에 돈을 빌려준 대가로 ㅇㅈ를 받는다.

4 은행에서는 ㅎㅈ을 하거나 공과금을 낼 수 있다.

5 최근에는 ㅋㅍㅌ나 휴대전화를 통해서도 은행 업무를 볼 수 있다.

1
중심
소재

이 글은 무엇에 대해 설명하고 있나요? 알맞은 말을 찾아 빈칸에 쓰세요.

☐☐이 하는 일

2
내용
이해

이 글을 읽고 알게 된 내용으로 알맞지 <u>않은</u> 것은 무엇인가요? (   )

① 은행은 돈과 관련된 일을 하는 기관이다.
② 은행에서는 예금한 사람들의 돈을 관리한다.
③ 은행에서 예금한 금액 외에 더 주는 돈은 없다.
④ 은행에서 계좌를 만들면 돈을 맡기거나 찾을 수 있다.
⑤ 예금한 돈이 얼마인지는 계좌를 통해 확인할 수 있다.

3
내용
이해

은행에서 돈이 필요한 사람들이나 회사에 돈을 빌려주고 그 대가로 받는 것은 무엇인가요? (   )

① 이자   ② 저축   ③ 통장
④ 환전   ⑤ 공과금

4
어휘

㉠의 뜻으로 알맞은 것에 ○표 하세요.

(1) 어떤 물건을 받아 보관해.   (   )
(2) 무엇을 다른 것으로 바꾸어.   (   )

5 다음 중 은행에서 한 일로 알맞지 <u>않은</u> 것은 무엇인가요? (   )

적용

① 아버지가 이번 달 전기세를 냈다.

② □□ 회사가 회사에 필요한 돈을 빌렸다.

③ 사촌 오빠가 차를 사려고 운전면허증을 발급했다.

④ 유민이가 매달 부모님께 받은 용돈을 계좌에 저축했다.

⑤ 어머니가 미국 여행을 가기 위해 우리나라 돈을 미국 돈으로 바꿔 왔다.

6 다음은 이 글을 읽고 친구들끼리 나눈 대화입니다. 알맞게 이야기한 친구의

내용
추론

이름을 쓰세요.

> 효정: 요즘에도 간단한 은행 업무를 보기 위해서 은행에 반드시 직접 가야
> 한다니 불편함이 많네.
> 세훈: 우리가 은행에 저축을 많이 하면 은행에서 이자도 받을 수 있고, 또
> 돈이 필요한 회사에서는 돈을 빌릴 수도 있어서 서로 좋네.

(   )

7 빈칸에 알맞은 말을 써서, 이 글의 짜임을 정리해 보세요.

글의
구조

은행

하는 일
- 사람들이 맡긴 돈, 즉 예금을 관리함.
- 돈이 필요한 사람이나 회사에 빌려주고 그 대가로 ❶(   )를 받음.
- ❷(   ) 서비스를 제공하며, 각종 공과금을 처리해 줌.

이용 방법
예전에는 직접 영업점에 방문을 해야 했지만, 최근에는 컴퓨터나 휴대 전화로도 은행 서비스를 이용할 수 있음.

❸(   )은 돈과 관련된 일을 하는 기관이다.

1 다음 낱말의 뜻으로 알맞은 것을 찾아 선으로 이으세요.

대가 •

• 돈을 아껴 써서 모아 둠.

저축 •

• 어떤 일에 들인 노력에 대한 보수.

환전 •

• 한 나라의 화폐를 다른 나라의 화폐와 맞바꿈.

2 다음 문장의 빈칸에 들어갈 알맞은 낱말을 보기에서 골라 쓰세요.

보기

대가   저축   환전

(1) 지출을 줄이고 ☐☐ 을 늘려야 한다.

(2) 열심히 노력한 ☐☐ 는 반드시 올 것이다.

(3) ☐☐ 을 하러 은행에 갔더니, 어느 나라 화폐로 바꿀 것인지 물어보았다.

확장

3 다음 밑줄 친 낱말의 알맞은 뜻을 보기에서 골라 번호를 쓰세요.

보기

빌려주다 { ① 물건이나 돈을 나중에 돌려받거나 대가를 받기로 하고 얼마 동안 쓰게 하다.

② 어떤 장소나 시설을 얼마 동안 쓸 수 있도록 내어 주다.

(1) 친구에게 천 원을 빌려주다.   (   )

(2) 삼촌에게 한 달 간 집을 빌려주다.   (   )

오늘
나의 실력은?

부모님의
응원 한마디

05일차

7주

공부한 날   월   일

☑ 이야기
☐ 시
☐ 극본
☐ 설명하는 글
☐ 주장하는 글
☐ 생활 글

1 어느 큰 부잣집에서 ⁺현명한 며느리를 구하려고 사람들이 많이 다니는 곳에 글을 써 붙였습니다.

'정해 준 집에서 사흘 치 ⁺양식만으로 한 달을 살고 나오는 사람을 며느리로 삼겠다.'

2 ㉠한 처녀가 용기 있게 도전하였습니다. 그러나 부자가 준 양식이 ⁺터무니없이 적어 일주일을 겨우 버티다 배고파 도망쳤습니다. 그 후에도 ㉡수많은 처녀들이 부자의 재산을 ⁺탐내어 지원하였으나 배고픔을 견디지 못해 ⁺번번이 물러났습니다.

3 그때 한 슬기로운 처녀가 부잣집 며느리에 도전하였습니다. 이 처녀는 집에 들어오자마자 배불리 밥을 지어 먹고 집 안을 깨끗이 청소하였습니다.

이틀째 되는 날, 처녀는 남은 쌀로 떡을 하여 마을 사람들에게 고루 나누어 주었습니다. 사흘째 되는 날, 시중을 드는 하녀가 걱정을 하며 물었습니다.

"사흘 치 양식을 모두 써 버리다니 남은 한 달을 어떻게 지내시려고 그러셨습니까?"

처녀가 웃으며 말했습니다.

"이제 마을 사람들을 찾아가 일거리가 있으면 모두 달라고 하시오."

하녀가 마을 사람들에게 가니 처녀의 솜씨 좋은 떡을 맛본 이들이 앞다투어 일감을 가져왔습니다. 부자가 한 달이 지나 처녀를 찾아갔을 때, 그 처녀는 대가족이 한 달 내내 배불리 먹고도 남을 양식을 창고에 가득 채워 놓았습니다. 부자는 크게 감탄하며, 그 처녀를 며느리로 맞아들였습니다. 슬기로운 처녀는 해마다 재산을 늘려 가며 더 큰 부자가 되어 좋은 일을 많이 하였답니다.

낱말 풀이

⁺**현명한**: 마음이 너그럽고 슬기로우며 일의 이치에 밝은.

⁺**양식**: 살기 위해 필요한 사람의 먹을거리.

⁺**터무니없이**: 황당하고 믿음성이 없어 전혀 근거가 없이.

⁺**탐내어**: 자기 것으로 가지고 싶어.

⁺**번번이**: 일이 생기는 때마다.

쏙쏙! 내용 정리

빈칸에 들어갈 낱말을 글에서 찾아 쓰세요.

1 부잣집에서 며느리를 구하려고 정해 준 집에서 ㅅㅎ 치 양식으로 한 달을 살고 나오라는 과제를 제시했다.

✎ _____

2 수많은 처녀들이 부자의 며느리가 되려고 도전하였으나 ㅂㄱㅍ을 견디지 못하고 도망쳤다.

✎ _____

3 슬기로운 처녀는 사흘 치 양식을 지혜롭게 사용하여 한 달을 먹고 살았을 뿐만 아니라, 창고에 가득 채울 정도로 양식을 불려 부자의 ㅁㄴㄹ가 되었다.

✎ _____

1 내용 이해

이 글을 읽고, 부잣집의 며느리가 되기 위한 방법을 알맞게 말한 친구의 이름을 쓰세요.

> 별이: 정해 준 집에서 3일 동안 먹을 수 있는 양식으로 한 달을 살아야 해.
>
> 세욱: 정해 준 집에서 4일 동안 먹을 수 있는 양식으로 사흘을 살아야 해.

(   )

2 내용 이해

㉠과 ㉡이 부자의 며느리가 되지 <u>못한</u> 까닭으로 알맞은 것에 ○표 하세요.

(1) 배고픔을 견디지 못했기 때문에 (   )

(2) 재산이 너무 탐나 몰래 훔쳤기 때문에 (   )

3 내용 이해

하녀가 슬기로운 처녀를 걱정한 까닭은 무엇인가요?

(   )

① 떡을 더 먹기 싫어해서

② 부자가 슬기로운 처녀를 싫어해서

③ 이틀 동안 너무 먹지 않아 쓰러질 것 같아서

④ 한 달 먹을 양식을 이틀 만에 모두 써 버려서

⑤ 한 달 동안 너무 많은 양식을 창고에 쌓아 놓아서

4 어휘

다음 뜻을 가진 말을 **3**에서 찾아 빈칸에 쓰세요.

> 많고 적음의 차이가 없이 비슷하게.

[   ][   ]

5

내용
이해

이 글의 내용으로 알맞지 <u>않은</u> 것은 무엇인가요? (   )

① 마을 사람들은 슬기로운 처녀에게 일감을 맡겼다.

② 사흘 치 양식으로 한 달을 버틴 사람은 아무도 없었다.

③ 슬기로운 처녀는 집에 온 첫날 배불리 밥을 지어 먹었다.

④ 슬기로운 처녀는 쌀로 떡을 만들어 사람들에게 나누어 주었다.

⑤ 부자는 슬기로운 처녀가 재산을 늘리는 솜씨를 보고 감탄하였다.

6

적용

이 글을 읽은 후 느낀 점을 알맞게 이야기하지 <u>못한</u> 친구는 누구인가요?

(   )

① 예나: 큰 부자가 되었어도 좋은 일을 많이 하였다니 슬기로운 처녀는 마음이 따뜻할 것 같아.

② 규진: 현명한 며느리를 구하기 위해 생각해 낸 방법을 보니 부자도 지혜로운 사람인 것 같아.

③ 지우: 슬기로운 처녀가 대가족 몰래 혼자 먹으려고 창고 가득 양식을 채운 것을 보고 화가 났어.

④ 민혁: 나도 슬기로운 처녀처럼 어떤 문제가 생겼을 때 지혜롭게 대처해야겠다는 생각이 들었어.

⑤ 수아: 부자는 며느리가 될 사람이 얼마나 현명하게 행동하는지를 알아보기 위해 과제를 낸 것 같아.

빈칸에 알맞은 말을 써서, 이 글의 짜임을 정리해 보세요.

글의
구조

> 부잣집에서 현명한 **❶**(   )를 구하려고 글을 써 붙임.

↓

| 다른 처녀들 | ↔ | 슬기로운 처녀 |

| 배고픔을 견디지 못하고 도망감. | | **❷**(   ) 치 양식으로 한 달을 지혜롭게 견딤. |

↓

> 슬기로운 처녀가 부자의 **❸**(   )가 됨.

⬇

> **문제를 지혜롭게 해결해야 한다.**

1 다음 뜻을 지닌 낱말을 보기 에서 골라 빈칸에 쓰세요.

보기
> 탐내다   터무니없다   현명하다

(1) 자기 것으로 가지고 싶어 하다.   (   )

(2) 황당하고 믿음성이 없어 전혀 근거가 없다.   (   )

(3) 마음이 너그럽고 슬기로우며 일의 이치에 밝다.   (   )

2 다음 문장의 빈칸에 들어갈 알맞은 낱말을 찾아 선으로 이으세요.

동생이 내 생일 선물을 ( ).	•	•	탐내다
그녀의 판단은 늘 옳고 ( ).	•	•	터무니없다
그 생각은 너무 억지스럽고 ( ).	•	•	현명하다

확장
3 다음 낱말이 아래의 문장에서 어떤 뜻으로 사용되었는지 골라 번호를 쓰세요.

양식
① 살기 위해 필요한 사람의 먹을거리.

② 어떤 일을 하는 데에 필요한, 일정한 형식이나 방식.

③ 물고기, 김, 미역, 버섯 등을 인공적으로 길러서 번식하게 함.

(1) 먹을 양식을 사러 마트에 갔다.   (   )

(2) 이 마을은 전복 양식이 유명하다.   (   )

(3) 보고서를 양식에 맞추어 써야 한다.   (   )

오늘
나의 실력은?   부모님의
응원 한마디

1 별자리는 밤하늘에 ㉠무리 지어 있는 별들을 연결하여 동물이나 물건, ⁺신화에 나오는 인물의 이름을 붙여 놓은 것을 말해요. 별자리는 ⁺수없이 많지만, 그중에서 북쪽 하늘에서 볼 수 있는 별자리를 몇 가지 소개해 볼게요.

2 첫 번째는 작은곰자리예요. 작은곰자리는 북극성을 포함하고 있어요. 북극성은 항상 북쪽 하늘에 떠 있는 별로, 거의 ⁺위치가 거의 변하지 않아요. 그래서 예전부터 사람들이 길을 찾는 데 도움을 주었어요. 길을 잃었을 때 이 별자리를 찾으면 어느 ⁺방향이 북쪽인지 알 수 있어요.

3 두 번째는 일곱 개의 별이 국자 모양을 하고 있는 북두칠성이에요. 북두칠성도 역시 북쪽 하늘에 있고, 국자 모양과 비슷해서 맨눈으로도 쉽게 찾을 수 있지요. 북두칠성은 큰곰자리의 꼬리 부분에 해당돼요. 북두칠성은 북극성을 찾는 데 도움이 되어요. 국자 모양의 끝부분에 있는 두 별을 연결하여 거리를 계산하면 북극성을 쉽게 찾을 수 있어요.

4 마지막은 알파벳 'W' 자 모양의 카시오페이아자리예요. 이 별자리 역시 북극성을 찾는 길잡이 별이에요. 이 별자리의 이름은 그리스 신화에 나오는 에티오피아 왕비 '카시오페이아'의 이름에서 따 왔다고 알려져 있어요. 카시오페이아는 ⁺허영심이 강하고 ⁺건방져서 바다의 신을 화나게 만들었고, 결국 벌을 받아 별자리가 되었다고 해요. 이 별자리가 'W' 자 모양이라고 했는데, 이는 의자에 앉아 매달려 있어야 하는 벌을 받은 왕비의 모습이에요. 그래서 이 별자리는 항상 ⁺겸손해야 한다는 교훈을 전해 주기도 하지요.

5 이처럼 별자리에 대해 알고 있으면 우리는 밤하늘을 더 재미있게 관찰할 수 있어요. 그리고 별자리는 우리가 방향을 찾을 수 있게 도와주는 소중한 안내자가 되어 줄 거예요.

낱말 풀이

+ **신화**: 신이나 신 같은 존재에 대한 신비스러운 이야기.
+ **수없이**: 셀 수 없을 만큼 많이.
+ **위치**: 일정한 곳에 자리를 차지함.
+ **방향**: 어떤 지점이나 방위를 향하는 쪽.
+ **허영심**: 자기의 분수에 넘치고 실속이 없이 겉을 화려하게 꾸미려는 마음.
+ **건방**: 자신의 주제를 모르고 지나치게 잘난 척하는 태도.
+ **겸손**: 남을 존중하고 자기를 낮추는 마음이나 태도.

쏙쏙! 내용 정리

빈칸에 들어갈 낱말을 글에서 찾아 쓰세요.

1 ㅂㅈㄹ 는 밤하늘에 무리 지어 있는 별들을 연결하여 이름을 붙인 것이다.

✏️ _____

2 ㅂㄱㅅ 은 어느 방향이 북쪽인지 알려준다.

✏️ _____

3 ㅂㄷㅊㅅ 은 국자 모양과 비슷하다.

✏️ _____

4 카시오페이아자리는 알파벳 W 자 모양이며, 북극성을 찾는 ㄱㅈㅇ 별이다.

✏️ _____

5 별자리는 우리가 ㅂㅎ 을 찾을 수 있노록 도와준다.

✏️ _____

1
중심
소재

이 글에 대하여 알맞게 이야기한 친구의 이름을 쓰세요.

> 정한: 별자리의 뜻과 계절별로 볼 수 있는 별자리에 대하여 소개하고 있어.
>
> 윤하: 별자리의 뜻과 북쪽 하늘에서 볼 수 있는 별자리에 대하여 소개하고 있어.

(   )

2
내용
이해

이 글의 내용으로 알맞지 <u>않은</u> 것은 무엇인가요?

(   )

① 북극성은 사람들이 길을 찾는 데 도움을 주었다.
② 북극성은 계절마다 위치가 다른 곳으로 바뀐다.
③ 카시오페이아자리는 북극성을 찾는 길잡이 별이다.
④ 북두칠성은 일곱 개의 별이 국자 모양을 하고 있다.
⑤ 카시오페이아자리의 이름은 에티오피아의 왕비 이름에서 따왔다.

3
내용
이해

북극성과 북두칠성을 각각 포함하고 있는 별자리의 이름을 이 글에서 찾아 쓰세요.

(1) 북극성: (   )
(2) 북두칠성: (   )

4
어휘

㉠의 뜻으로 알맞은 것에 ○표 하세요.

(1) 상식에서 벗어나게 정도가 지나침. (   )
(2) 여러 사람이나 동물, 사물 등이 함께 모여 있는 것.

(   )

5 카시오페이아자리가 'W' 자 모양인 까닭으로 알맞은 것의 기호를 쓰세요.

내용
이해

> ㉮ 왕비가 W 자 모양을 그리며 춤을 추는 모습이 너무 아름다웠기 때문에
> ㉯ 허영심이 강하고 건방졌던 왕비가 의자에 앉아 있어야 하는 벌을 받는
>   모습이 W 자 모양과 닮았기 때문에

(   )

6 이 글을 읽고 더 찾아볼 내용을 알맞게 이야기한 친구의 이름을 쓰세요.

적용

> 다원: 밤하늘에서 북두칠성과 카시오페이아자리를 이용하여 북극성을 찾는
>   방법을 조금 더 자세하게 알아봐야겠어.
> 이서: 카시오페이아자리와 관련된 신화처럼 가족을 지키기 위해 강해져야
>   한다는 교훈을 주는 별자리 이야기를 더 찾아봐야겠어.

(   )

7 빈칸에 알맞은 말을 써서, 이 글의 짜임을 정리해 보세요.

글의
구조

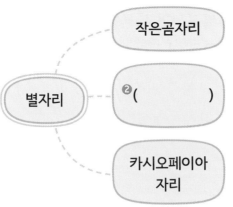

작은곰자리

❶(   )이 포함되어 있으며, 이 북극성은 어느 방향이 북쪽인지 알려 줌.

별자리

❷(   )

- 일곱 개의 별이 국자 모양을 하고 있음.
- 큰곰자리의 꼬리 부분에 해당함.
- 북극성을 찾는 데 도움이 됨.

카시오페이아
자리

- 알파벳 w 자 모양임.
- 북극성을 찾는 길잡이 별임.
- 에티오피아 왕비 카시오페이아의 이름을 땀.

작은곰자리, 북두칠성, 카시오페이아자리는 북쪽 하늘에서
볼 수 있는 ❸(   )로, 방향을 찾을 수 있도록 도와준다.

1 다음 낱말의 뜻으로 알맞은 것을 찾아 선으로 이으세요.

건방 •

겸손 •

방향 •

• 어떤 지점이나 방위를 향하는 쪽.

• 남을 존중하고 자기를 낮추는 마음이나 태도.

• 자신의 주제를 모르고 지나치게 잘난 척 하는 태도.

2 다음 문장의 빈칸에 들어갈 알맞은 낱말을 보기 에서 골라 쓰세요.

보기

건방   겸손   방향

(1) 민이는 친구들 앞에서 잘난 척을 하며 ☐☐ 을 떨었다.

(2) 윤선이와 지우는 집의 ☐☐ 이 같아서 자주 같이 하교한다.

(3) 어머니께서는 ☐☐ 을 강조하며 다른 사람을 존중해야 한다고 말씀하셨다.

확장
3 다음 밑줄 친 낱말의 알맞은 뜻을 보기 에서 골라 번호를 쓰세요.

보기

위치 ┤ ① 일정한 곳에 자리를 차지함.
      └ ② 사회적으로 담당하고 있는 지위나 역할.

(1) 큰아버지는 사회적 위치가 높으시다.   (   )

(2) 이 건물은 출입구의 위치를 찾기 어렵다.   (   )

오늘
나의 실력은?   부모님의
응원 한마디

1 깊은 산속에 커다란 굴참나무 한 그루가 살고 있었습니다. 두꺼운 나무껍질과 ✚길쭉한 잎을 가진 굴참나무는 마음 ✚씀씀이가 참 넉넉하였습니다. 어느 날, ㉠산비둘기 가족이 찾아왔습니다.

"굴참나무 아저씨, 여기에서 우리 가족이 살게 해 주세요."

"오냐, 그렇게 하렴. 여기에서 행복하게 살아라."

굴참나무는 나뭇가지 하나를 산비둘기 가족에게 내어 주었습니다. 산비둘기 가족이 집을 짓느라고 나뭇가지가 심하게 흔들렸습니다. 그러나 굴참나무는 아무런 말도 하지 않았습니다. 그러던 어느 날, 뾰족한 부리를 가진 ㉡오색딱따구리가 찾아와 말하였습니다.

"굴참나무 아저씨, 저도 여기에서 살게 해 주세요."

굴참나무는 오색딱따구리도 받아 주었습니다.

2 그런데 언제부터인가 굴참나무가 시름시름 ✚앓기 시작하였습니다. 산비둘기 가족은 굴참나무를 떠났습니다.

"굴참나무 아저씨, 어디 아프세요?"

오색딱따구리가 물었습니다.

"내 몸에 나쁜 벌레들이 들어와 병이 들었단다. 내 걱정은 하지 말고 너도 어서 떠나거라."

굴참나무가 힘없이 말하였습니다.

3 "갈 곳이 없는 저를 도와주신 아저씨를 모른 체할 수 없어요. 제가 아저씨 몸에 있는 나쁜 벌레들을 ✚몽땅 잡겠어요."

오색딱따구리는 날카로운 발톱으로 굴참나무를 꼭 잡았습니다. 그리고 머리와 목을 망치처럼 움직이며 벌레를 잡기 시작하였습니다.

"딱따따다닥……"

오색딱따구리는 며칠 동안 쉬지 않고 ✚쪼아 댔습니다. 부리가 ✚부서질 듯 아팠지만 벌레 잡는 일을 멈추지 않았습니다.

– 백영현, 「굴참나무와 오색딱따구리」 중에서

낱말 풀이

✚ **길쭉한**: 조금 긴.

✚ **씀씀이**: 돈이나 물건, 마음 등을 쓰는 정도.

✚ **앓기**: 병에 걸려 아파하거나 괴로워하기.

✚ **몽땅**: 있는 대로 한꺼번에 모두.

✚ **쪼아**: 뾰족한 끝으로 쳐서 찍어.

✚ **부서질**: 단단한 물체가 깨어져 여러 조각이 날.

쏙쏙! 내용 정리

빈칸에 들어갈 낱말을 글에서 찾아 쓰세요.

1 ㄱㅊㄴㅁ는 산비둘기 가족과 오색딱따구리가 자신의 몸에서 살 수 있도록 해 주었다.

✎ _____

2 나쁜 벌레들이 굴참나무의 몸에 들어와서 굴참나무는 ㅂ이 들었다.

✎ _____

3 오색딱따구리는 굴참나무의 몸을 ㅉㅇ 벌레를 잡았다.

✎ _____

1
내용
이해

이 글의 등장인물을 모두 골라 ○표 하세요.

> 굴참나무   나뭇가지   산비둘기 가족
> 오색딱따구리   의사 아저씨

2
내용
이해

굴참나무에 대한 설명으로 알맞은 것에는 ○표, 알맞지 <u>않은</u> 것에는 X표 하세요.

(1) 나쁜 벌레들이 몸에 들어와 병이 들었다. (   )

(2) 자신의 몸에서 산비둘기 가족과 오색딱따구리를 살게 해 주었다.   (   )

(3) 산비둘기 가족이 집을 지을 때 몸이 많이 흔들리자 짜증을 내었다.   (   )

3
내용
이해

㉠과 ㉡의 행동을 보고 느낀 점을 이야기한 것으로 알맞지 <u>않은</u> 것은 무엇인가요? (   )

① ㉠: 아픈 친구를 버리고 가다니 의리가 없어.

② ㉠: 자기만 중요하게 여기는 이기적인 성격 같아.

③ ㉠: 자기가 잘못한 것에 대해서는 빨리 인정하고 사과를 하는 것 같아.

④ ㉡: 은혜를 갚을 줄 아는 착한 성품을 가진 것 같아.

⑤ ㉡: 자신의 부리가 아프지만 참는 걸 보니 인내심이 많은 것 같아.

4
어휘

다음 뜻을 가진 말을 **2**에서 찾아 빈칸에 쓰세요.

> 병이 더 심해지지도 않고 나아지지 않으면서
> 오랫동안 계속 아픈 모양.

5 다음 그림을 글의 내용 순서에 맞게 번호를 쓰세요.

6 이 글의 뒷부분 내용을 바르게 짐작한 친구의 이름을 쓰세요.

다은: 오색딱따구리의 도움으로 굴참나무의 병이 낫고, 굴참나무와 오색딱따구리는 행복하게 살 것 같아.

재원: 굴참나무는 벌레가 잘 잡히지 않자 부리가 아프다며 하루 만에 떠나 버린 오색딱따구리에게 실망하였을 것 같아.

(   )

7 빈칸에 알맞은 말을 써서, 이 글의 짜임을 정리해 보세요.

❶(   )가 자신의 몸에서 산비둘기 가족과 오색딱따구리를 살게 해 줌.

↓

나쁜 벌레들이 굴참나무의 몸에 들어오자 굴참나무는 ❷(   )이 듦.

↓

산비둘기 가족은 굴참나무를 떠났으나,
오색딱따구리는 굴참나무의 병을 낫게 하기 위해 나쁜 ❸(   )를 잡음.

⬇

오색딱따구리는 자신을 도와준 굴참나무를 위해 벌레를 잡아 주었다.

탄탄 어휘 마무리

1 다음 뜻을 지닌 낱말을 보기에서 골라 빈칸에 쓰세요.

> **보기**
>
> 부서지다   앓다   쪼다

(1) 뾰족한 끝으로 쳐서 찍다. ( )

(2) 병에 걸려 아파하거나 괴로워하다. ( )

(3) 단단한 물체가 깨어져 여러 조각이 나다. ( )

2 다음 문장의 빈칸에 들어갈 알맞은 낱말을 찾아 선으로 이으세요.

다쳐서 뼈가 ( ).   •   • 부서지다

동생이 감기를 ( ).   •   • 앓다

병아리가 모이를 ( ).   •   • 쪼다

확장

3 다음 밑줄 친 낱말과 비슷한 뜻을 가진 낱말을 보기에서 찾아 쓰세요.

> **보기**
>
> 빨리   전부   힘껏

(1) <u>어서</u> 일어나서 씻어라. ( )

(2) 친구의 손을 <u>꼭</u> 잡았다. ( )

(3) 소나기가 내려서 옷이 <u>몽땅</u> 젖었다. ( )

오늘
나의 실력은?   부모님의
응원 한마디

1 ⁺조사한 ⁺자료를 ⁺정리하여 알아보기 ㉠쉽게 나타내는 방법에는 무엇이 있는지 알아볼까요? 자료를 정리하는 방법 중 하나는 '표'를 사용하는 거예요. 표는 조사한 자료를 기준에 따라 ⁺일정한 ⁺형식에 정리하여 알아보기 쉽게 나타낸 것이에요.

여름 방학에 가고 싶은 장소별 학생 수

장소	바다	놀이공원	수영장	합계
학생 수(명)	3	2	5	10

㉡위의 표는 학생들이 여름 방학에 가고 싶은 곳을 정리한 것이에요. 학생들은 여름 방학에 바다, 놀이공원, 수영장에 가고 싶어 하며, 이 중 학생들이 가장 많이 가고 싶어 하는 장소는 5명이 ⁺고른 수영장이라는 것도 알 수 있어요. 이처럼 표를 사용하면 자료의 종류별 수를 알아보기 쉽고, 조사한 자료의 전체 수, 즉 합계를 알아보기가 편해요.

2 표보다 자료의 수를 한눈에 비교하기 쉬운 방법이 있어요. '그래프'를 사용하는 것이에요. 그래프는 점, 선, 막대, 그림 등을 사용해서 자료를 나타내는 방법이에요.

여름 방학에 가고 싶은 장소별 학생 수

학생 수(명) / 장소	바다	놀이공원	수영장
5			○
4			○
3	○		○
2	○	○	○
1	○	○	○

이처럼 그래프를 사용하면 표를 사용할 때보다 조사한 자료의 내용을 한눈에 알아보기 편리해요. 특히 가장 많은 것과 가장 적은 것을 바로 알아보기 쉬워요.

낱말 풀이

✛ **조사**: 어떤 일이나 사물의 내용을 알기 위하여 자세히 살펴보거나 찾아봄.

✛ **자료**: 연구나 조사를 하는 데 기본이 되는 재료.

✛ **정리**: 종류에 따라 체계적으로 나누거나 모음.

✛ **일정한**: 여럿의 크기, 모양, 시간, 범위 등이 하나로 정해져서 똑같은.

✛ **형식**: 여러 사물이 공통적으로 갖춘 모양.

✛ **고른**: 여럿 중에서 어떤 것을 가려내거나 뽑은.

쏙쏙! 내용 정리

빈칸에 들어갈 낱말을 글에서 찾아 쓰세요.

1 표 는 조사한 자료를 기준에 따라 일정한 형식에 정리한 것으로, 조사한 자료의 전체 수를 알아보기에 편하다.

✎ _____

2 그래프 는 점, 선, 막대, 그림 등을 사용해서 자료를 나타내는 방법으로, 가장 많은 것과 가장 적은 것을 알아보기 쉽다.

✎ _____

1
글의 종류

이 글의 설명 방법으로 알맞은 것의 기호를 쓰세요.

㉮ 두 가지 대상을 비교하며 그 특징을 설명하고 있다.
㉯ 어떤 일이 일어난 까닭과 그 결과를 설명하고 있다.

(   )

2
내용 이해

표와 그래프에 대한 설명으로 알맞은 것을 찾아 선으로 이으세요.

표 •

• 점, 선, 막대, 그림 등을 사용해서 자료를 나타내는 방법

그래프 •

• 조사한 자료를 기준에 따라 일정한 형식에 정리하여 알아보기 쉽게 나타낸 것

3
어휘

㉠과 반대의 뜻을 가진 말을 골라 ○표 하세요.

나쁘게   더럽게   손쉽게   어렵게   재밌게

4
내용 이해

㉡에 대한 설명으로 알맞지 않은 것은 무엇인가요?

(   )

① 여름 방학에 가고 싶은 곳을 말한 학생은 모두 10명이다.
② 바다는 가장 적은 학생들이 여름 방학에 가고 싶어 하는 곳이다.
③ 학생들이 여름 방학에 가고 싶은 장소를 조사하여 정리한 자료이다.
④ 가장 많은 학생들이 여름 방학에 가고 싶어 하는 곳은 수영장이다.
⑤ 학생들이 여름 방학에 가고 싶다고 대답한 장소는 바다, 놀이공원, 수영장이다.

5

적용

이 글을 바르게 이해한 친구의 이름을 쓰세요.

> 혜민: 조사한 자료에서 가장 많은 것과 가장 적은 것을 한눈에 알아보고 싶을 때는 그래프 대신 표로 나타내는 것이 좋아.
>
> 지완: 조사한 자료의 합계를 편하게 알아보고 싶을 때는 표를, 조사한 자료의 내용을 한눈에 알아보고 싶을 때는 그래프를 사용하는 것이 좋아.

(   )

6

적용

다음 그래프를 분석한 내용으로 알맞지 <u>않은</u> 것은 무엇인가요? (   )

**우리 반 친구들이
가장 좋아하는 과일별 학생 수**

학생 수 (명) / 과일	사과	딸기	포도	망고
5		○		
4	○	○		○
3	○	○		○
2	○	○	○	○
1	○	○	○	○

① 우리 반 친구들이 가장 좋아하는 과일별 학생 수를 조사하여 정리한 그래프이다. ② 가장 많은 수의 친구들이 좋아하는 과일은 딸기이고, ③ 가장 적은 수의 친구들이 좋아하는 과일은 포도이다. ④ 사과와 망고를 좋아하는 친구들의 수는 3명씩으로 서로 같았다. ⑤ 조사한 자료의 전체 수는 직접 계산을 해야 알 수 있다.

7

글의
구조

알맞은 말을 ○표 하여, 이 글의 짜임을 정리해 보세요.

❶ (표 / 그래프)
- 조사한 자료를 기준에 따라 일정한 형식에 정리하여 알아보기 쉽게 나타낸 것
- 자료의 종류별 수와 조사한 자료의 전체 수를 알아보기 편함.

❷ (표 / 그래프)
- 점, 선, 막대, 그림 등을 사용해서 자료를 나타내는 방법
- 조사한 자료의 내용을 한눈에 알아보기 편리하고, 가장 많은 것과 가장 적은 것을 알아보기 쉬움.

표와 그래프는 자료를 ❸ (정리 / 추리)하여 알아보기 쉽게 나타내는 방법이다.

어휘 마무리

1 다음 낱말의 뜻으로 알맞은 것을 찾아 선으로 이으세요.

자료 •　　　　　　　• 종류에 따라 체계적으로 나누거나 모음.

정리 •　　　　　　　• 연구나 조사를 하는 데 기본이 되는 재료.

조사 •　　　　　　　• 어떤 일이나 사물의 내용을 알기 위하여 자세히 살펴보거나 찾아봄.

2 다음 문장의 빈칸에 들어갈 알맞은 낱말을 보기 에서 골라 쓰세요.

> 보기
>
> 자료　　　정리　　　조사

(1) 불이 난 원인에 대해 [　][　]를 하고 있다.

(2) 누나는 용돈 기입장을 알기 쉽게 [　][　]하고 있다.

(3) 컴퓨터가 고장 나서 저장되어 있던 사진 [　][　]가 모두 사라졌다.

확장

3 다음 낱말이 아래의 문장에서 어떤 뜻으로 사용되었는지 골라 번호를 쓰세요.

고르다 ── ① 여럿 중에서 어떤 것을 가려내거나 뽑다.

　　　　　── ② 높낮이, 크기, 모양 등이 차이가 없이 한결같다.

(1) 그의 치아는 <u>고르다</u>.　　　　　　　　　　　　　(　　　)

(2) 도서관에 가서 읽고 싶은 책을 <u>고르다</u>.　　　　　(　　　)

오늘
나의 실력은?　 　부모님의
응원 한마디

□ 이야기
□ 시
□ 극본
☑ 설명하는 글
□ 주장하는 글
□ 생활 글

1 배달을 시킬 때, 친구와 약속 장소를 정할 때, 모르는 장소를 찾아갈 때 우리에게 필요한 것은 무엇일까요? 그것은 바로 주소예요. 주소란 사람이 사는 곳이나 회사, 공공 기관 등이 있는 곳을 행정 구역으로 나타낸 이름으로, 사람들이 장소를 찾을 수 있도록 약속된 ✛규칙을 만든 것이에요.

2 2011년 이전에는 '지번 주소'라는 것을 사용했어요. 땅을 기준으로 구분하여 번호를 붙여서, 위치를 찾기 어렵다는 단점이 있었어요. 그래서 주소를 '도로명 주소'로 새롭게 ✛표시하게 되었어요.

3 '도로명 주소'는 도로명과 건물 번호로 우리가 사는 곳을 표시해요. 도로명 주소는 도로에 이름을 먼저 붙이고, 건물에는 도로에 따라 규칙적으로 건물 번호를 붙였어요. 예를 들어서, 도로명 주소가 '서울특별시 ○○구 미래대로23길 6'이라고 하면, 도로명이 '미래대로23길'이고 건물 번호는 6번이라는 뜻이에요.

4 도로명 주소를 쓰면 ✛편리한 점이 많아요. 먼저, 길을 찾기가 쉬워요. 도로명 주소는 도로명과 건물 번호가 ✛명확하게 표시되어 있어서 주소를 보면 어디에 위치한 건물인지 쉽게 알 수 있어요. 그래서 길을 찾는 시간과 ✛비용이 줄어들고, 택배나 우편물도 더 빠르게 받을 수 있지요.

5 또한 도로명 주소는 ✛응급 상황에서도 도움이 되어요. 응급 신고를 했을 때 정확한 주소를 알려 줄 수 있어서, ㉠위험한 상황에서 구조나 응급 처치를 빨리 받을 수 있어요. 또, 범죄 ✛신고를 했을 때도 경찰이 신고된 위치까지 빠르게 출동할 수 있어요.

6 이제는 대부분의 건물이 도로명 주소를 사용하고 있어요. 인터넷이나 스마트폰을 이용하면 쉽게 도로명 주소로 길을 찾을 수 있어요. 도로명 주소는 우리가 편리하고 ㉡안전한 생활을 할 수 있도록 해 주어요.

낱말 풀이

✛ **규칙**: 여러 사람이 지키도록 정해 놓은 법칙.
✛ **표시**: 어떤 사항을 알리는 내용을 겉에 드러내 보임.
✛ **편리한**: 이용하기 쉽고 편한.
✛ **명확하게**: 분명하고 확실하게.
✛ **비용**: 어떤 일을 하는 데 드는 돈.
✛ **응급**: 급한 대로 먼저 처리함. 또는 급한 상황에 대처함.
✛ **신고**: 어떠한 사실을 행정 관청에 알림.

쏙쏙! 내용 정리

빈칸에 들어갈 낱말을 글에서 찾아
쓰세요.

1  는 사람이 사는 곳 등
을 행정 구역으로 나타낸 이름
이다.

✎ _____

2 2011년 이전에는 ㅈ ㅂ 주
소를 사용했다.

✎ _____

3 ㄷ ㄹ ㅁ 주소는 도로명과
건물 번호로 우리가 사는 곳을
표시한다.

✎ _____

4 도로명 주소를 쓰면 ㄱ 을 찾
기 쉬워진다.

✎ _____

5 도로명 주소는 ㅇ ㄱ 상황
에서도 도움이 된다.

✎ _____

6 도로명 주소는 우리가 ㅍ
ㄹ 하고 안전한 생활을 할 수
있게 해 준다.

✎ _____

1
중심
소재

이 글은 무엇에 대해 설명하고 있나요? 알맞은 말을 찾
아 빈칸에 쓰세요.

☐ ☐ ☐ ☐ ☐

2
내용
이해

지번 주소에서 도로명 주소로 주소 체계를 바꾼 까닭은
무엇인가요? 알맞은 것에 ○표 하세요.

(1) 지번 주소로는 위치를 찾기 어려웠기 때문에

(   )

(2) 지번 주소는 모든 사람들이 찾을 수 있도록 약속된
규칙이 아니었기 때문에   (   )

3
내용
이해

도로명 주소를 나타내는 방법으로 알맞은 것은 무엇인
가요? (   )

① 주소에 복잡한 숫자를 붙여서 번지를 표시한다.
② 건물이 지어진 순서에 따라 건물 번호를 붙여 표시한다.
③ 도로에 이름을 붙인 후 번지를 순서대로 붙여 표시한다.
④ 도로에 이름을 먼저 붙이고, 건물 번호를 붙여 표시한다.
⑤ 건물 번호를 붙인 후, 건물에 따라 도로의 이름을 붙
여 표시한다.

4
어휘

㉠과 ㉡ 낱말의 관계와 같지 <u>않은</u> 것은 무엇인가요?

(   )

① 높은 - 낮은   ② 많은 - 적은
③ 빠른 - 느린   ④ 어두운 - 밝은
⑤ 비슷한 - 유사한

5 도로명 주소에 대한 설명으로 알맞은 것은 무엇인가요? (   )

내용
이해

① 건물의 모습을 명확히 알 수 있다.

② 길을 찾는 시간과 비용이 늘어난다.

③ 응급 상황에서는 도움이 되지 않는다.

④ 길을 찾거나 택배를 받을 때 도움이 된다.

⑤ 경찰이 범죄 신고를 받고 신고 위치까지 빠르게 오기 어렵다.

6 다음은 어떤 건물의 도로명 주소를 나타낸 표지판입니다. 이를 보고 알맞게
이야기한 친구의 이름을 쓰세요.

적용

대한로33길
Daehan-ro 33-gil

50

서울시 △△구
대한로33길 50

재우: 이 건물이 있는 도로의 이름은 대한로 50
      길이고, 건물 번호는 33번이야.

진이: 이 건물이 있는 도로의 이름은 대한로33
      길이고, 건물 번호는 50번이야.

누리: 이 주소를 보니 이 건물이 대한로에서 33
      번째로 지어진 건물이라는 것을 알 수 있어.

(   )

7 빈칸에 알맞은 말을 써서, 이 글의 짜임을 정리해 보세요.

글의
구조

도로명 주소

뜻 — 도로명과 ❶(   ) 번호로 우리가 사는 곳을 표시한 것

나타내는 방법 — 도로에 이름을 먼저 붙이고 건물에는 도로에 따라 규칙적으로 건물 ❷(   )를 붙임.

장점 — 길을 찾기가 쉬워짐.
      — 응급 상황에서 빠르게 도움을 받을 수 있음.

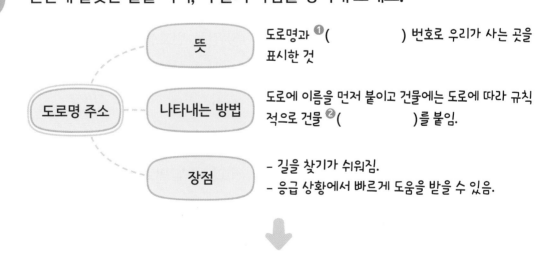

❸(   ) 주소는 우리가 편리하고 안전한 생활을 할 수 있게 해 준다.

어휘 마무리

1 다음 뜻을 지닌 낱말을 [보기]에서 골라 빈칸에 쓰세요.

[보기]

비용   신고   응급

(1) 어떤 일을 하는 데 드는 돈.   (   )
(2) 어떠한 사실을 행정 관청에 알림.   (   )
(3) 급한 대로 먼저 처리함. 또는 급한 상황에 대처함. (   )

2 다음 문장의 빈칸에 들어갈 알맞은 낱말을 찾아 선으로 이으세요.

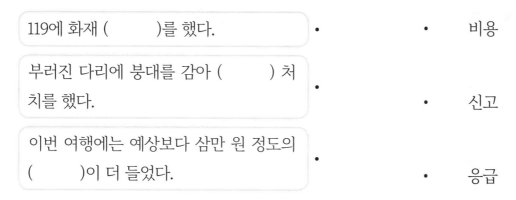

119에 화재 ( )를 했다.	·	·	비용
부러진 다리에 붕대를 감아 ( ) 처치를 했다.	·	·	신고
이번 여행에는 예상보다 삼만 원 정도의 ( )이 더 들었다.	·	·	응급

확장

3 다음 밑줄 친 낱말의 알맞은 뜻을 [보기]에서 골라 번호를 쓰세요.

[보기]

규칙 ① 여러 사람이 지키도록 정해 놓은 법칙.
     ② 어떤 일이나 현상에 일정하게 나타나는 질서나 법칙.

(1) 벌들의 몸짓에는 일정한 <u>규칙</u>이 있다.   (   )
(2) 경기 <u>규칙</u>을 지키지 않으면 경고를 받는다.   (   )

오늘
나의 실력은?   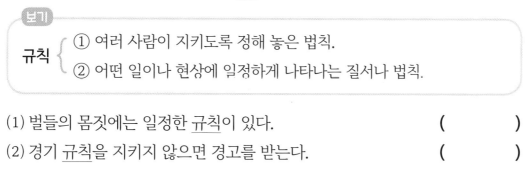   부모님의
응원 한마디

☑이야기
☐시
☐극본
☐설명하는 글
☐주장하는 글
☐생활 글

1 옛날에 지혜로운 임금이 있었습니다. 임금은 사람들이 정직하게 사는 나라를 만들고 싶었습니다.

이튿날, 임금은 마을 사람들에게 꽃씨를 나누어 주며 말하였습니다.

"이 꽃씨로 꽃을 잘 피우는 사람에게는 큰 ㉠상을 주고, 꽃을 못 피운 사람에게는 벌을 내리겠노라."

2 마을 사람들은 꽃을 피우려고 ✛정성을 다하였습니다. 그러나 몇 달이 지나도 꽃씨에서는 싹이 ✛돋지 않았습니다. 마을 사람들은 벌을 받지 않으려고 모두 꽃집에서 꽃을 사다 심었습니다. 그러나 한 소년만은 그렇게 하지 않았습니다.

'내가 잘못해서 꽃씨가 땅속에서 죽어 버린 모양이야. 그렇다고 임금 님을 속일 수는 없어.'

소년은 이렇게 생각하였습니다.

3 얼마 후, 임금은 다시 마을을 돌아보았습니다. 집집마다 활짝 피어 있는 꽃을 본 임금은 얼굴을 찡그렸습니다.

'꽃이 예쁘게 피었는데 왜 얼굴을 찡그리실까?'

마을 사람들은 이상하다고 생각하였습니다.

마을을 ✛둘러보던 임금은 소년의 집 앞에서 ✛걸음을 멈추었습니다. 소년은 떨리는 목소리로 말하였습니다.

"임금님, 용서하십시오. 저는 꽃을 피우지 못했습니다."

소년의 말을 들은 임금은 기뻐하였습니다. 임금이 마을 사람들에게 나누어 준 꽃씨는 꽃을 피우지 못하는 ✛볶은 꽃씨였습니다.

"너야말로 정말 정직한 아이로구나."

임금은 소년에게 큰 상을 내렸습니다.

낱말 풀이

✛**정성**: 온갖 힘을 다하려는 참되고 성실한 마음.

✛**돋지**: 어떤 것이 속에서 생겨 겉으로 나오지.

✛**둘러보던**: 주변을 이리저리 살펴보던.

✛**걸음**: 다리를 움직여 두 발을 번갈아 옮겨 놓는 동작.

✛**볶은**: 물기를 거의 뺀 음식을 불 위에 놓고 이리저리 저으면서 익힌.

쏙쏙! 내용 정리

빈칸에 들어갈 낱말을 글에서 찾아 쓰세요.

1 임금은 사람들이 ㅈㅈ하게 사는 나라를 만들고 싶었다.

✏ _____

2 꽃씨에서 싹이 돋지 않자 마을 사람들은 ㅂ을 받지 않으려고 꽃집에서 꽃을 사다 심었다.

✏ _____

3 한 소년은 꽃을 피우지 못했다는 사실을 정직하게 말하여 임금에게 ㅅ을 받았다.

✏ _____

---

1 임금이 만들고 싶은 나라로 알맞은 것에 ○표 하세요.

내용
이해

(1) 사람들이 정직하게 사는 나라　　　　　(　　　　)

(2) 사람들이 자기가 듣고 싶은 말만 하는 나라

　　　　　　　　　　　　　　　　　　　(　　　　)

2 임금이 준 꽃씨에서 꽃이 피지 않자 소년은 어떤 생각을 하였나요? (　　　　)

내용
이해

① 꽃이 피지 않는 꽃씨를 준 임금님이 밉다.

② 나도 마을 사람들처럼 꽃을 사서 심어야겠다.

③ 꽃 피우는 방법을 공부해서 빨리 꽃을 피워야겠다.

④ 나의 잘못으로 꽃이 피지 않았지만 임금님을 속일 수는 없다.

⑤ 내가 받은 꽃씨가 잘못된 모양이니 다른 사람의 꽃씨와 바꾸어 새로 심어야겠다.

3 임금이 다시 마을을 돌아보았을 때 집집마다 꽃이 활짝 피어 있었던 까닭은 무엇인가요? (　　　　)

내용
이해

① 임금이 준 꽃씨가 좋은 꽃씨여서

② 오랫동안 키워 온 꽃나무가 있어서

③ 소년이 꽃 가꾸는 일을 도와주어서

④ 마을 사람들이 꽃집에서 꽃을 사다 심어서

⑤ 마을의 흙이 꽃을 잘 자라게 하는 흙이어서

4 ㉠과 반대의 뜻을 가진 말을 1 에서 찾아 빈칸에 쓰세요.

어휘

□

5 이 글을 읽고 답할 수 <u>없는</u> 질문은 무엇인가요? (   )

적용

① 임금은 왜 활짝 핀 꽃을 보고 얼굴을 찡그렸을까요?

② 마을 사람들은 왜 꽃을 피우려고 정성을 다했을까요?

③ 꽃집에서는 마을 사람들에게 꽃을 얼마에 팔았을까요?

④ 임금이 준 꽃씨가 꽃을 피우지 못하는 까닭은 무엇인가요?

⑤ 임금은 꽃을 피우지 못했다는 소년의 말을 듣고 왜 기뻐하였을까요?

6 이 글의 내용을 통해 깨달을 수 있는 주제는 무엇인가요? (   )

주제

① 정직하게 살아야 한다.

② 꽃을 잘 가꾸어야 한다.

③ 웃어른을 공경하여야 한다.

④ 어린이를 사랑하여야 한다.

⑤ 임금은 나라를 잘 다스려야 한다.

7 빈칸에 알맞은 말을 써서, 이 글의 짜임을 정리해 보세요.

글의
구조

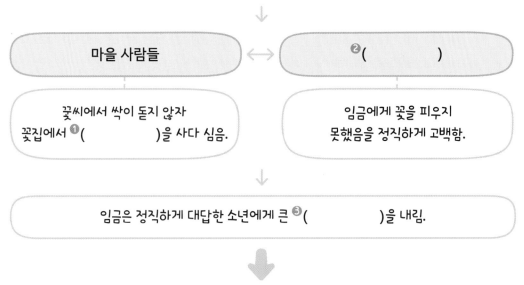

임금이 마을 사람들에게 꽃씨를 나누어 주고 꽃을 피우게 함.

↓

마을 사람들 ↔ ❷(   )

꽃씨에서 싹이 돋지 않자 꽃집에서 ❶(   )을 사다 심음.

임금에게 꽃을 피우지 못했음을 정직하게 고백함.

↓

임금은 정직하게 대답한 소년에게 큰 ❸(   )을 내림.

⬇

정직하게 살아야 한다.

1 다음 낱말의 뜻으로 알맞은 것을 찾아 선으로 이으세요.

돈다 •

둘러보다 •

볶다 •

• 주변을 이리저리 살펴보다.

• 어떤 것이 속에서 생겨 겉으로 나오다.

• 물기를 거의 뺀 음식을 불 위에 놓고 이리저리 저으면서 익히다.

2 다음 문장의 빈칸에 들어갈 알맞은 낱말을 보기 에서 골라 쓰세요.

보기

돈다   둘러보다   볶다

(1) 나뭇가지에 싹이 ☐☐.

(2) 채 썬 당근을 기름에 ☐☐.

(3) 놓고 간 물건이 없는지 방 안을 ☐☐☐☐.

확상
3 다음 낱말의 뜻을 보고, 문장에 어울리는 낱말을 골라 ◯표 하세요.

거름	식물이 잘 자라도록 땅에 뿌리거나 섞는 물질.
걸음	다리를 움직여 두 발을 번갈아 옮겨 놓는 동작.

(1) 밭에 (거름 / 걸음)을 뿌리다.

(2) 나는 (거름 / 걸음)이 빠르다.

(3) 농부는 봄이 되자 농기계를 손보고 (거름 / 걸음)도 준비했다.

(4) 버스 시간이 가까워지자 그와 동생은 (거름 / 걸음)을 재촉하였다.

오늘
나의 실력은?   부모님의
응원 한마디

이 책의 출처

○ **제재 출처**

쪽수	제재명	지은이	출처
44쪽	방학	김용택	『콩, 너는 죽었다』, 문학동네, 2018.
60쪽	콩이 된장으로 변했어요	열린교육 해오름	『생각을 키우는 글쓰기』, 대교출판, 2000.
124쪽	눈	윤동주	『별 헤는 밤』, 민음사, 2016.
132쪽	아기 박의 꿈	김영자	『달과 박』, 일지사, 1979.
152쪽	굴참나무와 오색딱따구리	백영현	『굴참나무와 오색딱따구리』, 사계절, 1997.

하루 한장 독해⁺
칭찬 붙임딱지

하루의 학습이 끝날 때마다
붙임딱지를 골라 붙여 사탕 꽃다발을 꾸며 보세요.

퍼즐 학습으로 재미있게 초등 어휘력을 키우자!

하루 4개씩
25일 완성!

어휘력을 키워야 문해력이 자랍니다.
문해력은 국어는 물론 모든 공부의 기본이 됩니다.

퍼즐런 시리즈로
재미와 학습 효과 두 마리 토끼를 잡으며,
문해력과 함께 공부의 기본을
확실하게 다져 놓으세요.

Fun! Puzzle! Learn!
재미있게!   퍼즐로!   배워요!

미래엔 초등 도서 목록

초코

교과서 달달 쓰기 · 교과서 달달 풀기
1~2학년 국어 · 수학 교과 학습력을 향상시키고
초등 코어를 탄탄하게 세우는 기본 학습서
[4책] 국어 1~2학년 학기별
[4책] 수학 1~2학년 학기별

미래엔 교과서 길잡이, 초코
초등 공부의 핵심[CORE]를 탄탄하게 해 주는
슬림 & 심플한 교과 필수 학습서
[8책] 국어 3~6학년 학기별, [8책] 수학 3~6학년 학기별
[8책] 사회 3~6학년 학기별, [8책] 과학 3~6학년 학기별

전과목 단원평가
빠르게 단원 핵심을 정리하고, 수준별 문제로 실전력을 키우는
교과 평가 대비 학습서
[8책] 3~6학년 학기별

문제 해결의 길잡이

원리   8가지 문제 해결 전략으로 문장제와 서술형 문제 정복
[12책] 1~6학년 학기별

심화   문장제 유형 정복으로 초등 수학 최고 수준에 도전
[6책] 1~6학년 학년별

퍼즐런

초등 필수 어휘를 퍼즐로 재미있게 익히는 학습서
[3책] 사자성어, 속담, 맞춤법

하루한장 예비 초등

한글완성
초등학교 입학 전 한글 읽기·쓰기 동시에 끝내기
[3책] 기본 자모음, 받침, 복잡한 자모음

예비초등
기본 학습 능력을 향상하며 초등학교 입학을 준비하기
[4책] 국어, 수학, 통합교과, 학교생활

하루한장 독해

독해 시작편
초등학교 입학 전 기본 문해력 익히기 30일 완성
[2책] 문장으로 시작하기, 짧은 글 독해하기

어휘
문해력의 기초를 다지는 초등 필수 어휘 학습서
[6책] 1~6학년 단계별

독해
국어 교과서와 연계하여 문해력의 기초를 다지는 독해 기본서
[6책] 1~6학년 단계별

독해+플러스
본격적인 독해 훈련으로 문해력을 향상시키는 독해 실전서
[6책] 1~6학년 단계별

비문학 독해 (사회편·과학편)
비문학 독해로 배경지식을 확장하고 문해력을 완성시키는
독해 심화서
[사회편 6책, 과학편 6책] 1~6학년 단계별

바른학습

플러스

단원평가

바른답·알찬풀이

2 단계 | 초등 1·2학년

Mirae N 에듀

유리독해

향상 독해

실전 문해력을 키우기 위한
바른답 알찬풀이의 핵심 포인트!

◆ 지문을 한번 더 읽으며 핵심 내용을 파악하는 훈련을 할 수 있습니다.

◆ 핵심 내용과 주제를 구조화하여 지문의 흐름을 잡아 볼 수 있습니다.

◆ 꼼꼼하고 자세한 해설을 통해 고난도 문제를 완벽히 이해할 수 있습니다.

1주 01일차

본문 8~11쪽

쏙쏙 내용 정리

1 날씨 2 겨울
3 따뜻한 4 더운

정답

1 날씨
2 입는 옷, 먹는 음식, 집을 짓는 방식
3 ③ 4 ③
5 (2) ○
6 ( ), (○)
7 ❶ 여름 ❷ 소금
  ❸ 날씨

어휘 마무리

1 (1) 옅다
  (2) 견디다
  (3) 성기다
2 (교차 연결선)
3 (1) ② (2) ①

핵심 개념

핵심① 입는 옷과 날씨의 관계
↑ 겨울에는 털옷이나 깊은 색의 옷을, 여름에는 얇게
↑ 날씨에 따라 달라지는 생활 모습의 예

핵심② 먹는 음식과 날씨의 관계
↑ 날씨가 따뜻한 지역에서는 음식이 쉽게 상해서 소금을 많이 넣음.

핵심③ 집을 짓는 방식과 날씨의 관계
↑ 추운 지방에서는 창을 작게 내고, 더운 지방에서는 창을 많이 냄.

주제 날씨에 따라 달라지는 사람들의 생활 모습

1 이 글은 날씨에 따라 달라지는 사람들의 생활 모습을 설명하고 있습니다.

2 이 글에서는 날씨에 따라 입는 옷, 먹는 음식, 집을 짓는 방식이 어떻게 다른지 소개하고 있습니다.

3 ❷에서 겨울에는 햇빛을 잘 흡수하는 검은색과 같은 짙은 색 옷을 입어야 몸을 따뜻하게 한다고 하였습니다.

오답 풀이
① ❹에서 더운 지방에서는 바람이 잘 통하도록 집에 커다란 창이나 문을 많이 낸다고 하였습니다.
② ❹에서 추운 지방에서는 쌀쌀한 바람이 덜 들어오도록 창이나 문을 작게 내고 벽을 두껍게 만든다고 하였습니다.
④ ❷에서 여름에는 몸에서 발생하는 열을 내보내기 위하여 얇고 성긴 옷을 입는다고 하였습니다.
⑤ ❸에서 북쪽에 사는 사람들은 따뜻한 남쪽 지방을 여행할 때 음식을 먹어 보고는 너무 짜다고 불평하는 경우가 있다고 하였습니다.

4 (ㄱ)의 '흔하다'는 '보통보다 더 자주 있어서 쉽게 접할 수 있게.'라는 뜻으로, 이와 바꾸어 쓸 수 있는 말은 '없는 일이 없이 흔히 있어 예사로울 정도로.'라는 뜻의 '자주'입니다.

5 ❸에서 날씨가 따뜻하면 음식이 쉽게 상하므로 소금을 많이 넣기 때문에 남쪽 지방의 음식이 짜다고 했으므로, (2)가 알맞습니다.

6 추운 겨울에는 몸의 열을 빼앗기지 않으려고 두꺼운 털옷을 입는다고 했습니다. 또 겨울에는 검은색과 같은 짙은 색의 옷을 입어 몸을 따뜻하게 한다고 했으므로, 추운 지방에 여행을 간 친구의 모습으로는 오른쪽 그림이 알맞습니다.

7 이 글은 날씨에 따라 달라지는 생활 모습을 입는 옷, 먹는 음식, 집을 짓는 방식으로 나누어 소개하고 있습니다.

본문

1 날씨가 다르면 사람들이 생활하는 모습도 서로 다릅니다. 특히, 입는 옷이나 먹는 음식, 집을 짓는 방식 등은 날씨와 깊은 관계가 있습니다.

[핵심① 입는 옷과 날씨의 관계]
2 먼저, 날씨에 따라 입는 옷이 어떻게 달라지는지 살펴봅시다. 주로 겨울에는 몸의 열을 빼앗기지 않으려고 가죽옷이나 두꺼운 털옷을 입어 몸을 따뜻하게 합니다. 그러나 무더운 여름에는 몸에는 발생하는 열을 내보내기 위하여 얇고 성긴 옷을 입습니다. 그리고 겨울에는 햇빛을 잘 흡수하는 검은색과 같은 짙은 색의 옷을 입어 몸을 따뜻하게 하고, 여름에는 햇빛을 반사하는 흰색과 같은 옅은 색의 옷을 입어 몸을 시원하게 합니다.

[핵심② 먹는 음식과 날씨의 관계]
3 우리가 즐겨 먹는 음식도 날씨와 관계가 깊습니다. 북쪽에 사는 사람들이 북쪽보다 따뜻한 남쪽 지방을 여행할 때, 음식을 먹어 보고는 너무 짜다고 불평하는 일이 종종 있습니다. 이것은 날씨가 따뜻하면 음식이 쉽게 상하므로 소금을 많이 넣기 때문입니다.

[핵심③ 집을 짓는 방식과 날씨의 관계]
4 집을 짓는 방식도 날씨와 깊은 관계가 있습니다. 추운 지방에서는 쌀쌀한 바람이 덜 들어오도록 창이나 문을 작게 내고 벽을 두껍게 만듭니다. 예전에 우리나라 산간 지방에서 ㉠흔히 볼 수 있었던 통나무집은 통나무 사이에 흙을 발라 벽을 두껍게 만들어서 추위에 견딜 수 있도록 집을 지었습니다. 반대로, 더운 지방에서는 바람이 잘 통하도록 집에 커다란 창이나 문을 많이 냅니다.

빠짐없이 내용 정리

1 토끼 2 사슴
3 도망 4 욕심

정답

1 ③ 2 ⑤
3 (1)○ (2)X
4 ③ 5 ③
6 민지
7 ① 토끼 ② 사슴
  ③ 토끼 ④ 욕심

어휘 마무리

1 (줄 잇기)
2 (1) 욕심
  (2) 외침
  (3) 발견
3 (1) ⓒ (2) ㄱ

읽기 전략

핵심 내용을 따라 읽으며 흐름을 정리해 보세요.

핵심 ①	핵심 ②	핵심 ③
배가 고팠던 사자의 계획	토끼의 도망과 사자의 사냥 실패	욕심을 내다가 모두 놓친 사자
➡ 사자는 토끼보다 더 커서 먹을 것이 많은 사슴을 먼저 잡아먹으려고 함.	➡ 사자의 외침을 듣고 깨는 잠에서 깨 도망을 친 것, 사자는 사슴을 놓침.	➡ 사자가 다시 토끼를 찾아 갔지만 토끼도 도망을 가서 사자는 아무것도 먹지 못함.

주제 | 지나치게 욕심을 부려서는 안 된다.

---

1 옛날 옛적, 사자 한 마리가 들판에 살고 있었습니다. 어느 날, 사자는 배가 너무나 고팠습니다. 사자는 뭐 먹을 것이 없을까 ⁎어슬렁어슬렁 돌아다니다가 나무 그늘에서 자고 있는 토끼를 ⁎발견하였습니다.
'옳지! 저 토끼를 잡아먹으면 되겠구나.'

2 토끼를 향해 ㉠ 살금살금 다가가던 사자는 토끼 뒤에서 달려가고 있는 사슴을 발견하였습니다.
핵심 ① 배가 고팠던 사자의 계획
"토끼보다 사슴이 더 커서 먹을 것이 많지! 그럼 사슴부터 잡아먹고 토끼는 그 다음에 잡아먹어야겠다."
사자는 사슴을 향해 달렸습니다.

3 그때, 사자의 ⁎외침을 들은 토끼는 잠이 번쩍 깼습니다.
"사자 밥이 될 뻔했구나. 어서 ⁎도망가야지!"
핵심 ② 토끼의 도망과 사자의 사냥 실패
토끼는 깡충깡충 도망을 쳤습니다. 사자는 빨리 사슴을 쫓기 시작했습니다. 하지만 사슴은 너무나 빨라서 사자는 사슴을 그만 놓치고 말았습니다.

4 "어쩔 수 없지. 그럼 아까 자고 있던 토끼나 먹음으로 잡아먹어야겠다."
사자는 토끼가 자고 있던 나무 밑으로 갔습니다. 하지만 토끼는 이미 멀리 도망을 간 후였습니다.
핵심 ③ 욕심을 내다가 모두 놓친 사자
"아이고, 그냥 토끼나 잡아먹을 걸. 괜히 ⁎욕심을 냈다가 토끼도 놓치고, 그냥 토끼나 잡아먹을 걸. 아이고, 배고파."
이 글의 주제가 드러나는 부분

---

1 토끼는 사자의 외침을 듣고 잠이 번쩍 깼다고 하였습니다.

2 "토끼보다 사슴이 더 커서 먹을 것이 많지! 그럼 사슴부터 잡아먹고 토끼는 그 다음에 잡아먹어야겠다."라는 사자의 말을 통해 사자는 토끼보다 사슴이 더 커서 먹을 것이 많기 때문에 토끼를 두고 사슴을 쫓아간 것으로 볼 수 있습니다.

3 사자는 게으름을 피우며 사슴과 토끼를 모두 놓친 것이 아니라, 토끼를 쉽게 잡을 수 있었지만 욕심을 내어 사슴을 잡으려다가 두 마리 모두 놓쳤습니다.

4 제시된 뜻은 '살금살금'의 뜻이므로, ㉠에 들어갈 말은 '살금살금'입니다. '대롱대롱'은 '물건이나 사람이 매달려 가볍게 자꾸 흔들리는 모양', '덥뚱'은 '바로 서지 못하고 자주 이쪽저쪽으로 기울어지면서 쓰러질 것처럼 움직이는 모양', '썰렁썰렁'은 '느슨히 한 부분이 자주 한쪽으로 비뚤어지게 유지하는 모양', '자근자근'은 '물건을 가지런하게 겹쳐 쌓거나 포개 놓은 모양'을 나타내는 말입니다.

5 사자는 욕심을 부리다가 토끼와 사슴을 모두 놓쳤습니다. 따라서 이 글의 주제로 가장 알맞은 것은 ③입니다.

6 욕심을 부리다가 토끼와 사슴을 모두 놓친 사자와 같이 「황금을 낳는 거위」 이야기의 농부도 황금을 한꺼번에 많이 얻으려다 결국 거위가 죽었고, 다시는 황금을 얻지 못하게 되었습니다.

7 토끼와 사슴을 모두 잡아먹으려고 욕심을 부리다가 결국 두 마리를 다 놓치고 아무것도 먹지 못하게 된 사자의 이야기입니다.

핵심 내용 정리

1 구매   2 인터넷
3 관람   4 관객

정답

1 (2)○   2 ①
3 ①,⑤   4 ④
5 해인   6 ②
7 ① 인터넷 ② 매표소
   ③ 음식물 ④ 방해

어휘 마무리

1 (1) 예매
   (2) 협조
   (3) 관람

2 [선 잇기]

3 (1) 순조롭다
   (2) 청하다
   (3) 찍다

---

1 어린이 뮤지컬 공연을 찾아 주셔서 감사합니다. 아래 내용은 +티켓 구매와 +수령 및 공연 +관람에 관련된 안내입니다.

핵심① 어린이 뮤지컬 공연의 티켓 구매와 수령 안내

2 **티켓 구매와 수령 안내**
- 티켓 구매는 인터넷 +예매와 현장 구매로 가능합니다.
- 인터넷 예매는 미래 티켓 사이트에서만 가능합니다.
- 예매를 할 때는 날짜, 시간, 좌석 등을 반드시 확인해 주시기 바랍니다.
- 공연 시작 1시간 전부터 공연장 옆에 있는 현장 +매표소에서 예매한 티켓을 찾거나, 현장에서 티켓을 구매할 수 있습니다.
- 예매한 티켓을 빠르게 찾을 수 있도록 예매 번호와 예매자의 이름을 미리 확인해 주시기 바랍니다.

핵심② 어린이 뮤지컬 공연의 관람 안내

3 **공연 관람 안내**
- 본 공연은 5세 이상 관람이 가능합니다.
- 공연 +소요 시간은 총 90분입니다.
- 공연 시작 시간 전에 공연장에 미리 도착하여 좌석에 앉아 주시기 바랍니다.
- 공연 도중에 전화는 소리가 나지 않도록 해 주시거나 전원을 꺼 주시기 바랍니다.
- 공연 중 촬영이나 녹음은 절대로 불가능합니다.
- 음식물은 공연장 ㉠내부로 가지고 들어갈 수 없습니다.
- 공연 중 떠들거나 다른 관객들을 방해하는 행동을 하지 않아 주시기 바랍니다.

4 즐거운 공연 관람을 위하여 이러한 관객 여러분의 +협조를 부탁드립니다. 감사합니다.

핵심① 어린이 뮤지컬 공연의 티켓 구매와 수령 안내

+ 인터넷 예매나 현장 구매가 모두 가능하며, 예매한 티켓을 찾을 때는 예매 번호와 예매자의 이름을 미리 확인해야 함.

핵심② 어린이 뮤지컬 공연의 관람 안내

+ 5세 이상 관람이 가능하며, 공연 시간은 90분임. 촬영이나 녹음은 금지되며 다른 관객들을 방해하는 행동을 해서는 안 됨.

주제 어린이 뮤지컬 공연의 티켓 구매와 수령 및 공연 관람 관련 안내

1 이 글은 어린이 뮤지컬 공연의 티켓 구매와 수령 및 공연 관람에 대해 안내하고 있습니다.

2 인터넷 예매는 미래 티켓에서만 가능하다고 하였습니다.

3 공연 중에 떠들면 안 된다고 했으므로, 공연 중 동생과 떠들면 안 됩니다. 또한 공연장 안으로 음식물을 가지고 들어갈 수 없다고 하였으므로, 음료수를 가지고 들어가면 안 됩니다.

4 '내부'는 '안쪽의 부분.'이라는 뜻이므로 ㉠이 '내부'와 바꾸어 쓸 수 있는 말은 '안으로'입니다.

5 이 공연은 5세 이상 관람이 가능하며, 공연 시작 1시간 전부터 현장 매표소에서 티켓을 구매할 수 있다고 하였으므로 이 글을 바르게 이해한 것은 해인입니다.

6 ③에서 공연 소요 시간은 총 90분이라고 하였습니다. 나머지는 이 글에 제시되어 있지 않은 내용이므로, 더 검색해 볼 내용으로 알맞습니다.

어휘 태표 마무리

3 (1)의 '원활하다'는 '막힘이 없이 순조롭고 매끄럽다.'라는 뜻이므로, '어떤 일이 아무런 문제 없이 미리 생각한 대로 잘되어 가는 상태에 있다.'라는 뜻의 '순조롭다'와 뜻이 비슷해 있다. (2)의 '부탁하다'는 '어떤 일을 해 달라고 부탁하다.'라는 뜻의 '청하다'와 뜻이 비슷합니다. (3)의 '촬영하다'는 '사람, 사물, 풍경 등을 사진이나 영화로 찍다.'라는 뜻이므로, '어떤 대상을 카메라로 비추어 그 모양을 필름에 옮기다.'라는 뜻의 '찍다'와 뜻이 비슷합니다.

독해력 상승 읽기 전략

핵심 내용을 따라 읽으며 흐름을 정리해 보세요.

속속 내용 정리

1 안내견 2 리트리버
3 훈련 4 보조견
5 먹을 것

정답

1 안내견 2 ⑤
3 (1)○ 4 ③
5 다음 6 (2)○
7 ❶ 리트리버 ❷ 시각
 ❸ 안전

어휘 마무리

2 (1) 작함
 (2) 변화
 (3) 안내
3 (1)② (2)①

---

1 안내견은 시각 장애인의 안전한 ⊙보행을 돕기 위해 특별히 훈련된 개입니다. **핵심❶ 안내견의 역할** 안내견은 보조견을 말해요. 안내견은 시각 장애인과 항상 함께하며 시각 장애인이 안전하게 그들의 사회생활을 할 수 있도록 ✦안내하고 그들이 사회생활을 함 수 있도록 도와줘요.

2 전 세계에서 활동하고 있는 안내견은 대부분 지능이 뛰어나고 온순한 리트리버 종이에요. 리트리버 종 중에서도 주로 활동하는 견종이 안내견으로 주로 활동하는 견종은 온화하고 영리한 성격을 가지고 있어서 안내견으로 활동하기에 ✦적합하기에 적합하지요.

3 **핵심❷ 안내견이 되기 위한 과정** 안내견은 시각 장애인에게 길을 안내하거나 위험을 미리 알리는 역할을 해야 하므로, 특별한 훈련을 받아야 해요. 그래서 안내견을 훈련하는 ✦기관이 있어요. 안내견은 이곳에서 훈련 기간 동안 ✦배변이나 식사와 같은 기본적인 내용은 물론 일상생활에서 발생할 수 있는 여러 가지 상황에 대해 교육을 받아요. 예를 들어 교통 신호나 ✦변화에 따라 이동하는 방법이나 대중교통을 이용하는 방법에 대한 훈련을 받아요.

4 이러한 훈련을 받은 안내견이 활동할 수 있게 되면 안내견임을 나타 내는 노란색 옷을 입고, 장애인 보조견 ✦표지를 달아요. 장애인 보조건 안내견임을 나타내는 표지 표지가 있으면 일반적인 반려동물과 달리 대중교통이나 식당, ✦숙박 시 설, 공공장소 등 여러 사람이 ✦모이는 곳에 들어갈 수 있어요.

5 **핵심❸ 안내견을 길에서 만났을 때 주의할 점** 시각 장애인의 눈과 발이 되어 주는 안내견을 길에서 만나도 신기한 마음에 들어 주의해야 할 점이 있어요. 안내견을 만나서 반갑고 신기한 마음이 들어도 함부로 부르거나 쓰다듬으면 안 돼요. 또 안내견이 기특하더라도 먹 을 것을 주면 안 돼요. **주의할 점❶** 이러한 행동들은 안내견이 시각 장애인을 안전하게 도 함부로 부르거나 쓰다듬으면 안 되고 안내견을 만났을 때 주의할 점 먹을 것을 주면 안 돼요. **주의할 점❷** 방해가 될 수 있기 때문이에요. 안내하는 데 방해가 될 수 있기 때문이에요.

핵심❶ 안내견의 역할
✦시각 장애인이 안전하게
걸을 수 있도록 안내함.
그들이 사회생활을 도움.

핵심❷ 안내견이 되기 위한 과정
✦교육 기관에서 시각 장
애인을 돕기 위한 특별한
훈련을 받음.

핵심❸ 안내견을 만났을 때 주의할 점
✦함부로 부르거나 쓰다듬
으면 안 되고, 먹을 것을 주
면 안 됨.

주제 시각 장애인의 안전한 보행을 돕는 안내견

1 이 글은 시각 장애인을 돕는 '안내견'에 대해서 설명하고 있습니다.

2 5에서 안내견을 길에서 만났을 때는 함부로 쓰다듬으면 안 된다고 하였습니다.
|오답풀이| ① 3에서 안내견을 훈련하는 교육 기관이 있다고 하였습니다.
② 2에서 전 세계적으로 활동하고 있는 안내견은 대부분 리트리버 종이라 고 하였습니다.
③ 1에서 안내견은 시각 장애인들이 사회생활을 할 수 있도록 도와준다고 하였습니다.
④ 1에서 안내견은 특별히 훈련된 개라고 하였으며, 3에서 도 안내견은 특별한 훈련을 받아야 한다고 하였습니다.

3 ⊙의 '보행'은 '걸어 다님'이라는 뜻입니다. (2)는 '운전'이 뜻입니다.

4 4에서 안내견임을 나타내는 장애인 보조견 표지를 답면 공공장소와 같이 여러 사람이 모이는 곳에 들어갈 수 있다고 하였습니다.

5 안내견이 시각 장애인을 안전하게 안내하는 데 방해가 될 수 있기 때문에 길을 걷다가 안내견을 만나면 함부로 부르거나 쓰다듬거나 해을 것을 수 면 안 된다고 하였습니다.

6 4에서 보기 안내견으로 활동하게 되면 노란색 옷을 입는다고 하였습니다. 그 리고 4에서도 안내견 훈련 기관에서 훈련을 받거나 안내견으로 활동하 고 있으며, 노란색 옷을 입는다고 하였습니다. 그러나 글쓴이는 자신이 오 늘 본 안내견이 아직 작동 과정에 있다는 중에 옷을 입고 있었다고 하였으므로, 주황색 옷을 입고 있었을 것입니다.

읽기 전략

핵심 내용을 따라 읽으며 흐름을 정리해 보세요.

쓱쓱! 내용 정리

1 금강산 2 미시령
3 설악산 4 울산

정답

1 ② 2 ③
3 ④ 4 ④
5 ③ 6 ㉰
7 ❶ 금강산 ❷ 설악산
  ❸ 울산바위

어휘 마무리

1 (1) 빼어나다
  (2) 떠나오다
  (3) 실망하다

2 (교차선)

3 (1) ① (2) ②

핵심 ① 금강산을 향해 출발한 울산바위

↑ 하늘의 신의 명을 듣은 울산바위가 잘생긴 울산에서 서
울산바위는 금강산으로 향함.

핵심 ② 금강산에 가지 못한 울산바위

↑ 하룻밤을 설악산에서 쉬는 동안 금강산이 완성되어서 금강산에 가지 못하게 됨.

핵심 ③ 설악산에 남은 울산바위

↑ 울산바위는 울산으로 돌아갈 체면이 없어 설악산에 머무르게 됨.

주제 설악산에 있는 울산바위와 관련된 전설

---

1 옛날 옛적에 하늘의 신이 금강산을 만들 때의 이야기예요. 하늘의 신은 금강산을 +빼어난 풍경을 지닌 산으로 만들기 위해서 전국에서 가장 잘생긴 바위 하나만 이곳으로 다 진 개를 오게 했어요. 남쪽 울산에 있었던 ❶울산바위도 이 이야기를 듣고, 고향인 울산을 떠나서 금강산으로 향했지요.

"잘생긴 바위라면 내가 빠질 수 없지! 나도 금강산으로 가야겠어."

2 그러나 울산바위는 덩치가 워낙 크고 무거워 걸음이 느렸어요. 울산 바위는 긴 여행에 +지쳐서 금강산을 코앞에 두고 ❷설악산의 미시령 고개 에서 하룻밤을 쉬어 가기로 했어요.

3 다음 날 아침 울산바위가 다시 길을 떠나려고 했을 때, 금강산에서 하늘의 신을 모시는 신하가 헐레벌떡 달려와 말했어요.

"어젯밤에 전국에서 바위들이 와 일만 이천 개의 바위가 이미 다 모였으니 더 이상 금강산에 오지 마시오."

울산바위는 이 소식을 듣고 너무나 +실망하고 말았어요.

"이렇게 먼 길을 힘들게 왔는데, 어떻게 다시 고향에 있는 ㉠면목이 없네."

다른 바위들을 볼 ㉠면목이 없네.

울산바위는 금강산에 가려는 +결심을 하고 고향인 울산을 +떠나왔 기에, 다시 울산으로 돌아갈 +체면이 없었지요. ❸설악산에 남은 울산바위는 +부끄러운 마음에 울산으로 돌아가지 못하고 결국 울산바위는 그대로 ❸설악산에 +머무르게 되었어요.

4 이렇게 하여 강원도에 있는 설악산에 '울산바위'라는 바위가 생기게 되었어요. 이러한 전설이 남아 있는 울산바위는 아름다운 풍경을 자랑하며 지금도 설악산을 찾는 많은 사람들에게 사랑받고 있어요.

정답풀이

1 이 글은 울산바위와 관련하여 옛날부터 전해져 내려오는 전설입니다.

[오답풀이] ① 설악산에 가는 방법이 아니라, 설악산에 있는 울산바위와 관련된 전설을 이야기하고 있는 글입니다.
③ 주장하는 글의 특징입니다.
④ 설명하는 글의 특징입니다.
⑤ 이 글에 글쓴이가 여행한 곳에 대하여 소개한 내용은 나타나 있지 않습니다. 글쓴이는 울산바위가 금강산으로 가게 된 까닭과 그 여정을 이야기하고 있습니다.

2 하늘의 신이 잘생긴 바위들을 모은 까닭은 금강산을 빼어난 풍경을 지닌 산으로 만들기 위해서입니다.

3 ②에서 울산바위는 금강산을 코앞에 두고 설악산의 미시령 고개에서 하룻밤을 쉬어 가기로 했다고 하였습니다.

4 울산바위는 설악산에서 하룻밤을 쉬는 사이에 금강산에 일만 이천 개의 바위가 이미 다 모여서 금강산에 가지 못하게 되자 너무나 실망했다고 하였습니다. 따라서 울산바위의 기분으로 알맞은 것은 '속상함'입니다.

5 ④ 울산바위는 고향인 울산에 돌아갈 체면이 없었기 때문에 울산에 돌아가지 않고 설악산에 그대로 머무르게 되었습니다.

6 ㉠의 '면목이 없다'는 그 자체로 '부끄러워서 다른 사람을 대할 용기가 없다.'라는 뜻으로 쓰이는 말입니다. ㉠는 '마음이 풀리다', ㉡는 '우이 오르다'의 뜻입니다.

7 이 글은 울산바위와 관련된 전설로, 울산바위는 금강산에 갈 수 없게 되자 실망하였으며 고향에 돌아갈 체면이 없어 설악산에 남게 되었습니다.

핵심 내용을 따라 읽으며 흐름을 정리해 보세요.

핵심① 층간 소음의 뜻과 문제점

1 층간 소음은 아파트와 같은 공동 주택의 한 층에서 발생하는 생활 소음이 다른 층으로 전달되는 것을 말해요. 이러한 층간 소음으로 인해 이웃에게 피해를 주거나 받는 일들이 종종 있어서, 이웃 간에 갈등이 생기기도 해요. 공동 주택에서 즐겁게 생활하려면 ⑦ 편안하고 즐겁게 생활하려면 층간 소음을 줄일 수 있는 방법에 대해 알아보아요.

핵심② 층간 소음을 줄이는 방법

2 첫 번째, 집 안에서는 쿵쿵 걷거나 뛰지 않아요. 집 안에서 조심성 없이 걷거나 뛰어다니면, 바닥을 통해 아랫집 천장에 내 발소리가 전달되어 소음이 되어요. 따라서 집 안에서는 사뿐사뿐 조용히 걸어야 해요. 그리고 집 안에서 실내화를 신는 것도 발소리를 줄이는 데 도움이 되지요.

3 두 번째, 무거운 물건을 끌어서 옮기지 않아요. 의자나 화분처럼 무거운 물건을 바닥에 끌어서 옮기면 큰 소리가 나서 소음이 되어요. 따라서 무거운 물건을 옮길 때는 바닥에서 완전히 들어서 옮기거나, 바닥에 천을 대어 부드럽게 옮기는 것이 좋아요.

4 세 번째, 늦은 밤이나 이른 아침에는 큰 소음이 발생하는 세탁기나 청소기 사용을 자제해요. 큰 소리가 나는 기계는 낮 시간에 사용하는 것이 좋아요. 이외에도 늦은 밤이나 이른 아침에는 운동 기구에서도 소리가 나지 않게 조심해야 하지요.

5 층간 소음은 공동 주택 생활에서는 어쩔 수 없이 일어나는 현상이에요. 그러나 서로를 배려하며 층간 소음을 줄이려고 노력한다면 나와 이웃이 모두 행복하게 생활할 수 있어요. 우리 지금부터 노력해 보아요.

핵심① 중간 소음의 뜻과 문제점
- 중간 소음은 공동 주택에서 발생하는 생활 소음이 다른 층으로 전달되는 것을 뜻하며, 이웃 간에 갈등이 생길 수 있음.

핵심② 중간 소음을 줄이는 방법
- 집에서 뛰지 않기, 물건 끌어서 옮기지 않기, 늦은 밤이나 이른 아침에 큰 소음이 나는 기계 사용 자제하기 등이 있음.

주제 중간 소음 줄이기 위해 노력하자.

1 이 글은 중간 소음이 무엇인지 소개하고, 중간 소음을 줄이는 방법에 대하여 설명하고 있습니다.

2 (1) 1에서 중간 소음으로 인해 이웃 간에 갈등이 생기기도 한다고 하였습니다. (2) 1에서 중간 소음은 아파트와 같은 공동 주택에서 발생하는 생활 소음이 다른 층으로 전달되는 것을 말한다고 하였습니다. 따라서 같은 건물 밖의 소음이 들리는 것은 중간 소음으로 보기 어렵습니다.

3 2에서 집 안에서는 쿵쿵 걷거나 뛰면 안 된다고 하였습니다. 집 안에서는 사뿐사뿐 조용히 걸어야 하며, 실내화를 신는 것도 발소리를 줄이는 데 도움이 된다고 하였으므로, 동생에게 해 줄 알맞은 답은 (1)입니다.

4 '편안하다'는 '몸이나 마음이 편하고 좋다.'라는 뜻입니다. 이와 뜻이 반대되는 말은 '몸이나 마음이 편하지 않고 괴롭다.'라는 뜻인 '불편하다'입니다.

5 3에서 중간 소음을 일으키지 않기 위해서는 물건을 옮길 때 바닥에서 완전히 들어서 옮겨야 한다고 하였습니다. 수아는 역시 의자를 옮길 때 꼭 들어서 옮겨야겠다고 생각했으므로, 수아는 물건을 옮길 때 중간 소음을 줄이는 방법을 알고 있음을 짐작할 수 있습니다.

6 5에서 중간 소음은 공동 주택 생활에서는 어쩔 수 없이 일어나는 현상이지만, 서로를 배려하며 중간 소음을 줄이려고 노력하면 나와 이웃이 모두 행복하게 생활할 수 있다고 하였습니다.

7 이 글에서 중간 소음을 줄이기 위해서는 집 안에서는 조용히 걷고, 무거운 물건을 끌어서 옮기지 않으며, 늦은 밤이나 이른 아침에는 큰 소음을 발생하는 기계의 사용을 자제해야 한다고 하였습니다.

쏙쏙! 내용 정리
1 중간 소음 2 쿵쿵
3 끌어서 4 소음
5 노력

정답
1 ㉮
2 (1)○ (2)X
3 (1)○ 4 ①
5 ③ 6 한이
7 ① 중간 소음
② 조용히 ③ 물건

어휘 마무리
1 (선 잇기)
2 (1) 소음
(2) 피해
(3) 자제
3 (1) ① (2) ②

읽기 전략

핵심 내용을 따라 읽으며 흐름을 정리해 보세요.

[핵심①] 옛날에 젊은이가 원님이 되어 스승님께 인사를 하러 감.

1 옛날에 한 젊은이가 고을 원님으로 새로 부임하여 스승님께 인사를 하러 감. ㉠젊은이는 그 동안 자신을 ✦보살펴 준 스승을 찾아가 인사를 하였어요.

"스승님, 기대에 ✦어긋나지 않는 관리가 되겠습니다."
"백성을 사랑하고 희망을 주는 원님이 되시게나. 나는 너무 늙어서 그 렇게 할 수 없지만……."

㉡"네. 그런데 지금 무엇을 하고 계십니까?"

"배나무를 ✦심지."

"이제 따 ㉮잡수시려고……."

"내가 못 먹으면 자식이나 이웃들이 먹겠지."

[핵심②] 다른 고을로 떠나게 된 원님이 스승님께 인사를 하러 감.

2 ㉢십 년이 ✦지났어요. ㉣원님은 배슬이 더 높아져서 다른 고을로 떠나게 되었어요. 그래서 다시 스승님께 인사를 드리러 내동 앙아요.

스승은 원님을 반갑게 맞았어요. 그리고 배를 그릇에 가득 담아서 내놓 았어요.

"배 맛이 참 좋습니다. ㉤이렇게 맛있는 배를 어디에서 구하셨습니 까?"

"자네도 기억할 게야. 십 년 전에 자네가 우리 집에 찾아왔을 때 내가 심었던 그 배나무에서 딴 것이라네."

"십 년 전에 심으신 그 작은 나무에서 딴 배라고요?"

㉥"일 년을 보고 농사를 짓고, 십 년을 보고 나무를 심고, 백 년을 보 고 ✦인재를 ✦기른다고 하지 않던가?"

원님은 스승의 말을 듣고 크게 깨달았어요.

✦ 보살펴 준: 정성을 들여 보호하며 도와준
→ 배나무를 심는 스승님의 모습을 보며 궁금증을 가진 원님

✦ 가진 원님

✦ 배나무를 심는 스승님이 스승님이 막겠지.

→ 배나무를 심는 스승님의 ✦인사를 하러 감.

✦ 십 년 전에 심은 배나무에서 난 배를 주신 스승님의 행동과 말에서 깨달음을 얻음.

속뜻 내용 정리

1 배나무   2 십

정답

1 ⑤   2 (2) ○
3 ①   4 ④
5 ㉤   6 ④
7 ❶ 이문 ❷ 십
  ❸ 미래

어휘 마무리

1 (1) 보살피다
  (2) 심다
  (3) 어긋나다

2 (선 잇기)

3 (1) ① (2) ②

[핵심①] 젊은이가 원님이 되어 스승님께 인사를 하러 감.
✦ 원님은 배나무를 심는 스승님의 행동을 보며 의문을 가짐.

십 년 후 →

[핵심②] 다른 고을로 떠나게 된 원님이 스승님께 인사를 하러 감.
✦ 십 년 전에 심은 배나무에서 난 배를 주신 스승님의 행동과 말에서 깨달음을 얻음.

주제 미래를 생각하며 준비해야 한다.

1 "언제 따 잡수시려고……."라는 원님의 말을 통해, 원님은 스승님 배를 언제 따 드시려고 배나무를 심느냐에 대한 걱정과 궁금증이 있다는 것을 알 수 있습니다.

2 배나무를 십 년 동안 길러 열매를 얻어 낸 스승의 모습과, "일 년을 보고 농사를 짓고, 십 년을 보고 나무를 심고, 백 년을 보고 인재를 기른다고 하지 않던가?"라는 스승의 말을 통해 스승의 행동이 지혜롭다는 것을 알 수 있습니다.

3 ㉮의 '잡수시다'는 '먹다'의 높임말입니다. ①의 '계시다' 역시 '있다'의 높임 말입니다. ②~⑤는 높임말이 아닙니다.

4 "자네도 기억할 게야. 십 년 전에 자네가 우리 집에 찾아왔을 때 내가 심었 던 그 배나무에서 딴 것이라네."라는 스승의 말을 통해, 십 년의 시간이 흘 렀음을 알 수 있습니다.

5 이 글의 주제는 미래를 위하여 준비하면 좋은 결과를 얻을 수 있다는 것입 니다. 따라서 ㉠~㉥ 중에서 주제와 가장 관련이 깊은 것은 미래를 보며 준비해야 한다는 깨달음을 주는 스승의 말인 ㉥입니다.

6 원님은 "일 년을 보고 농사를 짓고, 십 년을 보고 나무를 심고, 백 년을 보 고 인재를 기른다고 하지 않던가?"라는 스승의 말을 통해 깨달음을 얻었 다고 하였습니다. 따라서 원님은 현재만을 생각하며 살아가는 것이 아니 라, 미래를 위해 준비하며 좋은 결과를 얻기 위해 노력할 것입니다.

7 원님은 스승님이 배나무를 심는 모습을 보고 의문을 가졌지만, 십 년 후 그 나무에서 맛있는 배가 열린 모습을 보고 미래를 위하여 준비해야 한다는 깨달음을 얻고 있습니다.

독해력 상승
읽기 전략
핵심 내용을 따라 읽으며 흐름을 정리해 보세요.

미세 먼지를 조심해요!

핵심① 미세 먼지의 뜻과 미세 먼지 예보 등급
1 미세 먼지는 눈에 보이지 않을 만큼 매우 작은 먼지예요. 우리 몸속 깊이 들어와 여러 가지 병을 ㉠일으킬 수 있어 조심해야 해요. 미세 먼지가 얼마나 있는지 알려 주는 미세 먼지 ⁺예보를 확인하고 건강을 지킵시다!

미세 먼지의 뜻
미세 먼지를 조심해야 하는 까닭

2 미세 먼지 예보 ⁺등급
미세 먼지 예보 등급은 좋음, 보통, 나쁨, 매우 나쁨의 네 단계로 ⁺구분하며, 각각 색을 다르게 표시하여 한눈에 확인할 수 있어요.

좋음 — 누구나 활동해도 괜찮아요.

보통 — 환자들도 미세 먼지를 오래 ⁺마시면 좋지 않을 수 있어요.

나쁨 — 환자나 어린이들에게 나쁜 ⁺영향을 줄 수 있고, 환자가 아닌 사람들도 건강에 좋지 않아요.

매우 나쁨 — 환자나 어린이들에게 매우 위험할 수 있어요. 환자가 아닌 사람들도 나쁜 영향을 받을 수 있어요.

핵심② 미세 먼지가 많을 때 주의할 점
3 미세 먼지가 많을 때에는 이것을 주의해요!
⁺외출을 하지 않도록 하고 실내에서 활동해요.

외출을 해야만 할 때에는 보건용 마스크를 써요.

차량의 이동이 많은 곳에는 가지 않도록 해요.

➡ 미세 먼지란 눈에 보이지 않을 만큼 매우 작은 먼지로, 예보 등급은 '좋음, 보통, 나쁨, 매우 나쁨'의 네 단계로 구분함.

➡ 실내에서 활동하고, 외출을 해야만 할 때는 보건용 마스크를 쓰며, 차량의 이동이 많은 곳에는 가지 않음.

주제 미세 먼지 예보를 확인하여 건강을 지키자.

1 미세 먼지는 눈에 보이지 않을 만큼 매우 작은 먼지라고 하였습니다.

2 미세 먼지는 우리 몸속에 들어와 여러 가지 병을 일으킬 수 있어 조심해야 한다고 하였습니다. 따라서 (2)가 미세 먼지를 조심해야 하는 까닭으로 알맞습니다.

3 ㉠의 '일으키다'는 '병을 일으키다'의 뜻이므로 '나연'의 말이 알맞습니다. 자신이 '몸이나 다른 사람을 일어나게 하다.'라는 뜻의 '일으키다'는 '넘어진 아이를 일으키다.'의 예문처럼 사용합니다.

4 이 글의 글쓴이는 미세 먼지 예보를 확인하여 건강을 지키자고 이야기하고 있습니다.

5 미세 먼지 예보 등급이 '나쁨'인 경우 환자나 어린이들에게 나쁜 영향을 줄 수 있으며, 환자가 아닌 사람들도 건강에 좋지 않다고 하였습니다.

|오답 풀이| ① 미세 먼지 예보 등급은 네 단계로 나뉜다고 하였습니다.
② 미세 먼지 예보는 공기에 미세 먼지가 얼마나 있는지 알려 주는 것이라고 하였습니다.
③ 미세 먼지 등급이 '좋음'이면 누구나 활동해도 괜찮다고 하였습니다.
④ 미세 먼지 등급이 '보통'인 날에 환자들은 미세 먼지를 오래 마시면 좋지 않을 수 있다고 하였으므로, 이런 날에는 환자들이 밖에 있으면 좋지 않을 것입니다.

6 미세 먼지가 많을 때에는 보건용 마스크를 쓰고 외출하고, 차량의 이동이 많은 곳에는 가지 않도록 했습니다. 따라서 미세 먼지가 많을 때 주의할 점을 이행하지 못한 친구는 (나)의 민재입니다.

핵심 내용 정리
1 미세 먼지
2 등급   3 외출

정답
1 ①   2 (2) ○
3 나연   4 ②
5 ⑤   6 ④
7 ① 작은 ② 등급
③ 마스크 ④ 건강

어휘 마무리
1 (선 잇기)
2 (1) 외출
(2) 예보
(3) 등급
3 (1) ① (2) ②

문해력 읽기 전략

2주 04일차
본문 40~43쪽

핵심 내용을 따라 읽으며 흐름을 정리해 보세요.

쏙쏙! 내용 정리

① 새
② 몸
③ 기술

정답

1 (1)○
2 ③
3 ( ), (○), ( )
4 (2)○
5 ②
6 우진
7 ① 새 ② 몸 ③ 기술

어휘 마무리

1 (1) 지니다
 (2) 뛰어나다
 (3) 단단하다
2 (선 잇기)
3 (1) ① (2) ②

핵심 ① 새의 능력

1 하늘을 자유롭게 날 수 있는 것은 새가 가진 가장 큰 능력입니다. 새가 하늘에서 자유롭게 움직일 수 있는 것은 날개에 ⁺알맞은 몸과 ⁺뛰어난 날기 기술을 ⁺지니고 있기 때문입니다.

핵심 ② 새가 자유롭게 날 수 있는 까닭 ①

2 새는 하늘을 날기에 알맞은 몸을 지니고 있습니다. 새는 매우 가벼우면서도 ⁺단단한 뼈와 공기주머니가 있어 몸을 쉽게 띄우기 쉬운 모양으로 되어 있어 ⁺공기주머니를 가지고 있어 몸을 공중에 ⁺띄우기가 섭습니다. 그리고 새의 날개는 앞쪽이 두껍고 뒤쪽이 차차 얇아지는 모양으로 되어 있습니다.

핵심 ③ 새가 자유롭게 날 수 있는 까닭 ②

3 새는 하늘을 나는 데 필요한 여러 가지 기술을 지니고 있습니다. 날개를 강하게 움직여 몸을 띄우고, 좀 더 쉽게 날아오르기 위해 바람을 이용하기도 합니다. 날개를 움직일 때 깃털은 날개의 방향에 따라 저절로 열렸다 닫혔다 합니다. 새들은 하늘에서 방향과 속도를 바꾸는 기술도 지니고 있습니다.

주제
하늘을 자유롭게 날 수 있는 능력을 지닌 새

1 이 글은 새가 하늘을 자유롭게 날 수 있는 까닭에 대해 설명하고 있습니다.

2 2 에서 새는 매우 가벼우면서도 단단한 뼈를 가지고 있다고 하였습니다.

3 2 에서 새의 날개는 앞쪽이 두껍고 뒤쪽이 차차 얇아지는 모양으로 되어 있다고 하였습니다.

4 ㉠의 '타다'는 '바람이나 물결 등에 실려 이동하다.'라는 뜻으로, (2)의 '타다'가 같은 뜻으로 쓰였습니다. (1)의 '타다'는 '탈것이나 탈것을 이용하다.'라는 뜻이고, 4 '타다'는 '먹을 것을 뜨거운 물에 우려 오르다.'라는 뜻입니다.

5 3 에서 새들은 하늘에서 방향과 속도를 바꾸는 기술을 지니고 있다고 있었으므로 ②가 알맞습니다. ①, ③, ④, ⑤는 새가 하늘을 위해 지니고 있는 기술과 관련이 없는 내용입니다.

6 3 에서 새들은 좀 더 쉽게 하늘에 날아오르기 위해 바람을 이용하기도 한다고 하였습니다. 그리고 큰 날개를 가진 새들은 날개를 움직이지 않은 채 바람을 타고 멀리 날아갈 수 있다고 하였습니다. 따라서 이 글을 바르게 이해한 친구는 우진이입니다.

7 이 글은 새가 하늘을 자유롭게 날 수 있는 까닭을 두 가지 근거를 들어 설명하고 있습니다.

어휘 탄탄 마무리

3 '띄우다'는 글자의 모양은 같지만 뜻이 다른 낱말입니다. '하늘에 인공위성을 띄우다.'에서 '띄우다'는 '물 위나 공중에 뜨게 하다.'를, '미국에 있는 이모에게 편지를 띄우다.'에서 '띄우다'는 '편지나 소식 등을 부치거나 보내다.'를 뜻합니다.

핵심 내용 정리

1 운동장 2 의자
3 숙제 4 학교

정답

1 (3) ○ 2 ②
3 방학 중, 학교
4 ④ 5 ②
6 ③
7 ① 학교 ② 방학

어휘 마무리

1
2 (1) 대답하다
(2) 배우다
(3) 질문하다
3 (1) ① (2) ②

해심 내용을 따라 읽으며 흐름을 정리해 보세요.

김용택

핵심① 말하는 이의 상황

1 핵심② 무엇을 하고 있는지 궁금한 대상들
학교는 뭘 할까 1연
□ '뭘 할까?'의 반복이 나타남.

운동장은 뭘 할까 2연

교실은 뭘 할까 3연

2 내 책상 내 의자는 지금 뭘 할까
미끄럼틀 철봉은 서서 뭘 할까 4연

3 선생님은 지금 어디서 뭘 하고
내 짝은 숙제 ㉠다 했을까 5연

4 학교는 지금 뭘 할까 6연
첫 연과 마지막 연의 내용과 형태가 유사함.

핵심① 말하는 이의 상황
말하는 이는 방학 중인 학생으로, 학교와 관련된 대상을 떠올리고 있음.

핵심② 무엇을 하고 있는지 궁금한 대상들
방학 동안 학교, 운동장, 교실, 선생님, 짝 등이 무엇을 하는지 궁금해하고 있음.

주제 방학 동안 학교를 그리워하는 마음

1 이 시는 방학 동안 학교와 선생님, 짝이 무엇을 하는지 궁금해하는 내용으로, 말하는 이의 상황과 마음이 잘 드러나 있습니다.

2 이 시에서 말하는 이가 떠올린 대상이 아닌 것은 '동생'입니다.

3 이 시의 제목은 '방학'이며 학교와 관련된 대상을 그리워하는 내용입니다. 그러므로 말하는 이는 현재 방학 중이라 학교에 가지 못해서 학교 생각을 하고 있는 상황임을 알 수 있습니다.

4 ㉠의 '다'는 '남거나 빠진 것이 없는 모든 것'이라는 뜻이 아니라 '빠짐없이 모두'라는 뜻입니다. 따라서 '빠짐없이 다.'라는 뜻을 지닌 '전부'와 바꾸어 쓸 수 있습니다.

5 말하는 이는 방학 동안 학교에 가지 못해 학교와 관련된 대상들을 그리워하며 무엇을 하는지 궁금해하고 있습니다.

6 이 시에 소리를 흉내 내는 말은 사용되지 않았습니다.

|오답 풀이| ① 첫 번째 연에서 '학교는 뭘 할까'라고 하였고, 마지막 연에서도 '학교는 뭘 할까'라는 내용을 강조하고 있습니다.
② 이 시에서는 '뭘 할까'라는 말을 반복하여 리듬감이 느껴집니다.
④ '학교, 운동장, 교실, 교문, 의자, 미끄럼틀, 철봉'처럼 사람이 아닌 대상을 사람처럼 표현하여 대상이 친근하게 느껴집니다.
⑤ 말하는 이는 학교, 운동장, 교실, 책상, 의자, 미끄럼틀, 철봉, 선생님, 짝 등 궁금해하는 대상들을 나열하였습니다. 이렇게 나열된 대상을 바탕으로 시를 읽으며 학교, 운동장, 교실, 선생님과 짝의 모습을 떠올릴 수 있습니다.

7 이 시의 말하는 이는 방학 동안 학교와 관련된 대상들을 떠올리며 무엇을 하는지 궁금해하며, 그리워하고 있습니다.

읽기 전략

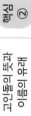

핵심① 고인돌의 뜻과 이름의 유래

1 고인돌은 +거대한 돌로 만든 +청동기 시대의 대표적인 +무덤이에요. 고인돌이라는 낱말은 순우리말로 큰 바위 아래를 돌로 괴어 서 받치고 있다는 뜻을 가지고 있어요. 고인돌은 지역마다 만들어진 시기와 모양이 조금씩 달라요.

2 고인돌은 세계적으로 여러 곳에 위치해 있으며, 그중에서도 우리나 핵심② 우리나라의 고인돌 라는 가장 많은 고인돌이 발견된 지역이에요.

우리나라에는 전 세계의 약 40,000여 개나 되는 고인돌이 +분포하고 있는데, 이는 전 세계 고인돌의 절반 정도를 차지해요. 전라남도 고창과 화순, 인천 강화도에는 고인 문화유산으로 +등록되어 그 가치를 가지게 +등록되어 그 가치를 인정받기도 했어요. 이 중에서도 +세계 유네스코가 인류 전체를 보호하기 위하여 보호해야 할 가치가 있다고 인정한 문화유산 를 뜻하는 고인돌이 가장 많이 모여 있는 곳으로, 작은 크기의 고인돌부터 큰 크기의 고인돌까지 다양한 크기의 고인돌을 볼 수 있어요.

핵심③ 고인돌의 역사적 가치

3 고인돌은 청동기 시대의 사람들이 이렇게 커다랗고 무거운 돌을 어떻게 삼았는지 알 수 있는 중요한 +유적이에요. 당시에는 아주 커다랗고 무거운 돌을 옮길 수 있는 기 계가 없었기 때문에 이를 옮기려면 많은 사람들의 힘이 필요했을 거예 요. 또한 고인돌 안에서는 당시에 사용한 그릇이나 칼 등 여러 귀한 물 건들이 함께 발견되기도 했어요. 그래서 커다란 돌무덤에 묻힌 사람은 +지위가 높은 사람이었을 것으로 짐작할 수 있지요. 이를 통해서 청동 기 시대에는 신분에 따른 차이가 있었다는 것을 알 수 있어요. 이렇게 고인돌은 역사가 기록되기 ⑦ 이전인 청동기 시대를 +연구하는 데 아주 중요한 자료로 사용되고 있어요.

핵심① 고인돌의 뜻과 이름의 유래

→ 고인돌은 청동기 시대의 무덤으 로, 큰 바위 아래를 돌로 괴 어서 받치고 있다는 뜻임.

핵심② 우리나라의 고인돌

→ 전 세계 고인돌의 절반 이 있으며, 고창, 화순, 강 화도에 많이 모여 있음.

핵심③ 고인돌의 역사적 가치

→ 청동기 시대를 연구하는 데 중요한 자료로 사용되 고 있음.

주제 청동기 시대의 생활 모습을 알려 주는 고인돌

1 이 글은 설명하는 글이므로, 수연이 말이 알맞습니다. 원우는 '편지'에 대해 말하고 있습니다.

2 이 글은 청동기 시대의 대표적인 무덤인 '고인돌'에 대해 설명하고 있습니다.

3 2에서 고인돌은 세계적으로 여러 곳에 위치해 있다고 하였습니다.

4 ⑦의 '이전'은 '기준이 되는 때를 포함하여 그 앞.'이라는 뜻입니다. 따라서 이와 반대의 뜻을 가진 말은 '기준이 되는 때를 포함하여 그 뒤.'라는 뜻의 '이후'입니다.

5 1에서 고인돌은 지역마다 만들어진 시기와 모양이 조금씩 다르다고 하였 습니다. 두 그림은 우리나라에서 볼 수 있는 고인돌의 유형으로, 중부 지역 위쪽에서는 탁자 모양의 고인돌이, 남쪽 지역에서는 바둑판 모양의 고인돌 이 많이 발견된다는 것을 설명하고 있습니다. 따라서 고인돌은 지역마다 모양이 조금씩 다르다는 설명이 알맞습니다.

6 3에서 고인돌이 만들어진 당시에는 아주 무거운 돌을 옮길 수 있는 기계 가 없었기 때문에, 고인돌처럼 커다란 돌을 옮길 때는 많은 사람의 힘이 필 요했을 것이라고 하였습니다. 이 글에 고인돌에 묻힌 사람이 혼자서 커다 란 돌을 옮겼다는 내용은 없습니다.

7 고인돌은 거대한 돌로 만든 청동기 시대의 대표적인 무덤으로, 당시의 생 활 모습을 알려 주는 중요한 유적입니다. 우리나라에는 세계의 고인돌 중 절반 정도가 있으며, 고창, 화순, 강화도의 고인돌은 세계 문화유산으로 등 록되어 가치를 인정받았습니다.

3주 01일차

본문 48~51쪽

쏙쏙! 내용 정리

1 고인돌 2 우리나라
3 청동기

정답

1 수인 2 고인돌
3 ② 4 ⑤
5 (1)○ 6 가을
7 ① 돌 ② 청동기
③ 고인돌

어휘력 키우기

1 (1) 거대하다
(2) 분포하다
(3) 연구하다
2
3 (1) ① (2) ②

해석력 향상 읽기 전략

3주 02일차
본문 52~55쪽

핵심! 내용 정리

1 길
2 나무
3 어려움
4 병원
5 공기

정답

1 (3) ○
2 ①
3 ②
4 ①
5 수아
6 ③, ⑤
7 ① 공기 ② 회의

어휘 마무리

1 (선 잇기)

2 (1) 신다
   (2) 짓다
   (3) 들어오다

3 (1) 승이
   (2) 포기
   (3) 그루

핵심 ① | 길을 넓히면 안 된다는 의견
→ 전화 할아버지와 성호 아버지는 자연 보호를 위하여 길을 넓히는 일에 반대하고 있음.

핵심 ② | 길을 넓혀야 한다는 의견
→ 장수 어머니와 소라 삼촌은 길이 좁아 서 불편한 점이 많기 때문에 길을 넓히는 일에 찬성하고 있음.

주제 길을 넓히는 일 때문에 마을 회의가 열린 성호네 마을

1 이 글에는 '길을 넓히는 일'에 대하여 마을 사람들이 의견을 이야기하는 모습이 나오고 있습니다. 따라서 각 인물들의 의견을 파악하고, 비교하며 읽어야 합니다.

2 성호네 마을에서는 길을 넓히는 일 때문에 회의가 열렸다고 하였습니다.

3 전화 할아버지는 길을 넓히면 안 된다는 의견을, 소라 삼촌은 길을 넓혀야 한다는 의견을 가지고 있습니다. 따라서 전화 할아버지와 소라 삼촌의 의견이 같다는 ②의 설명은 알맞지 않습니다.

4 ㉠의 '좁다'는 '길의 폭이나 물체와 물체 사이의 거리가 짧다'라는 뜻으로, 이와 반대되는 뜻을 가진 말은 '폭이 길다'라는 뜻의 '넓다'입니다. 따라서 '좁아서'와 반대의 뜻을 가진 말은 '넓어서'입니다.

5 마을 사람들이 쉽게 결정을 내리지 못한 것은 서로 의견이 달라서이며, 서 로의 의견을 통하고 비난하는 모습은 나타나지 않습니다. 따라서 회의에 대해 알맞게 말한 친구는 '수아'입니다.

6 〈보기〉에서는 길이 좁아서 차도 불편이 있지만, 자연이 훼손되므로 길을 넓 히지 않는 것이 좋겠다고 말하고 있습니다. 따라서 성호 아버지와 성호 아버지의 의견이 기깝습니다. 또한 소라 삼촌과 장수 어머니는 길이 좁아서 불편하기 때문에 길을 넓혀야 한다는 의견을 말하고 있습니다.

7 이 글이 성호네 마을에서 열린 회의에 대한 이야기로, 등장인물들은 길을 넓히면 안 된다는 의견과 넓혀야 한다는 것과 자신의 생 각을 말하고 있습니다.

---

1 성호네 마을에서 회의가 열렸습니다. 길을 넓히는 일 때문이었습니다. 길을 넓히는 일에 대해 마을 사람들의 의견은 크게 두 가지였습니다. 길을 넓히면 안 된다는 것이고, 다른 하나는 길을 넓혀야 한다는 것이었습니다.

2 먼저, 전화 할아버지께서 말씀하셨습니다.

"길을 넓히려면 길가의 나무를 많이 베어야겠지. 볼 한 포기, 나무 한 그루의 소중함을 알아야 해."

3 그러자 장수 어머니께서 말씀하셨습니다.

"지금은 길이 좁아서 참 불편해요. 큰 차가 들어오지 못해서 물건 을 싣어 나르는 데 어려움이 많아요."

4 이 말을 듣고, 소라 삼촌이 말하였습니다.

"맞아요. 지난번에 소라기가 아팠을 때, 길이 좁아서 병원에 가는 데 시 간이 많이 걸렸어요. 그러니 하루 빨리 길을 넓혀야 해요. 길을 넓힌 다음에 나무를 많이 심으면 되잖아요?"

5 성호 아버지께서 고개를 설레설레 저으며 말씀하셨습니다.

"차들이 많이 다니게 되면 좋은 점도 있겠죠. 그렇지만 공기가 나빠지 고 물도 더러워지지 않을까요?"

마을 사람들은 쉽게 결정을 내리지 못하였습니다.

3주 03일차

본문 56~59쪽

읽기 전략

핵심 내용을 따라 읽으며 흐름을 정리해 보세요.

1 과자, 빵, 우유, 냉동식품과 같은 *가공식품이 담은 영양 성분과 관련된 정보가 표시된 것을 본 적이 있나요? 우리나라에서는 건강에 더 좋은 식품을 고를 수 있도록 돕는 영양 표시 *제도를 *시행해 오고 있어요. 영양 표시 제도의 시행으로 탄생한 것이 '영양 성분 표시'예요. **핵심①** 영양 성분 표시의 뜻

2 영양 성분 표시는 가공식품의 기준으로 열량이나 영양 성분의 *명칭, 영양소가 들어 있는 양 등을 정해진 기준에 따라 나타낸 표예요. 이 표에 반드시 표시해야 하는 영양 성분은 열량, 나트륨, 탄수화물, 당류, 지방, 트랜스 지방, 포화 지방, 콜레스테롤, 단백질의 총 9가지예요. 탄수화물, 단백질, 지방은 우리 몸에 ㉠꼭 필요한 3대 영양소이기 때문에, 그리고 당류, 트랜스 지방, 포화 지방, 나트륨은 많이 섭취하면 몸에 좋지 않은 성분이기 때문에 표시하고 있어요. 영양 성분 표시는 가공식품의 기준으로 열람한 9가지 외에 추가로 표시하는 경우도 있어요. 그 부분 식품에 따라 가중하고 싶은 영양 성분을 추가하여 표시할 수도 있어요. **핵심②** 필수 표시 영양 성분

3 이와 같은 영양 성분 표시를 통해 하루에 필요한 영양소 중 얼마만큼의 양이 *해당 식품에 들어 있는지도 알 수 있어요. 이를 '1일 영양 성분 기준치에 대한 비율'이라고 하는데, 보통 시 양에게 하루에 필요한 영양소의 양 전체를 100%(퍼센트)라고 했을 때, 이 식품에는 하루에 필요한 영양소 중 그 비율이 얼마만큼이 들어 있는지 나타내는 것이라고 했습니다. **핵심③** 1일 영양 성분 기준치에 대한 비율

영양정보 총 내용량 90g / 465Kcal

		1일 영양성분 기준치에 대한 비율
나트륨 510mg		28%
탄수화물 45g		15%
당류 5g		5%
지방 30g		48%
트랜스지방 0.5g 미만		
포화지방 8g		53%
콜레스테롤 5mg 미만		1%
단백질 5g		10%

1일 영양성분 기준치에 대한 비율(%)은 2,000Kcal
기준이므로 개인의 필요 열량에 따라 다를 수 있습니다.

4 영양 성분 표시를 잘 활용해 영양소의 양을 비교하고 건강에 더 좋은 음식을 선택하여, 식습관을 똑똑하게 관리해 보세요.

쏙쏙 내용 정리

1 영양 성분 표시

2 열량 **3** 비율

4 건강

정답

1 ⑤ 2 ④
3 (2) ○ 4 해리
5 (1) ○ (2) ○ (3) X
6 상아
7 1 반드시 2 비율
　3 좋은

어휘 마무리

1 (1) 명칭
　(2) 성분
　(3) 시행
2 [X 모양 연결선]
3 (1) ② (2) ①

핵심① 영양 성분 표시의 뜻
➡ 가공식품이 열량이나 영양 성분의 명칭, 영양소가 들어 있는 양 등을 나타낸 표

핵심② 필수 표시 영양 성분
➡ 열량, 나트륨, 탄수화물, 당류, 지방, 트랜스 지방, 포화 지방, 콜레스테롤, 단백질

핵심③ 1일 영양 성분 기준치에 대한 비율
➡ 하루에 필요한 영양소 중 해당 식품을 통해 얻을 수 있는 영양소의 비율임.

주제 건강에 더 좋은 식품을 고를 수 있도록 도와주는 영양 성분 표시 제도

1 이 글은 '영양 성분 표시'에 대하여 설명하고 있습니다.

2 2에서 우리 몸에 꼭 필요한 3대 영양소는 탄수화물, 단백질, 지방이라고 하였습니다.

|오답풀이| ① 1에서 영양 성분과 관련된 정보는 가공식품이 용기나 포장지에 표시한다고 하였습니다.
② 2에서 트랜스 지방 등이 많은 양을 먹으면 몸에 좋지 않다고 하였습니다.
③ 2에서 열량, 나트륨, 탄수화물, 당류, 지방, 트랜스 지방, 포화 지방, 콜레스테롤, 단백질의 총 9가지 영양 성분을 반드시 표시해야 한다고 하였습니다.
⑤ 2에서 식품에 따라 강조하고 싶은 영양 성분을 추가하여 표시할 수도 있다고 하였습니다.

3 3에서 '1일 영양 성분 기준치에 대한 비율'은 보통 사람에게 하루에 필요한 영양소 중 한 영양소를 100이라고 했을 때, 이 식품에는 하루에 필요한 영양소 중 얼마만큼이 들어 있는지 그 비율을 나타내는 것이라고 하였습니다.

4 ㉠의 '꼭'은 '어떤 일이 있어도 반드시.'의 뜻이므로, '반드시'와 바꾸어 쓸 수 있습니다. '전혀'는 '도무지. 또는 완전히.'라는 뜻입니다.

5 (1) 이 우유의 영양정보를 보면 지방은 8g이 들어 있으므로 열량으로 설명입니다. (2) 이 우유의 영양정보를 보면 단백질이 11%이므로, 양으로 설명입니다. (3) 이 영양 성분 표시에는 반드시 표시해야 하는 9가지 영양 성분 외에 '칼슘'이 추가로 제시되어 있으므로 알맞지 않은 설명입니다.

6 영양 성분 표시는 영양 표시 제도 중 하나라고 했으므로, 다른 영양 표시 제도를 더 알아보고 싶다는 상아의 말이 많이 알맞습니다.

3주 04일차

본문 60~63쪽

쏙쏙! 내용 정리

1 된장 2 메주
3 따뜻한 4 볏짚
5 미생물 6 숯
7 된장

정답

1 (2)○
2 1-3-2-4
3 지민 4 ⑤
5 (2)○ 6 ④
7 1 메주 2 볏짚
3 된장 4 된장

어휘 마무리

1
2 (1) 찧다 (2) 붙이다 (3) 삭히다
3 (1) 집어내다 (2) 덮이다 (3) 흐르다

해심 내용을 따라 읽으며 흐름을 정리해 보세요

1 나는 할머니께서 끓여 주시는 된장찌개를 좋아한다. 된장찌개에만 있으면 밥을 두세 그릇도 뚝딱 해치운다. 그럴 때면 메주에서 냄새가 난다고 투덜거린 것이 죄송스럽다. 이렇게 맛있는 된장은 어떻게 만드는 것일까? 나는 메주로 된장을 만드는 과정을 책에서 자세히 알아보았다.

> 이 글의 중심 내용

핵심① 된장을 만드는 과정 ①

2 먼저, 메주콩을 열두 시간 동안 물에 +불린 뒤에 푹 삶습니다. 삶은 콩을 +절구에 +찧어 반죽처럼 만듭니다. 젖은 콩 반죽을 네모난 모양으로 빚어 메주를 만듭니다.

3 잘 만든 메주를 따뜻한 방에서 +구덕구덕할 때까지 말립니다. 메주를 따뜻한 곳에 두면 우리 몸에 +이로운 성분이 생깁니다. 2~3일 간 메주를 말려 볏짚으로 묶어 띄울 준비를 합니다.

4 메주를 볏짚으로 묶어 바람이 잘 통하는 곳에 매달아 놓습니다. 볏짚과 공기 중에는 메주를 ㉠발효시키는 여러 가지 +미생물이 살고 있습니다.

5 메주를 서너 달 동안 매달아 놓으면 된장의 고유한 맛과 향기를 내는 미생물이 많이 피어납니다. 이 과정은 사람이 먹으면 몸이 튼튼하고 건강하게 됩니다.

6 이렇게 향아리에 메주를 깨끗이 씻어서 적당히 햇볕에 말립니다.

핵심② 된장을 만드는 과정 ②

그런 뒤, 항아리에 메주와 소금물을 넣습니다. 이때 붉은 고추와 숯을 함께 넣어 줍니다. 붉은 고추와 숯은 +잡균을 없애고 냄새를 제거하는 역할을 합니다. 20~30일이 지나면 항아리에서 메주를 건져 냅니다.

7 건져 낸 메주를 +삭혀 +식혀 된장을 만듭니다.

- 열린교육 해오름, 「콩이 된장으로 변했어요」 중에서

핵심①

된장을 만드는 과정 ①

↟ 메주를 만들어 따뜻한 방에서 말린 후 볏짚으로 묶어 바람이 잘 통하는 곳에 매달아 놓음.

핵심②

된장을 만드는 과정 ②

↟ 잘 띄운 메주를 씻어서 햇볕에 말린 후, 항아리에 메주와 소금물을 넣고 20~30일이 지나면 메주를 건져 내 식힘.

주제 메주로 된장을 만드는 과정

1 글쓴이는 메주로 된장을 만드는 과정을 책에서 자세히 알아본 후, 그 과정을 정리하여 이야기하고 있습니다.

2 메주콩을 물에 불린 뒤 푹 삶아서 찧은 후, 콩 반죽을 네모난 모양으로 빚은 것이 메주입니다.

3 3에서 메주를 따뜻한 곳에 두면 우리 몸에 이로운 성분이 생긴다고 하였습니다. '꾸덕꾸덕하다'는 '물기 있는 물체의 겉이 조금 마르거나 열어서 꽤 굳어 있다.'라는 뜻이므로, 모양이 흐물흐물해지도록 한다는 말은 알맞지 않습니다.

4 4, 5에서 볏짚과 공기 중에는 메주를 발효시키는 여러 가지 미생물이 살고 있으며, 이 미생물들은 된장의 고유한 맛과 향기를 낸다는 것을 알 수 있습니다. 또한 메주를 서너 달 동안 매달아 놓으므로 미생물이 많이 피어진다고 하였습니다.

5 ㉠의 '발효'는 '미생물이나 효소의 작용으로 유기물이 화학적으로 변하는 현상'이라는 뜻이므로, (2)에 쓰인 '발효'가 ㉠과 같은 뜻으로 사용되었습니다. (1)의 '발효'는 '조여이나 병 등이 효력이 나타난다.'이라는 뜻입니다.

6 6을 통해, 잡균을 없애고 냄새를 제거하기 위해 메주와 함께 붉은 고추와 숯을 항아리에 넣는다는 것을 알 수 있습니다. 따라서 ⓐ의 설명은 알맞지 않습니다.

7 이 글은 메주로 된장을 만드는 과정을 순서대로 설명하고 있습니다.

3주 05일차

본문 64~67쪽

읽기 전략

핵심 내용을 따라 읽으며 흐름을 정리해 보세요.

쏙쏙! 내용 정리

1 과거 2 고민
3 못
4 외할아버지

정답

1 과거 시험
2 아인 3 ③
4 ② 5 ④
6 지수
7 1 아이 2 시험
3 주막

어휘 마무리

1 (1) 묵다
(2) 막히다
(3) 빼앗기다

2 (연결선)

3 (1) ① (2) ②

핵심①	핵심②	핵심③
도움을 요청한 아이	과거 시험을 보지 못한 청년	청년을 다시 찾아 온 아이
↑ 과거 시험을 보러 가던 청년은 고민하다가 아이를 도와줌.	↑ 청년은 시험을 보지 못하고 집으로 돌아가다가 주막에 다시 묵게 됨.	↑ 아이는 주막에 외할아버지 지와 함께 청년을 찾아와 청년에게 고마운 마음을 전함.

주제 착한 일을 하면 그에 대한 보답을 받는다.

청년이 서울로 떠난 까닭

1 옛날, 한 청년이 이원이 되기 위해 과거 시험을 보러 서울로 떠났습니다. 주막에서 하룻밤을 지낸 청년은 과거를 보러 떠나려고 길신을 ㉠신고 있었을 때, 한 아이가 울면서 주막으로 뛰어왔습니다.

"우리 어머니께서 많이 편찮으세요. 제발 좀 도와주세요!"

2 옆에 있던 다른 선비가 그 말을 듣고 말했습니다.

"이곳에서 시간을 ㄱ빼앗기면 과거 시험 날짜에 맞추어 도착할 수 없다. ㄴ사정이 ㄷ딱하지만 난 도와줄 수 없어."

㉠청년은 고민하였습니다.

'나도 시간 맞추어 가기가 어렵겠지. 하지만……,'
→ 청년은 아이를 따라가 아이의 어머니는 병이 다 나았습니다.

3 청년은 숨을 헐떡이며 과거 시험장으로 뛰어갔지만, 이미 시험은 모두 끝나 뒤였습니다. 청년은 어느 길에 묵었던 주막에 다시 묵게 되었습니다. 그런데 전에 그곳에 묵었던 아이가 웬 비단옷을 입은 할아버지와 함께 청년에게 다가왔습니다.

4 "외할아버지, 여기 이분이 어머니를 고쳐 주신 은인이십니다."

그 말을 들은 할아버지는 청년의 손을 덥석 잡으며 말하였습니다.

"이제 과거 시험 문제가 내 앞에 답을 알고 있는 것과 같은 병을 고치는 방법이었느니라."

---

1 청년은 이원이 되기 위해 과거 시험을 보러 서울로 떠났다고 하였습니다.

2 청년은 어머니가 편찮으니 도와 달라는 아이의 말을 듣고 과거 시험을 보러 가는 일과 아이의 아픈 어머니를 도와주는 일 사이에서 고민을 하였습니다.

3 아이는 비단옷을 입은 할아버지와 주막에 찾아와 청년에게 인사를 하였습니다.

오답 풀이 ⑤ 아이의 외할아버지는 청년의 이름을 임금님께 알려 드리고 이원이 될 수 있게 해 주겠다고 하셨습니다.

4 ㉮의 '신다'는 '신발이나 양말 등의 속으로 발을 넣어 발을 덮다.'라는 뜻이므로, 이와 반대의 뜻을 가진 말은 '사람의 몸에 지닌 옷 등을 몸에서 빼어 내다.'라는 뜻인 '벗다'입니다.

5 ㉡의 내용을 보면 청년은 과거 시험장에 늦게 도착하였습니다.

6 청년은 아이가 도움을 요청하자 고민을 하다가 자신의 손해를 보더라도 다른 사람에게 도움을 주었고, 그 덕분에 꿈을 이룰 기회를 얻었습니다.

15

쏙쏙! 내용 정리

1 세균 2 손
3 손톱

정답

1 (2) ○ 2 우리
3 ③ 4 (2) ○
5 ③ 6 ㉡
7 ① 손 ② 몸속
③ 세균

어휘 마무리

1

2 (1) 문지르다
(2) 꼼꼼하다
(3) 해롭다

3 (1) 질병
(2) 음식
(3) 몸

핵심 ①	핵심 ②	핵심 ③
손을 잘 씻어야 하는 까닭	손을 씻어야 하는 상황	손을 씻는 올바른 방법
손에는 세균이 많으며, 이 세균이 우리 몸속에 들어오면 질병을 일으킴.	화장실에 다녀온 후, 외출에서 돌아온 후, 반려동물을 만진 후 등에 손을 씻어야 함.	손바닥, 손등, 손가락 사이사이, 손톱 밑까지 모두 꼼꼼히 닦아야 함.

주제 손에 사는 세균을 없애려면 손을 잘 씻어야 한다.

1 ■ 우리 몸에서 세균이 가장 많은 부분은 어디일까요? 바로 손입니다. 우리는 생활을 하면서 손으로 이것저것을 만집니다. 그때마다 손에는 세균이 많이 묻게 됩니다. 손바닥에는 약 150종류의 세균이 산다고 합니다. 그래서 손을 씻지 않고 빵을 먹으면 빵과 함께 세균도 먹게 됩니다. 손을 통해 우리 몸속으로 들어오면 여러 가지 질병을 일으킨다고 합니다. 손에 있던 세균이 입이나 코, 눈을 통해 우리 몸속으로 들어오면 여러 가지 질병을 일으킵니다.

2 우리는 손에 사는 세균이 몸속으로 들어오지 않도록 손을 잘 씻어 주어야 합니다. 화장실에 다녀온 후, 외출에서 돌아온 후에는 손을 씻어야 합니다. 귀여운 반려동물을 만지며 즐겁게 논 후에도 항상 손을 씻어야 합니다. 익히지 않은 음식이나 씻지 않은 과일에도 세균이 있을 수 있기 때문에, 이것들을 만진 후에도 손을 씻어야 합니다. 그리고 음식을 먹거나 만들기 전에도 반드시 손을 씻어야 합니다.

3 또, 손을 올바른 방법으로 씻어야 손에 있는 세균을 없앨 수 있습니다. 이때 손을 물로만 씻기보다는 비누를 사용하여 손을 씻으면 세균을 더욱 더 확실하게 제거할 수 있습니다. 먼저 손바닥과 손등을 깨끗하게 닦아야 합니다. 손가락을 하나씩 돌려 닦아 주고, 손가락을 끼고 문질러 손가락 사이를 씻어 줍니다. 마지막으로 손톱을 반대편 손바닥에 놓고 문질러 손톱 밑에 사는 세균이 가장 많이 낳는 손톱 밑까지 꼼꼼하게 닦습니다.

---

1 ■ 에서 우리는 생활을 하면서 손으로 이것저것을 만지느데, 그때마다 세균이 많이 묻게 된다고 하였습니다. 따라서 손으로 다양한 것들을 만질 때 세균이 같이 묻기 때문에, 손에는 세균이 많이 살고 있다는 것을 알 수 있습니다.

2 ■ 에서 세균이 입이나 코, 눈을 통해 우리 몸속으로 들어오면 여러 가지 질병을 일으킨다고 하였습니다.

3 ■ 에서 우리 손에서 세균이 가장 많이 사는 곳은 손톱 밑이라고 하였습니다.

4 ㉠을 보면, '익히지 않은 음식'이라는 말이 나오고 있으므로, 이는 (2)의 뜻임을 알 수 있습니다. (1)의 뜻을 지닌 '익히다'는 '피아노를 익히다.'처럼 쓰입니다.

5 ①과 ⑤는 ③에서, ②는 ■에서, ④는 ②에서 답을 찾을 수 있습니다. 그러나 손을 씻을 때 몇 초 이상 물로 세균을 없애야 하는지는 이 글에서 설명하고 있지 않습니다.

6 ②에서 반려동물을 만지며 즐겁게 논 후에도 항상 손을 씻어야 한다고 했습니다. 그런데 체험이는 강아지와 놀다가 식탁에 놓여 있는 떡을 먹었고, 손가락을 하나씩 돌려 닦는 손 씻기 방법을 지키지 않았습니다.

7 우리 몸에서 손에 세균이 가장 많이 살고 있으며, 손에 사는 세균이 몸속으로 들어오지 않도록 올바른 방법으로 손을 씻어야 한다고 하였습니다.

독해력 향상
읽기 전략

핵심 내용을 따라 읽으며 흐름을 정리해 보세요.

핵심① 독수리를 구해 준 농부	핵심② 농부의 모자를 가로챈 독수리	핵심③ 은혜를 갚은 독수리
➜ 농부가 덫에 걸린 독수리를 잡았으나, 풀어 주었고, 독수리는 고마움을 표시함.	➜ 며칠 후, 담 밑에 앉아 쉬고 있던 농부의 모자를 독수리가 가로채 달아남.	➜ 농부는 담이 무너진 것을 보고 독수리가 자신을 구해 준 것을 알게 됨.

주제 자신을 구해 준 농부에게 은혜를 갚은 독수리

1 "이 독수리는 무척 아름답구나! 이렇게 멋진 새를 내 욕심만 채우자고 가두어 둘 수는 없지. 자, 내가 풀어 줄 테니 자유롭게 날아가거라."

농부는 덫에 걸린 독수리를 놓아 주었습니다.

농부의 손에서 풀려난 독수리는 하늘 높이 올라갔습니다. 그런데 독수리는 곧 다시 내려와 농부의 머리 위를 빙빙 돌았습니다. 마치 자신을 구해 주어 고맙다는 인사를 하는 듯한 모짓이었지요.

2 그리고 며칠이 지났습니다. 독수리를 구해 주었던 농부가 열심히 일을 하다가 땀을 식히기 위하여 담 밑에 앉아서 쉬고 있었습니다. 그때 갑자기 독수리가 날아와 농부의 모자를 가로채더니 쏜살같이 날아가 버렸습니다. 깜짝 놀란 농부는 벌떡 일어나

"이게 누구야!"

하고 소리치며 하늘을 보았습니다. 며칠 전 자신이 구해 준 독 수리가 모자를 물고 달아나는 게 아니겠어요.

농부는 독수리에게 고맙다는 인사를 하는 둥 마는 둥하던 일을 멈추고 고함을 질렀습니다.

"은혜도 모르는구나! 당장 내 모자를 내놓아라."

3 ㉠ "아, 이놈의 독수리야! 넌 은혜도 모르는구나. 당장 내 모자를 내놓아라."

농부는 고함을 지르며 날아가는 독수리를 쫓아갔습니다. 바로 그때였습니다.

"우르르 쾅!"

요란한 소리가 들려 뒤를 돌아보았더니 글쎄, 농부가 기대어 앉아 있던 담이 와르르 무너지는 게 아니겠어요? 그러자 그 ㉡ 독수리는 모자를 땅에 떨어뜨리고 나서는 농부의 머리 위를 빙빙 맴돌았습니다.

㉢

"하마터면 큰일 날 뻔했구나! 네가 구해 준 독수리가 나를 구해 주다니 고맙다. 독수리야."

1 농부는 땅에 걸린 독수리를 잡았으나, 풀어 주었습니다. 그러자 독수리가 하늘 높이 올라갔다가 내려와 농부의 머리 위를 빙빙 돌았는데, 마치 자신을 구해 주어 고맙다는 인사를 하는 것 같았다고 하였습니다.

2 독수리가 농부의 모자를 물고 달아났기 때문에, 농부는 모자를 찾으려고 독수리를 쫓아갔습니다.

3 농부는 자신이 실수로 독수리가 모자를 물고 달아나서, "은혜도 모르는구나. 당장 내 모자를 내놓아라."라며 고함을 지르고 있으므로, 농부의 마음으로는 ⑤가 알맞습니다.

4 독수리가 담이 무너질 것을 미리 알고 있었기 때문에, 농부의 모자를 물고 갔다가 다시 떨어져 안전한 상황이 되자 다시 모자를 땅에 떨어뜨려 주었습니다. 그러나 독수리가 농부의 모자를 물고 달아난 것이 담이 무너진 것과는 관련이 없습니다.

5 '쌓여 있던 단단한 물건들이 갑자기 아단스럽게 무너지는 소리.'는 '와르르' 의 뜻으로, '담이 와르르 무너지는 게 아니겠어요?'에서 찾을 수 있습니다.

6 담이 무너진 상황과 독수리의 행동을 통해 농부는 독수리가 자신을 구해 준 것임을 알게 되었으므로 감사의 마음을 하는 것이 알맞습니다.

7 농부는 땅에 걸린 독수리를 풀어 주었고, 독수리는 농부의 머리 위를 빙 돌며 고마움을 표현했습니다. 며칠 후 농부가 담 밑에 앉아서 쉬고 있을 때, 독수리가 농부의 모자를 가로채 가서 나 독수리를 찾으러 화가 나 독수리를 찾으러 뛰어갔는데 그때 담이 무너지고 말았습니다. 즉, 독수리는 농부를 지켜 주려고 그런 행동을 한 것이므로, 은혜를 갚았다고 볼 수 있습니다.

속닥 내용 정리
1 독수리 2 모자
3 담

정답
1 (1) ○ (2) ○ (3) X
2 ② 3 ⑤
4 아현 5 ⑤
6 (○), ( )
7 ① 풀어 ② 모자
③ 은혜

어휘 마무리
1 (1) 가로채다
(2) 식히다
(3) 풀려나다
2 [연결선]
3 (1) 매질
(2) 마음껏
(3) 쓰산걸이

4주 03 일차

본문 76~79쪽

속닥속닥 내용 정리

1 운동　2 건강
3 기분　4 연지
5 행복

---

1 운동을 하면 좋다는 것은 모두가 알고 있는 사실이에요. 하지만, 운동을 하는 것은 쉽지 않지요. 우리는 건강하고 행복하게 살기 위해서 운동을 꾸준히 해야 해요. 운동을 꾸준히 하면 어떤 점이 좋은지 알아보아요. (글쓴이의 주장)

핵심 ①　운동을 해야 하는 까닭 ①

2 첫째, ㉠건강한 몸을 만들 수 있어요. 운동을 꾸준히 하면 우리 몸은 점점 강해지고 건강해져서 다양한 활동을 할 수 있어요. 근육이 성장하고 뼈도 더 튼튼해져서 힘도 ✚넘치게 될 거예요. 또 ✚면역력이 좋아져서 병에도 잘 걸리지 않을 거예요.

핵심 ②　운동을 해야 하는 까닭 ②

3 둘째, 기분이 상쾌해지고 ✚우울한 마음이 사라져요. 운동을 하면 ✚스트레스가 ✚해소되는 것을 느낄 때가 있을 거예요. 운동을 하면 뇌에서 ✚엔도르핀이라는 물질이 나와서 우울하거나 걱정되는 마음이 많이 사라지게 되기 때문이에요.

핵심 ③　운동을 해야 하는 까닭 ③

4 셋째, 친구들과 즐거운 시간을 보낼 수 있어요. 운동은 우리를 더욱 즐겁게 해 줘요. ✚주어도 만들 수 있어요. 또한 축구나 피구처럼 함께하는 운동을 하면 친구들끼리 더 친해질 수 있고 ✚응원해 줄 수도 있어요.

5 이처럼 운동을 꾸준히 하면 몸이 건강해질 수 있고, 기분이 좋아질 수 있으며, 친구들과 즐거운 시간을 보낼 수 있어요. 운동은 우리가 건강과 행복을 얻을 수 있는 열쇠예요. 오늘부터라도 조금씩 운동을 시작해 보는 것은 어떨까요?

핵심 내용 정리

핵심 ① 운동을 해야 하는 까닭 ①	핵심 ② 운동을 해야 하는 까닭 ②	핵심 ③ 운동을 해야 하는 까닭 ③
✚몸이 건강해지고 근육이 성장하며 면역력이 좋아져서 병에 잘 걸리지 않게 됨.	✚기분이 상쾌해지고 우울한 마음이 사라지며, 스트레스가 해소됨.	✚친구들과 함께 운동을 하며 즐거운 시간을 쌓을 수 있음.

주제　건강하고 행복하게 살기 위하여 운동을 꾸준히 하자.

---

1 운동을 꾸준히 해야 한다고 주장하는 글로, 사람들을 설득하기 위해 쓴 글입니다.

2 이 글의 글쓴이는 '운동'을 꾸준히 해야 한다고 주장하고 있습니다.

3 ②에서 운동을 꾸준히 하면 면역력이 좋아져서 병에도 잘 걸리지 않게 된다고 하였습니다.

오답풀이
① ③에서 운동을 하면 스트레스가 해소되는 것을 느낄 수 있다고 하였습니다.
② ②에서 운동을 하면 근육이 성장하고 빼도 더 튼튼해져서 힘도 넘치게 될 것이라고 하였습니다.
④ ④에서 친구들과 함께 운동을 하면 더 친해질 수 있고 좋은 추억도 만들 수 있다고 하였습니다.
⑤ ③에서 운동을 하면 기분이 상쾌해지고 우울한 마음이 사라진다고 하였습니다.

4 ㉠'건강한'은 '몸이나 정신이 이상이 없이 튼튼한.'이라는 뜻으로, 이와 바꾸어 쓸 수 있는 말은 '튼튼한'입니다.

5 이 글에 운동을 많이 땅이 했을 때 생기는 문제점에 대한 내용은 제시되어 있지 않습니다.

6 ③에서 운동을 하면 뇌에서 엔도르핀이라는 물질이 나와서 우울하거나 걱정되는 마음이 많이 사라진다고 하였습니다. 따라서 이 글을 읽고 느낀 점을 알맞게 이야기한 친구는 걱정이 있을 때 운동을 해 보겠다고 말한 연지입니다. 이 글에서는 운동을 하면 친구들과 즐거운 시간을 보낼 수 있다고 하였으므로, 규민이의 말은 알맞지 않습니다.

정답

1 ①　2 운동
3 ③　4 ④
5 ⑤　6 연지
7 1 몸　2 친구
　③ 운동

어휘 마무리

1 (선 잇기)
2 (1) 해소
　(2) 주역
　(3) 응원
3 (1) ①　(2) ②

읽기 전략
핵심 내용을 따라 읽으며 흐름을 정리해 보세요.

1 안녕하세요, 여러분! 오늘은 변호사가 하는 일에 대해 알려 드릴게요. 〔핵심①〕변호사의 뜻 변호사는 법적으로 ★자격을 갖추고 ★의뢰인을 위하여 법과 관련된 다양한 문제들을 해결하는 사람이에요.

2 사람들은 ★재판을 통해 사람 사이의 다양한 다툼을 해결하기 위해 법원을 찾아요. 또한 ★법원은 죄를 지은 사람에게 처벌을 내리기도 해요. 재판에 참여할 수 있는 ★전문가에는 (가)판사, 검사, 변호사가 있어요. 그중 변호사는 재판에서 ★의뢰인 ★대신 〔핵심②〕변호사가 하는 일 하여 변호를 하는 일을 해요. 변호사는 재판에서 의뢰인에게 ★유리한 결과를 내기 위해 상대방의 잘못이나 문제점을 조사하고, 이를 뒷받침할 여러 ★증거도 찾기도 해요.

3 변호사는 재판과 관련된 일만 하지는 않아요. 법률 사무소에서 각종 법률 ★상담을 하기도 하고, 한 회사에 ★소속되어 일하기도 하지요. 예를 들어, 회사에서 일하는 변호사는 그 회사가 법적으로 안전하게 일할 수 있게 도와주고, 법과 관련된 ★조언도 해 주어요.

4 요약하자면, 변호사는 법을 사용하여 사람들의 ★권리를 보호해 주는 직업이라고 할 수 있어요. 〔핵심③〕변호사가 되려면 어떤 노력을 해야 할까요? 변호사가 되려면 대학교를 졸업하고 법학 전문 대학원에서 3년 동안 법에 대해 공부한 후, 변호사 시험에 합격해야 해요. 만약에 여러분이 변호사가 되고 싶다면 꿈을 이루기 위해 공부를 열심히 해야겠지요?

핵심① 변호사의 뜻	핵심② 변호사가 하는 일	핵심③ 변호사가 되기 위한 방법
➡ 법적으로 자격을 갖추고 의뢰인을 위해 법과 관련된 문제를 해결하는 사람	➡ 주로 재판에서 변호를 하며 법률 상담을 하거나, 회사에 소속되어 일하기도 함.	➡ 대학교를 졸업하고 법학 전문 대학원에서 공부한 후 변호사 시험에 합격해야 함.

주제 법과 관련된 다양한 문제를 해결해 주는 변호사

1 이 글은 '변호사'에 대하여 설명하고 있습니다.

2 이 글에 변호사가 범죄를 저지른 사람들을 직접 잡으러 간다는 내용은 제시되어 있지 않습니다.

3 **1**에서 '변호사는 의뢰인을 위하여 법과 관련된 다양한 문제를 해결한다고 하였습니다. '의뢰인'은 남에게 어떤 일을 부탁하여 맡긴 사람을 뜻합니다.

|오답풀이| ① **1**에서 변호사는 법적으로 자격을 갖춘 사람이라고 하였습니다.
② **2**에서 법원은 죄를 지은 사람에게 처벌을 내리기도 했다고 하였습니다.
④ **2**에서 재판에 참여할 수 있는 전문가는 판사, 검사, 변호사가 있다고 하였습니다.
⑤ **2**에서 사람들은 재판을 통해 사람 사이의 다양한 다툼을 해결하기 위해 법원을 찾는다고 하였습니다.

4 ⑦ '유리한'은 '이익이 있는.'이라는 뜻입니다. 이때 '이익'은 '보탬이나 도움이 되는 것'을 뜻합니다.

5 **4**에서 변호사가 되려면 대학교를 졸업하고 법학 전문 대학원에서 3년 동안 공부한 후 변호사 시험에 합격해야 한다고 하였습니다. 따라서 이 글을 바르게 이해한 친구는 선미입니다. ③을 통해, 변호사는 재판에만 관련된 일을 하는 것은 아님을 알 수 있으므로, 문지의 말은 알맞지 않습니다.

6 이 글에서 판사, 검사, 변호사는 재판에 참여할 수 있는 전문가라고 하였고, 추가 설명에서도 이 세 직업은 모두 법을 다루는 일을 한다고 하였습니다. 따라서 이 글을 바르게 선미입니다. 또한, 판사는 검사와 변호사의 말을 모두 듣고 제출된 증거를 바탕으로 유죄와 무죄를 가려 최종 판결을 내리는 사람이라고 하였습니다. 범을 어긴 사람의 처벌을 요구하는 사람은 검사입니다.

쏙쏙! 내용정리
1 변호사 2 대신
3 회사 4 사람

정답
1 변호사 2 ⑤
3 ③ 4 (1)○
5 선미 6 (1)○
7 ① 범 ② 회사 ③ 변호사

어휘 마무리
1 (1) 소속
(2) 자격
(3) 상담
2 (연결선)
3 (1) ① (2) ②

독해력 상승 읽기 전략

4주 05일차
본문 84~87쪽

쏙쏙! 내용 정리

1 책 2 토끼
3 토끼굴

정답

1 ② 2 ④
3 (2)○ 4 ④
5 ① 6 ㉡
7 ① 앨리스 ② 토끼
③ 토끼굴

어휘 마무리

1 (선 잇기)

2 (1) 등장하다
(2) 집중하다
(3) 주저하다

3 (1) ② (2) ①

핵심 내용을 따라 읽으며 흐름을 정리해 보세요.

1 앨리스는 언니와 함께 숲속에 앉아 있다. **핵심① 지루해하는 앨리스** 앨리스의 언니는 앨리스에게 책을 읽어 주고 있다. 앨리스는 듣지 않고 *딴청을 피운다.
공지적 배경①

앨리스의 언니: (화난 목소리로) 앨리스, 내 말 듣고 있니? 책을 읽어 주고 있는데 *집중해서 들어야지!

앨리스의 언니: (하품을 하며) ㉠ 그림도 없는 책을 무슨 재미로 읽어? 그림도 없는 그림이 없는 책들이 많단다.

앨리스: (꿈꾸는 듯한 표정으로) 난 그림책이 좋아. 어떤 곳에는 분명 그림책만 있는 세상이 있을 거야.

2 바로 그때 큰 시계를 듣고 벌써 시간이 이렇게 되었다니! **핵심② 토끼를 발견한 앨리스** ㉡서둘러 지나가는 토끼가 *등장한다. 새로운 인물의 등장함.
토끼의 소품

토끼: (*급한 목소리로) 벌써 시간이 이렇게 되었다니! 서둘러 가야지!

앨리스: (혼잣말로) 이상한 토끼네. 왜 그렇게 서둘러 가는 걸까?

토끼: 늦어 버렸어! 바쁘다, 바빠. 어서 가야지!

3 **핵심③ 토끼를 따라간 앨리스** 앨리스는 토끼를 따라간다. 토끼는 급하게 뛰어가다가 토끼굴 속
로 사라진다. 앨리스도 토끼굴을 향해 다가간다.

앨리스가 *주저하지 않고 토끼굴 속으로 들어간다.

잠시 무대의 불이 꺼지고, 배경이 숲속에서 이상한 나라로 바뀐다.
공지적 배경②
토끼굴 안으로 들어간 앨리스가 이상한 나라에 *풍경을 보고 *어리둥
토끼굴 안의 나라
절해하고 있다.

앨리스: (호기심 가득한 표정으로) 이 토끼굴 안에는 무엇이 있을까? 한
번 들어가 볼까?

앨리스: (㉢) 여긴 대체 어디지? 이곳은 정말로 이상한 곳
놀란 표정으로
이야.

핵심① 지루해하는 앨리스
↑ 앨리스는 언니가 읽어
주는 책이 재미가 없다면
게 책을 읽어 주고 있어
지루해하고 있음.

핵심② 토끼를 발견한 앨리스
↑ 앨리스는 큰 시계를 들
고 서둘러 가는 토끼를 봄.

핵심③ 토끼를 따라간 앨리스
↑ 토끼를 따라 토끼굴 속
으로 들어간 앨리스가 이
상한 나라에 도착함.

주제 토끼를 따라갔다가 이상한 나라에 가게 된 앨리스

1 이 글은 무대에서 공연을 하기 위해 인물의 대사와 행동을 중심으로 쓴 극
본으로, 인물의 말과 행동에 주목하여 읽어야 합니다.

2 ③을 통해, 앨리스가 주저하지 않고 토끼굴 속으로 들어갔다는 것을 알 수
있습니다.

3 ㉠에서 앨리스의 언니는 앨리스에게 책을 읽어 주고 있지만, 앨리스는 듣
지 않고 딴청을 피웠다고 하였습니다. 또 앨리스는 하품을 하며 그림도 없
는 책은 재미없다는 식으로 말하고 있으므로 (2)가 알맞습니다.

4 ㉡ '서둘러'는 '일을 빨리 하려고 몹시 급하게'라는 뜻이므로,
'동작 등이 날쌔고 빠르게.'라는 뜻이 '잽싸게'와 바꾸어 쓸 수 있습니다.

5 토끼굴 안으로 들어간 앨리스는 엉뚱하고 이상한 나라의 풍경을
바라보았습니다. 따라서 "여긴 대체 어디지? 이곳은 정말로 이상한 곳이
야."라는 말은 놀란 표정으로 하는 것이 가장 알맞습니다.

6 이 극본을 바탕으로 연극을 하기 위해서는 '숲속'과 '이상한 나라'를 각각
배경으로 꾸며야 합니다.

|오답 풀이| ② ㉯에서 '바로 그때 큰 시계를 듣고 서둘러 지나가는 토끼가 등장한다.'라
고 하였으므로, 소품으로 큰 시계를 준비해야 한다는 말은 알맞습니다.
㉰ ㉱에서 '호기심 가득한 표정으로' 토끼굴에 대해 궁금해하는 모습에서 앨
리스가 호기심이 많은 성격임을 알 수 있습니다.

7 앨리스는 숲속에서 언니가 읽어 주는 책을 듣다가, 지루함을 느꼈습니다.
그러다가 큰 시계를 듣고 서둘러 가는 토끼를 발견하였고, 토끼를 따라가
토끼굴 속으로 들어가 이상한 나라에 갔습니다.

20

쏙쏙 내용 정리

1 지구 2 시작
3 소등 4 참여

정답

1 (2) ○   2 지구의 날
3 ②   4 ②
5 ③   6 선후
7 ❶ 오염 ❷ 소등

어휘 마무리

1 (1) 주도하다
(2) 일깨우다
(3) 억제하다

2

3 (1) 개발 (2) 개발

본문

1 지구는 우리 생명은 *터전이에요. 하지만 이런 지구가 우리의 욕심과 *무분별한 *개발로 점점 예전의 모습을 잃어 가고 있어요. 이 문제의 심각성을 깨닫고 지구를 지키기 위해 지구를 위한 날, 즉 '지구의 날'을 만들었어요. 지구의 날은 환경 오염 문제의 심각성을 일깨우기 위한 날로, 매년 4월 22일이에요.

2 지구의 날은 1970년 4월 22일에 미국에서 처음 시작되었어요. 당시 미국의 정치인 게일로 닐슨과 하버드 대학교의 학생이었던 데니스 헤이즈가 첫 번째 지구의 날 행사를 열었어요. 첫 번째 지구의 날 행사에는 2,000만 명 이상의 많은 사람들이 참여하여 연설을 들었으며, 토론회를 ㉠개최하고 환경 보호를 위한 행동을 실천했어요. 첫 행사 이후 지구의 날이 널리 알려지면서 전 세계에서 많은 사람들이 ㉡환경 보호를 위한 다양한 행사에 참여하고 있어요.

3 우리나라에서는 2009년부터 지구의 날에 전국 ＊소등 행사를 하고 있어요. 지구의 날인 4월 22일 오후 8시가 되면 10분 동안 모두가 잠시 조명을 끄는 것이에요. 10분은 짧은 시간이지만, 환경부에 따르면 10분간 조명을 끄면 약 52톤의 이산화 탄소를 줄이는 효과가 있다고 해요. 다가올 4월 22일에는 우리 모두 저녁 8시부터 10분 끄는 소등 행사에 참여해 보는 것이 어떨까요? 우리의 작은 실천이 모여서 환경 오염과 기후 변화를 *억제하는 데 큰 도움을 줄 수 있어요.

핵심① 지구의 날을 만든 까닭
핵심② 지구의 날의 유래
핵심③ 우리나라의 지구의 날 행사

핵심① 환경 오염 문제의 심각성을 일깨워 지구를 지키기 위해 만들어짐.

핵심② → 1970년 4월 22일에 미국에서 시작되었으며 많은 국내에 시작되었으며 많은 사람들이 행사에 참여함.

핵심③ → 2009년부터 오후 8시부터 10분간 조명을 끄는 '전국 소등 행사'를 하고 있음.

주제 환경 오염 문제의 심각성을 일깨우기 위해 시작된 지구의 날

1 이 글은 '지구의 날'에 대한 정보를 전달하기 위해 쓴 글로, 설명하는 글입니다. (1)은 여행을 다녀와서 쓴 기행문에 대한 설명입니다.

2 이 글은 '지구의 날'에 대해 설명하고 있습니다.

3 2 에서 지구의 날은 1970년 4월 22일에 처음 시작되었으며, 미국의 정치인 게일로 닐슨과 하버드 대학교의 학생이었던 데니스 헤이즈가 주도해서 첫 행사를 열었다고 하였습니다. 따라서 첫 번째 지구의 날 행사가 우리나라에서 열렸다는 설명은 알맞지 않습니다.

|오답 풀이| ① 1 을 통해, 지구의 날은 4월 22일이라는 것을 알 수 있습니다.
③ 1 에서 지구의 날은 환경 오염 문제의 심각성을 일깨우기 위한 날이라고 하였습니다.
④ 2 에서 첫 번째 지구의 날 행사에는 2,000만 명 이상의 많은 사람들이 행사에 참여하였다고 하였습니다. 따라서 지구의 날 행사는 많은 사람들이 참여했다는 설명을 알맞습니다.
⑤ 3 에서 우리나라에서는 2009년부터 지구의 날에 전국 소등 행사를 하고 있다고 하였습니다.

4 ㉠ '개최하고'는 '모임이나 행사를 계획하여 열고'의 뜻이므로, '열고'와 바꾸어 쓸 수 있습니다.

5 3 의 '우리의 소원을 담은 등불 날리기 행사'는 환경 보호를 위한 행사로 보기 어렵습니다.

6 이 글에 지구의 날이 나라에서 정해 놓은 기념일이라는 내용이나 4월 22일에 환경 보호 행사에 참여하지 않으면 처벌을 받는다는 내용은 제시되어 있지 않습니다.

쏙쏙 내용 정리

1 비교 2 훔치기
3 샘   4 개미

정답

1 (2)○   2 ⑤
3 (2)○   4 ④
5 ③   6 ④
7 ① 많은 ② 훔침
  ③ 별   ④ 만족

어휘 마무리

1

2 (1) 훔치다
  (2) 비교하다
  (3) 지켜보다
3 (1) ① (2) ②

해심 내용을 따라 읽으며 흐름을 정리해 보세요.

1 옛날, 어느 마을에 농사를 열심히 ㉠짓는 한 농부가 살았습니다. 이 농부의 옆집에도 농사를 잘 짓는 욕심쟁이 농부가 살았습니다. 농부는 항상 옆집 할아버지의 밭과 자신의 밭을 비교하며 자신의 곡식이 더 잘 자라고 있는가를 살펴보았습니다.

2 어느덧 가을이 되었습니다. 농부의 농사는 풍년이 들었습니다. 그런데 옆집 할아버지의 농사가 좀 더 잘되었습니다. 농부는 옆집 할아버지가 자신보다 더 많은 곡식을 가져가는 것을 보고, 참을 수 없이 샘이 났습니다. 어떻게 하면 자신이 더 많은 곡식을 가질 수 있을까를 고민하던 농부는 옆집 할아버지의 곡식을 훔치기로 결심했습니다.

3 어느 깊은 밤, 농부는 옆집 할아버지의 곡식 모두 훔쳐서 들어있습니다. 그래서 농부는 옆집 할아버지보다 더 많은 곡식을 가지게 되었습니다. 그런데 농부는 강 건너 마을에 훨씬 더 많은 곡식을 가진 농부가 산다는 소문을 들었습니다. 농부는 샘이 나서 견딜 수가 없었습니다.

"이 세상에 나보다 더 열심히 농사를 짓는 사람은 없어! 그러니까 내가 가장 많은 곡식을 가져야 해!"

4 어느 깊은 밤, 농부는 강 건너 마을에 가서 사람들의 눈을 피해 많은 곡식을 훔쳐서 들어있습니다. 이 모습을 지켜본 하느님은 화가 났습니다. 하느님은 자신이 가진 것에 만족하지 못하고 훔치고 계속해서 다른 사람의 곡식을 훔치는 농부에게 어떤 벌을 주어야 할지 고민하였습니다. 그래서 지금도 개미를 농부를 개미로 만들었습니다. 그래서 지금도 개미들은 곡식을 이곳에서 저곳으로 옮기는 것이라고 합니다.

핵심① 욕심쟁이 농부
→ 다른 사람과 자신을 항상 비교하며, 자신이 최고여야 한다고 생각함.

핵심② 다른 사람들의 곡식을 훔친 농부
→ 더 많은 곡식을 가지려고 옆집 할아버지와 강 건너 마을 농부의 곡식을 훔침.

핵심③ 농부에게 내려진 벌
→ 하느님은 자신이 가진 것에 만족하지 못하는 농부를 개미로 만듦.

주제 자신이 가진 것에 만족할 줄 알아야 한다.

1 농부는 옆집 할아버지와 강 건너 마을의 농부가 자신보다 곡식을 더 많이 가지고 있다는 이야기를 듣고 샘이 났으므로, 욕심이 많은 성격임을 알 수 있습니다.

1오답풀이 (1) 농부의 풍년이 들었다고 했습니다.
(3) 이 글에 농부가 곡식을 훔치다가 옆집 사람에게 들키는 내용은 나오지 않았습니다.

2 "이 세상에 나보다 더 열심히 농사를 짓는 사람은 없어! 그러니까 내가 가장 많은 곡식을 가져야 해!"라는 농부의 말을 통해, 농부는 자신이 가장 많은 곡식을 가지려고 강 건너 마을에 사는 농부의 곡식을 훔쳤다는 것을 알 수 있습니다.

3 ㉠의 '짓는'은 '논밭을 다루어 농사를 하다.'라는 뜻이므로, 같은 뜻으로 쓰인 것은 (2)입니다. (1)은 '재료를 들여 밥, 옷, 집 등을 만들다.', (3)은 '시, 소설 등과 같은 글을 쓰다.'라는 뜻입니다.

4 하느님은 농부에게 어떤 벌을 주어야 할지 고민하다가 농부를 개미로 만들었다고 하였습니다.

5 농부는 자신의 농사에 만족하지 못하고 옆집 할아버지, 강 건너 마을 농부의 곡식량을 비교하면서 샘을 냈습니다. 그리고 농부는 두 사람의 곡식을 몰래 훔치기까지 하였습니다. 따라서 다른 사람과 자신을 비교하면 행복해지기 어렵다는 말을 농부에게 해 줄 수 있습니다.

6 농부는 자신이 가진 것에 만족하지 못하고 지나치게 욕심을 내다 벌을 받게 되었으므로, 이 글의 주제는 '자신이 가진 것에 만족할 줄 알아야 한다.'가 아였습니다.

읽기 전략

핵심 내용을 따라 읽으며 흐름을 정리해 보세요.

방울토마토 관찰 +일지

1

날짜	20○○년 5월 3일 △요일(방울토마토를 심은 지 33일째)
관찰 장소	교실 창가
준비물	관찰 일지, 연필, 30cm 자

핵심① 방울토마토를 심은 지 33일째
관찰 내용

오늘 방울토마토를 자로 재 보니, 줄기의 세로 길이는 23cm이고, 가장 큰 잎의 길이는 5cm 이다. 지난번보다 방울토마토가 많이 자랐다. 특히 줄기의 길이가 많이 늘어졌고, 잎의 개수가 늘어났다. 아직 꽃은 피지 않았다.

새롭게 알게 된 점이나 느낀 점

한 달 전만 해도 아주 작은 새싹이 있었는데 방울토마토가 쑥 자라나고 신기하고 기분이 좋다. 열매는 언제쯤 달릴지 궁금하다.

2

날짜	20○○년 6월 1일 □요일(방울토마토를 심은 지 62일째)
관찰 장소	교실 창가
준비물	관찰 일지, 연필, 30cm 자

핵심② 방울토마토를 심은 지 62일째
관찰 내용

방울토마토 줄기의 세로 길이가 35cm가 넘었다. 가장 큰 잎의 길이는 7cm이다. 노랗게 피었던 꽃이 지고 나서 그 자리에 드디어 방울토마토의 열매가 ㉠달렸다. 방울토마토의 열매는 연두색이다. 아랫부분이 앞이 노란색으로 변 하고 있어서 살펴 주었다.

새롭게 알게 된 점이나 느낀 점

방울토마토 열매가 열려서 정말 뿌듯했다. 처음에는 열매 가 연두색이었다가 점점 주황색으로 변하고, 다 익으면 우리가 자주 보는 빨간색이 된다고 한다.

핵심 ① 방울토마토를 심은 지 33일째

→ 방울토마토 줄기의 세로 길이는 23cm, 가장 큰 잎의 길이는 5cm이고, 아직 꽃은 피지 않음.

핵심 ② 방울토마토를 심은 지 62일째

→ 방울토마토 줄기의 세로 길이가 35cm가 넘고 가장 큰 잎의 길이는 7cm이며, 꽃이 졌다가 지고 연두색 열매가 열림.

주제 방울토마토 관찰 일지

1 이 글은 방울토마토를 관찰하고 쓴 관찰 일지입니다.

2 가장 큰 잎의 크기가 5cm로 관찰된 날은 5월 3일입니다. 6월 1일에는 가장 큰 잎의 크기가 7cm이었다고 하였습니다. 따라서 ③은 (나)가 아니라 ㉮의 관찰 내용입니다.

3 글쓴이는 1에서 한 달 전만 해도 아주 작은 새싹이었던 방울토마토가 쑥 자라나고 신기하고 기분이 좋다고 하였습니다. 그리고 2에서 는 방울토마토 열매가 정말 뿌듯했다고 하였습니다. 따라서 글쓴이 는 방울토마토가 쑥쑥 자라고 있어서 기분이 좋고 뿌듯함을 느꼈을 것입 니다.

4 ㉠의 '달렸다'는 '열매가 맺히다.'라는 뜻이므로, '열매가 맺혔다.'라는 뜻의 '열렸다'와 바꾸어 쓸 수 있습니다.

5 글쓴이는 준비물로 30cm 자를 챙겼으며, 방울토마토의 세로 길이, 제일 큰 잎의 길이를 자로 꼼꼼히 재어 관찰 일지에 기록을 해 두었습니다. 글쓴이가 준비물로 돋보기를 챙겼다는 내용은 제시되지 않았습니다. 또한 글쓴이는 관찰 일지에 열매 자리에 얌전 자세히 그리지 않았습니다.

6 2의 '세로 길이 된 점이나 느낀 점'을 통해, 방울토마토 열매는 연두색이 었다가 점점 주황색으로 변하고 다 익으면 빨간색이 된다는 것을 알 수 있 습니다. 따라서 앞으로 방울토마토의 열매는 주황색과 빨간색으로 변할 것 입니다. 6월 1일의 관찰 내용을 보면 노란색 꽃은 이미 졌다고 하였습니다.

7 이 글은 방울토마토 관찰 일지로, 방울토마토를 심은 지 33일째 되는 날에 는 아직 꽃이 피지 않은 상태였으나, 62일째 되는 날에는 꽃이 지고 지고 열매 가 열렸다고 하였습니다.

속뜻 내용 정리

1 꽃   2 열매

정답

1 방울토마토
2 ③   3 ④
4 ③   5 (1) ○
6 ○[ ]
7 ① 방울토마토
  ② 꽃   ③ 열매

어휘 마무리

1 (1) 지다
  (2) 피다
  (3) 자라다
2 [연결선]
3 (1) ②   (2) ①

독해력 상승 읽기 전략

5주 04일차

본문 100~103쪽

핵심① 나이팅게일 소개

1 플로렌스 나이팅게일은 1820년에 영국 ✚귀족의 둘째 딸로 태어났어. 나이팅게일은 어린 시절부터 팔이 부러진 인형에 ✚붕대를 ✚감아 주기도 하고 다친 동물을 치료해 줄 정도로 마음씨가 고운 아이였어.

2 나이팅게일은 17살에 병들고 가난한 사람들을 돌보며 살아야겠다고 결심하고, 간호사가 되겠다고 가족들에게 이야기했어. 하지만 당시에는 간호사라는 직업에 대한 ✚인식이 좋지 못했기 때문에 가족들은 모두 그녀의 꿈을 반대했어. 나이팅게일은 어쩔 수 없이 ✚독학으로 간호사가 되기 위한 공부를 시작했어. 그러다가 독일에서 정식으로 간호사가 되기 위한 공부를 하게 되었고, 영국으로 돌아와 33세에 1853년에 런던에 있는 한 자선 병원에서 간호사이자 병원을 운영하는 관리자로서 환자들을 위해 일하기 시작했어.

핵심② 나이팅게일의 간호 활동

3 그러던 어느 날, 유럽의 크림 반도라는 곳에서 전쟁이 일어났어. 나이팅게일은 당장 전쟁터로 달려가 ✚야전 병원에서 부상당한 병사들을 돌보았어. 야전 병원은 환자들이 안전하게 지낼 수 없는 곳이었고, ✚위생 문제도 심각했어. 병원에는 쥐들이 돌아다니고 집안에는 벌레들이 득실거렸어. 나이팅게일은 이 문제를 해결하고자 간호사들을 교육했어. (나이팅게일의 노력①) 또한 병원 구석구석을 청소하고 환자들에게는 깨끗한 환자복을 입혔지. (나이팅게일의 노력②) 밤이 되면 직접 환자들을 돌보던 병사들은 (ㄱ)회복할 수 있었어. 그들은 깜깜한 밤에도 등불을 비추며 직접 환자들을 돌보는 나이팅게일을 (ㄴ)등불을 든 천사'라고 부르며 고마워했어. (나이팅게일의 노력③)

핵심③ 나이팅게일의 업적

4 나이팅게일은 병원에서 ✚청결과 위생이 중요하다는 것을 널리 알리고 간호 교육을 발전시켰어. 나중에는 세계 최초의 전문 간호 학교를 세우기도 하였지. 나이팅게일은 이러한 노력과 ✚업적으로 전 세계적인 인정을 받았고, 지금까지도 많은 사람들에게 존경받는 인물이 되었어.

핵심① 나이팅게일 소개
✚1820년에 영국 귀족의 둘째 딸로 태어나 가족들의 반대를 이겨 내고 간호사가 됨.

핵심② 나이팅게일의 간호 활동
✚전쟁터나 야전 병원에서 부상병들을 돌보고, 위생을 관리함.

핵심③ 나이팅게일의 업적
✚위생과 청결의 중요성을 널리 알리고, 간호 교육을 발전시킴.

주제 병원의 환경을 개선하고 간호 교육을 발전시킨 나이팅게일

1 이 글은 나이팅게일의 생애와 업적 등을 소개하고 있는 전기문입니다.

2 2에서 나이팅게일은 간호사라는 직업에 대한 인식이 좋지 못했기 때문에 가족들은 모두 그녀의 꿈을 반대했다고 하였습니다.

3 4에서 나이팅게일은 세계 최초의 '전문 간호 학교'를 세웠다고 하였습니다.

|오답풀이|
② 1에서 나이팅게일은 1820년에 영국 귀족의 둘째 딸로 태어났다고 하였습니다.
③ 2에서 나이팅게일은 독일에서 정식으로 간호사가 되기 위한 공부를 했다고 하였습니다.
④ 3에서 나이팅게일은 야전 병원에서 부상당한 병사들을 돌보았다고 하였습니다.
⑤ 4에서 나이팅게일은 병원에서 청결과 위생이 중요하다는 것을 널리 알렸다고 하였습니다.

4 (ㄱ)'회복'은 '아프거나 약해졌던 몸을 다시 예전의 상태로 돌림.'이라는 뜻이므로, 우현이 많이 알맞습니다.

5 3에서 부상을 당했던 병사들은 깜깜한 밤에도 등불을 비추며 직접 환자들을 돌보는 나이팅게일을 보고 '등불을 든 천사'라고 부르며 고마워했다고 하였습니다.

6 3에서 나이팅게일은 위생 문제가 심각했던 야전 병원에서 병원 구석구석을 청소하고 환자들에게는 깨끗한 환자복을 입히며 정성껏 돌봤다고 하였습니다. 따라서 느낌을 '하임'입니다. 나이팅게일은 최초로 간호 학교를 세운 사람이므로, 나이팅게일이 간호사가 되고 싶다는 마음을 가졌을 때에는 간호 학교가 없었을 것입니다.

쏙쏙! 내용 정리

1 나이팅게일

2 간호사 **3** 부상

4 청결

정답

 1 ④   **2** (2) ○
 3 ①   **4** 우현
 5 ⑤   **6** 하임
 **7** ① 전쟁 ② 간호
③ 청결

어휘 마무리

1

2 (1) 독학
(2) 업적
(3) 위생

3 (1) ② (2) ①

핵심 내용 정리

1 베트남　2 히어우
3 등교　4 희망
5 꿈

정답

1 ①　　2 ④
3 ③　　4 우정
5 ㉡　　6 ②, ③
7 ① 히어우　② 민
　 ③ 우정

어휘 마무리

1 (1) 반복되다
　(2) 합격하다
　(3) 평범하다

2 (줄 잇기)

3 (1) 하교
　(2) 소수
　(3) 석식

핵심 내용을 따라 읽으며 흐름을 정리해 보세요.

1 몇 년 전에 많은 사람에게 감동을 주었던 한 이야기를 소개하려고 해요. 바로 베트남에 살고 있는 히어우와 민이라는 두 친구 이야기예요.

이야기의 주인공 ➡ 히어우와 민

2 히어우는 해가 뜨면 학교에 가기 위해 일어나 씻고, 웃음 잃은 후 집을 나서요. 학교에 가야 하는 학생들에게는 매일 ⁺반복되는 ⁺평범한 아침 풍경이지요? 그러나 학교 가는 길에 히어우가 항상 ⁺들르는 곳이 있어요. 바로 친구 '민'의 집이에요.

핵심① 히어우의 등굣길 모습

3 민은 오른손과 두 다리가 없이 태어났어요. 집안 형편도 그다지 좋지 않았지요. '나는 정말 운이 없는 아이야.'라며 속상해하던 민에게 히어우가 다가와 두 다리가 되어 주겠다며 손을 내밀었어요. 히어우는 두 다리가 사진 것도 아니었는데 민을 도와주겠다고

신체적 장애가 있는 민

핵심② 히어우와 민의 우정
그렇게 둘의 우정은 시작
되었어요. 초등학교 2학년 때부터 함께한 등굣길은 10년 동안 이어졌어요.

두 사람이 우정을 쌓아 온 기간
비가 오나 눈이 오나, 히어우는 민을 등에 업고 ⁺교문을 넘곤 했어요. 두 사람은 학교가 끝난 후에도 어디든 붙어 다니며 함께했어요.

4 민은 한때 ㉠불평을 얹었어요.
민이 다리가 되어 준 히어우 덕분에 희망을 얹었어요.
"히어우, 고마워. 네 덕분에 하교에 가는 것도 힘들었던 내가 꿈을 가질 수 있게 되었어."

히어우는 팔과 다리가 불편한 민과 시간을 보내는 동안 오히려 자신의 꿈에 희망을 얹었어요.

이 더 큰 용기를 얹었다고 해요.

"장애를 피하지 않고 넘어선 민은 저에게 용기를 주었어요."

핵심③ 히어우와 민의 우정의 결실
그렇게 서로를 의지하며 히어우에도 조언을 다했던 두 사람은 각자 원

5 하던 대학교에 ⁺합격했어요. 의사가 꿈이었던 히어우와 컴퓨터 프로그래머가 꿈이었던 민은 자신의 꿈에 한발 다가서게 되었지요. 서로 도우며 꿈을 향해 나아간 두 사람의 우정은 우리에게 용기와 희망을 전해 주어요.

핵심① 히어우의 등굣길 모습

➡ 히어우는 매일 아침 몸이 불편한 친구 '민'의 집에 들러 학교에 감.

핵심② 히어우와 민의 우정

➡ 히어우는 민의 두 다리가 되어 주었고, 10년 동안 민을 업고 학교에 다님.

핵심③ 히어우와 민의 우정의 결실

➡ 서로를 의지하며 꿈을 향해 온 덕분에 각자 원하는 대학교에 합격함.

주제 · 10년 동안 우정을 이어 온 히어우와 민

1 이 글은 베트남에 살고 있는 히어우와 민이라는 두 친구의 우정에 대한 이야기로, 실제 일어난 일을 바탕으로 쓴 이야기입니다.

2 2, 3에서 히어우는 누가 시킨 것도 아니었는데 민을 도와주었다고 하였습니다.
오답 풀이 | ① ④에서 히어우는 덕분에 희망을, 히어우는 민 덕분에 용기를 얹었다고 하였습니다.
② 2에서 히어우는 학교 가는 길에 항상 민의 집에 들른다고 하였습니다.
③ 5에서 히어우와 민은 각자 원하던 대학교에 합격했다고 하였습니다.
④ 4에서 히어우는 의사가, 민은 컴퓨터 프로그래머가 꿈이었다고 하였습니다.

3 ㉠의 '불평'은 '어떤 일이나 사람에 대하여 마음에 들지 않음'. '마음에 흡족하지 않음.'이라는 뜻입니다.
따라서 바꾸어 쓸 수 있는 말은 '마음에 들지 않음.'. '이라는 뜻의 '불만'이 알맞습니다.

4 글쓴이는 히어우와 민을 통해 진실된 우정에 대해 이야기하고 있습니다.

5 민은 팔과 다리가 불편하지만 이를 극복하고 대학교에 합격하여 컴퓨터 프로그래머는 꿈에 한발 다가서게 되었다고 하였습니다. 따라서 '민'의 상황은 ㉡의 사례와 비슷하다고 할 수 있습니다.

6 1에서 두 사람은 베트남에 살고 있다는 것을 알 수 있습니다. 또한 3에서 서로 사람의 우정은 초등학교 2학년 때부터 시작되어 10년 동안 이어져 왔다고 하였습니다. 따라서 ②와 ③은 질문에 알맞은 내용으로 일맞지 않습니다.

7 이 글은 히어우와 민이라는 두 친구의 우정을 이야기를 담고 있습니다. 서로 도와 꿈을 향해 함께 나아간 두 사람의 우정을 우리에게 용기와 희망을 전달하고 있습니다.

25

핵심 내용을 따라 읽으며 흐름을 정리해 보세요.

쏙쏙! 내용 정리

1 줄넘기   2 조선
3 미국   4 다양한

정답

1 ①   2 ②
3 새끼줄   4 고서
5 (1)X   6 지웅
7 ① 새끼줄   ② 독일
  ③ 줄넘기

어휘 마무리

1 (연결선)

2 (1) 수확
  (2) 작물
  (3) 볏짚

3 (1) ② (2) ①

핵심①	핵심②	핵심③
줄넘기의 역사	우리나라의 줄넘기 기록	외국의 줄넘기 기록
↑ 여러 기록들을 바탕으로 줄넘기는 아주 오랜 역사를 가지고 있는 것으로 짐작됨.	↑ 조선 시대에 아이들이 새끼줄을 잡고 뛰었다고 기록되어 있음.	↑ 미국, 영국, 독일 등에서 전해지는 여러 기록에 줄넘기 이야기가 남아 있음.

주제 오랜 역사를 가지고 있는 줄넘기

1 이 글은 우리나라를 비롯한 세계 여러 나라에서 오래전부터 해 온 줄넘기의 역사에 대해 설명하고 있습니다.

2 3에서 미국이 아닌 영국에서 줄넘기를 좋아하는 작물의 수확 시기에 볏짚이 줄기를 이용해서 아이들이 줄넘기를 했다고 했습니다.

3 2에서 우리나라의 조선 시대에 아이들은 새끼줄을 잡고 뛰었다는 기록이 전해진다고 하였습니다.

4 '고서'는 '옛날에 나온 오래된 책'이라는 뜻으로 ㉠과 바꾸어 쓸 수 있습니다.

5 이 글에 음악 줄넘기의 규칙이나 방법은 나타나 있지 않습니다.
오답 풀이 (2) ③ 을 통해, 구조무크라는 것을 알 수 있습니다.
(3) ③ 을 통해, 볏짚의 줄기를 이용했다는 것을 알 수 있습니다.
(4) 1에서 전해져 내려오는 이야기나 고서에 남아 있는 그림을 통해 오래 전부터 줄넘기를 해 왔다는 것을 알 수 있다고 하였습니다.

6 3에는 미국, 영국, 독일 등 서양의 줄넘기 기록들만 제시되어 있습니다. 따라서 우리나라와 거리가 가까운 일본의 사례를 더 알아보고 싶다는 '지웅'이 많이 알맞습니다. 줄넘기가 오랜 역사를 가지고 있다는 설명은 1에서 확인할 수 있습니다.

7 줄넘기는 아주 오랜 역사를 가지고 있으며, 우리나라뿐만 아니라 세계의 여러 나라에서도 그 기록이 발견되었습니다. 그리고 현재에는 다양한 방식의 줄넘기가 생겨났으며, 많은 사람들이 즐겨하는 운동입니다.

읽기 전략

핵심 내용을 따라 읽으며 흐름을 정리해 보세요

핵심 내용 정리

1 ① 품삯 ② 사위

독해

1 ④ 2 ④에
3 틀 4 ②
5 ④ 6 ⑤
7 ① 품삯 ② 아들
  ③ 살림

어휘 마무리

1 (1) 소중하다
  (2) 간수하다
  (3) 두둑하다
2 (연결선)
3 (1) ② (2) ①

핵심① 주머니에 물건을 맡기고 새로운 것을 얻은 젊은이

1 어느 젊은이가 과자를 보러 가는 길에 주막 주인에게 [품삯을 한 틀을] [젊은이가 얻은 것] 맡기며 부탁하였습니다.

"소중한 것이니 잘 +간수하였다가 내일 아침에 주시오."

주막집 주인은 이상한 젊은이라고 +굿웃음을 지며 품삯을 아무 곳에나 던져두었습니다. 이튿날 아침 젊은이가 그 품삯을 잘 보관하였다가 달라고 하였는데, 아침 주인이 그 품삯을 잡아먹었다고 하자 젊은이는 그 (고양이)를 잡아 달라고 하였습니다.
주인은 난처했습니다.

"⑦에 쥐가 먹어 버렸소."

앞서낸
"그러면 그 쥐를 잡아서 내게 주시오."
주인은 할 수 없이 ㉠ 한 마리를 잡아 주었습니다. 젊은이는 다음 날 [젊은이가 새로 얻은 것]

두 번째 주막에 가서 쥐를 잘 보관하였다가 달라고 하였습니다. 이튿날 아침 두 번째 주막 주인이 그 쥐를 잡아먹었다고 하자 젊은이는 그 (고양이)를 잡아 달라고 하였습니다.

장안의 주막에 맡겼습니다.
≒다섯 번째 주막
②이튿날 주인은 아들을 그 소를 어느 장승 집에 팔아 버렸다고 하였
습니다. 젊은이는 +배짱 좋게 장승의 집으로 가서 그간의 사정을 이야

"품삯 한 틀로 소를 만들더니 정말 대단한 젊은이군. 그런데 소는 별

"그럼 먹는 쥐를 내놓으시오."
+두둑한 배짱을 가진 젊은이의 성격이 드러남.
"하하하, 우리 땅에 묻어 있으니 내 땅을 +떼어가는 것이 어떠한가?"
핵심② 장승의 사위가 된 젊은이
장승은 젊은이의 +두둑한 심성을 늘려 가는 솜씨에 감동하여
딸을 젊은이에게 주고 사위로 삼았습니다.

주제 작은 것을 가졌지만 슬기롭게 행동하여 큰 성취를 얻을 수 있다.

1 장승 집에 소를 판 사람은 젊은이가 다섯 번째로 찾아 갔던 주막 주인의 아들임
니다.

2 젊은이는 다섯 번째 주막의 장안의 주막에 소를 맡겼는데, 이튿날 주인은 자신의 아들이 소를 팔았다고 하였습니다. 따라서 다섯 번째 주막에서 젊은이는 소를 얻은 것이 없습니다.

3 '밤이나 품삯 등 곡식의 낱알을 세는 단위'를 나타내는 말은 '틀'이며, ①의 '품삯 한 틀'에서 찾을 수 있습니다.

4 ㉠의 앞뒤 맥락을 살펴보면 젊은이가 품삯을 맡길 때는 하루 전인 어제임니다. 따라서 ㉠에는 그날 아침 젊은이가 품삯을 찾기 전까지의 어느 한 때를 나타내는 낱말이 들어가야 하므로, '어제 저녁'의 준말인 '엊저녁'이 알맞습니다. ①의 '그저께'는 이틀 전을, ③의 '이튿날'과 ④의 '다음 날'은 어떤 일이 있은 그다음의 날, ⑤의 '그끄저께'는 사흘(3일) 전을 뜻합니다.

5 젊은이는 죽은 한 틀로 소를 만들어 내 이야기와, 자신을 찾아와서 소를 먹은 사람을 내놓으라는 젊은이의 행동을 보고, 젊은이의 두둑한 배짱과 심성을 늘려 가는 솜씨에 감동하여 그를 사위로 삼았습니다.

6 주막 주인들은 젊은이가 맡긴 물건을 잘 간수하지 못하였으므로, 주막 주인 이들처럼 누군가 맡긴 물건을 잘 간수해야겠다는 것은 이 글을 읽은 후의 느낄 점으로 알맞지 않습니다.

7 젊은이는 죽은 한 틀을 소로 바꿀 정도로 심성을 늘려 가는 솜씨가 좋으며, 다섯 번째 주막 주인의 아들이 자신의 소를 팔아 버렸다는 것을 알고 바라지 아니하고 성승을 찾아가는 등 배짱이 두둑합니다. 이러한 젊은이의 모습을 보고 성승은 젊은이를 사위로 삼았다고 볼 수 있습니다.

독해력 상승 읽기 전략

핵심 내용을 따라 읽으며 흐름을 정리해 보세요.

○○ 어린이 안전 체험관 이용 시 유의 사항 안내

보낸 사람: ○○ 어린이 안전 체험관 담당자
받는 사람: ○○ 어린이 안전 체험관 방문객

안녕하세요. ○○ 어린이 안전 체험관 안내 담당자입니다. 우리 어린이 안전 체험관에 이용 ⑦예약을 해 주셔서 감사합니다. 안전 체험관 이용 시에는 반드시 아래의 유의 사항을 지켜 주셔야 합니다.

1. 체험 프로그램의 이용 연령을 확인해 주세요. 각 체험 프로그램은 이용 연령을 꼭 확인하는 까닭 이용 연령 제한이 있습니다. 이용 연령을 꼭 확인하시고, 해당 연령에 맞는 체험만 참여해 주세요.

2. 체험 시 복장은 편한 바지와 운동화 착용을 권장합니다. 구두, 슬리퍼를 신거나 치마, 레이스가 달린 옷 등을 입으면 움직이기 편한 복장을 안내하는 까닭 - 활동성을 위하여 불편하기 때문에 체험이 어렵습니다.

3. 체험 시간을 반드시 지켜 주시기 바랍니다. 체험 시작 10분 전까지 도착한 후, 체험 접수처에서 예약 내역을 확인해 주세요. 예약 체험 시간을 지켜야 하는 까닭 한 체험 시간 이후에 도착하면 체험장에 입장하실 수 없습니다.

4. 보호자가 함께 입장하기를 권장합니다. 보호자가 함께하면 체험 중에 발생할 수 있는 사고나 문제를 빠르게 대처할 수 있습니다. 보호자의 입장을 권장하는 까닭 단 ⓒ'어린이 지진 체험'의 경우 보호자의 입장이 제한됩니다.

5. 체험 프로그램을 시작할 때 방송으로 안내 사항을 잘 들어 주세 보호자 입장 예외 프로그램의 이름 요. 이 안내에는 체험을 할 때 유의해야 하는 중요한 정보가 포함 안내 방송을 잘 들어야 하는 까닭 되어 있습니다.

위의 유의 사항을 잘 지켜 주시면, 안전하고 즐거운 체험을 하실 수 있습니다. 감사합니다.

핵심 ① **체험 시 유의 사항 ①**
↑ 이용 연령을 확인하거나 해당 연령에 맞는 체험만을 해야 하며, 복장은 편한 바지와 운동화를 착용해야 함.

핵심 ② **체험 시 유의 사항 ②**
↑ 체험 시간을 반드시 지켜야 하고, 어린이 지진 체험 외에는 보호자의 입장을 권장하며, 안내 방송을 잘 들어야 함.

주제 **○○ 어린이 안전 체험관 이용 시 유의 사항**

1 이 글은 ○○ 어린이 안전 체험관을 이용할 때 유의 사항을 안내하기 위해 쓴 것입니다.

2 보호자의 입장을 권장하나, 어린이 지진 체험의 경우에는 보호자의 입장이 제한된다고 하였습니다.

3 이 글에 체험 예약을 하는 방법이나 각 체험 프로그램의 운영 시간은 나타나 있지 않습니다.

4 ⑦'예약'의 뜻은 '자리나 방, 물건 등을 사용하기 위해 미리 약속함.'이므로, 수정이 많이 알맞겠습니다. '앞으로 배울 것을 미리 공부함.'은 '예습'의 뜻입니다.

5 유아 화재 안전 프로그램의 이용 연령은 6~7세이고, 응급 처치 프로그램의 이용 연령은 8세 이상입니다. 따라서 유아 화재 안전 프로그램과 응급 처치 프로그램을 모두 체험할 수 있는 아이들은 이용 연령 제한이 없기 때문에 응급 처치 프로그램을 체험할 수 없습니다.

|오답풀이| (1) 유아 화재 안전 프로그램의 운영 횟수는 3회이고, 응급 처치 프로그램의 운영 횟수는 5회입니다. 따라서 유아 화재 안전 프로그램의 운영 횟수가 응급 처치 프로그램보다 적습니다.

6 ⓒ'어린이 지진 체험'을 할 때, 개인 물건은 분실될 수도 있으니 반드시 물품 보관함에 보관한 후 체험해야 한다고 했습니다. 따라서 현진이의 행동은 안내 사항을 지키지 못한 모습으로 볼 수 있습니다.

7 이 글은 ○○ 어린이 안전 체험관에서 안전 체험을 할 때 지켜야 하는 유의 사항을 설명하는 글입니다. 이용 연령 확인, 편장 복장, 체험 시간 준수 등을 지켜 줄 것을 이야기하고 있습니다.

쏙쏙 내용 정리

1 방문객　2 유의
3 연령　4 안전

정답

1 (2) ○　2 ③
3 ①, ⑤　4 수정
5 (2) ○　6 ⑦
7 ① 연령　② 운동화
③ 시간　④ 보호자

어휘 마무리

1
2 (1) 내역
(2) 착용
(3) 권장
3 (1) 규제
(2) 나이
(3) 대응

독해 읽기 전략

핵심 내용을 따라 읽으며 흐름을 정리해 보세요.

쏙쏙! 내용 정리

1 이동 2 휴대
3 기능 4 스마트폰
5 삼

정답

1 ③ 2 ④
3 (2) ○ 4 처음
5 ② 6 준혁
7 ① 유선 ② 최초 ③ 컴퓨터

어휘 마무리

1 (1) 도구
(2) 검색
(3) 응용

2

3 (1) ② (2) ①

핵심① 휴대 전화가 등장하기 전의 상황
1 휴대 전화가 나오기 전에는 전화기에 선을 연결해서 쓰는 유선 전화기를 사용했어요. 유선 전화기는 연결된 선 때문에 다른 자리로 이동하기가 어려웠어요. 밖에서는 사용이 너무 더 어려웠기 때문에 집 안이나 사무실 같은 실내에서 주로 사용했어요. 그러다가 선이 연결되지 않아도 전화를 할 수 있는 무선 전화기가 개발되었고, 그 후에는 밖에서도 이동하면서도 사용이 가능한 휴대용 전화기, 즉 휴대 전화가 등장했어요.

2 최초의 휴대 전화는 다른 기능은 없이 오직 전화만 할 수 있었어요. 그리고 배터리가 빨리 닳아서 통화도 아주 짧게만 할 수 있었어요. 게다가 가격도 매우 비쌌어요.

3 시간이 흘러 휴대 전화는 점점 더 작고 가벼워졌고, 모양도 다양해졌어요. 그리고 점차 새로운 기능들이 생겨났어요. 단순한 전화나 문자 · 메시지 같은 연락 기능 외에 다양한 기능이 추가되었고, 게임과 같은 오락 기능이나 사진을 찍을 수 있는 기능도 생겼어요.

4 그리고 스마트폰이 등장했어요. 스마트폰은 휴대 전화가 더욱 발전하면서 컴퓨터의 기능이 추가된 휴대 전화인 스마트폰은 일반 휴대 전화보다 편리한 생활을 할 수 있도록 도와주었어요. 스마트폰이 나오면서 인기를 얻게 되었어요. 통화나 문자 메시지 외에 인터넷 검색, 사진 촬영 및 편집, 동영상 · 사진, 음악 감상, 문서 작성, 길 찾기 등이 가능해 전부 스마트폰을 사용하는 기능만을 사용하던 기존의 휴대 전화와 달리, 애플리케이션이라는 응용 프로그램을 설치하여 더 많은 기능을 마음대로 사용할 수 있게 되었어요.

5 이렇게 휴대 전화는 우리의 삶에 깊숙이 연관을 맺고 있는 존재로, 꼭 필요한 도구가 되었어요. 스마트폰 이후의 휴대 전화의 모습은 어떻게 변할까요? 기술의 발전을 기대해 보아요.

핵심 ①	핵심 ②	핵심 ③
휴대 전화가 등장하기 전의 상황	휴대 전화의 등장과 발전	스마트폰의 등장
전화기에 선을 연결해서 쓰는 유선 전화기가 어려워서 밖에서 사용이 너무 무선 전화기를 사용함.	이동 중에도 사용이 가능하며, 연락 기능 외에 다양한 기능이 생김.	컴퓨터의 기능이 추가된 휴대 전화로, 생활을 편리하게 함.

주제 휴대 전화의 발전 과정

1 글의 제목은 중심 내용을 담고 있는 경우가 많습니다. 이 글은 휴대 전화의 발전 과정을 설명하고 있으므로, 제목으로 가장 알맞은 것은 ③ '휴대 전화의 발전 과정'입니다.

2 1에서 휴대 전화가 나오기 전에는 전화기에 선을 연결해서 쓰는 유선 전화기를 사용했고, 그 후에 선이 연결되지 않아도 전화를 할 수 있는 무선 전화기가 개발되었다고 하였습니다. 따라서 유선 전화기가 발명된 이후 무선 전화기가 개발된 것입니다.

|오답풀이| ① 2에서 최초의 휴대 전화는 오직 전화만 할 수 있었다고 하였습니다.
② 1에서 유선 전화기는 연결된 선 때문에 다른 자리로 이동하기가 어려웠다고 하였습니다.
③ 1에서 휴대 전화가 나오기 전에는 유 · 무선 전화기를 사용했다는 것을 알 수 있습니다.
⑤ 최초의 휴대 전화는 오직 전화 기능만 있었지만, 시간이 흘러 연락 기능 외에 다른 유용한 기능들이 추가되었다고 하였습니다.

3 4에서 스마트폰은 휴대 전화에 컴퓨터의 기능이 추가된 것으로, 인터넷 검색, 문서 작성 등의 다양한 업무를 스마트폰만으로도 할 수 있게 도와준다고 하였습니다.

4 '최초'는 '맨 처음'이라는 뜻입니다. '맨 마지막'은 '최후'의 뜻입니다.

5 이 글에 스마트폰으로 자동차를 자동으로 운전시킬 수 있다는 내용은 나타나 있지 않습니다.

6 3을 통해, 스마트폰이 나오기 전의 휴대 전화에도 달력, 게임, 카메라 등의 여러 기능이 있었다는 것을 알 수 있습니다.

상승 독해전략 읽기 전략

6주 05일차
본문 124~127쪽

핵심 내용 정리
1 눈 2 지붕
3 겨울

정답
1 ①
2 (1) 지난밤 (2) 겨울
3 눈, 포근하게
4 ② 5 ①
6 (2)○
7 ①눈 ②이불

어휘 마무리
1 (선 잇기)
2 (1) 지난밤
(2) 소복이
(3) 지붕
3 (1) ① (2) ②

눈

핵심① 지난밤의 상황
눈이 ↑소오복이 왔네
소복이

〔1연〕

핵심② 말하는 이의 생각
⑦지붕이랑
길이랑 밭이랑
추워한다고
↑덮어 주는 ⑦이불인가 봐
눈

〔2연〕

그러기에
추운 겨울에만 ⑥내리지
눈

〔3연〕

윤동주

핵심①
지난밤의 상황
↑눈이 소복이 내려 지붕, 길, 밭 등을 덮고 있음.

핵심②
말하는 이의 생각
↑눈이 마치 추운 겨울날 추위에 떨고 있는 대상들을 따뜻하게 덮어 주는 이불처럼 생각됨.

주제
추운 겨울날 지붕, 길, 밭을 포근하게 덮어 준 눈

1 이 글은 눈이 내리고 난 후의 모습을 표현한 시입니다. 이와 같은 시 작품은 떠오르는 장면을 상상하며 읽을 수 있습니다.

2 이 시에서 시간을 나타내는 말은 '지난밤'이고 계절을 나타내는 말은 '겨울'입니다.

3 이 시는 지난밤에 내린 눈이 온 세상을 포근하게 덮고 있는 모습을 표현한 작품입니다.

4 '이불'은 세상을 포근하게 덮고 있는 '눈'을 의미합니다.

5 '내리다'는 여러 가지 뜻을 가진 낱말입니다. ⑥의 '내리지'는 문맥상 눈이 주로 겨울에만 내린다는 뜻으로 해석할 수 있으므로, ①의 뜻이 알맞습니다.
|오답풀이| ② '가루를 체에 치고 거르다.'라는 뜻의 '내리다'는 '일기루를 체에 내리다.'처럼 쓸 수 있습니다.
③ '위에 있는 물건을 아래로 옮기다.'라는 뜻의 '내리다'는 '상자를 책상에서 바닥으로 내리다.'처럼 쓸 수 있습니다.
④ '어떤 일에 대한 판단이나 결정을 하다.'라는 뜻의 '내리다'는 '의사가 진단을 내리다.'처럼 쓸 수 있습니다.
⑤ '타는 것에서 밖으로 나와 어떤 곳에 닿다.'라는 뜻의 '내리다'는 '택시를 타고 백화점 앞에서 내리다.'처럼 쓸 수 있습니다.

6 ⑦의 '지붕이랑 / 길이랑 밭이랑'은 '이랑'이 반복되어 리듬감이 느껴지는 표현입니다. (2)에서도 '산, 들, 바다'라는 여러 장소의 이름을 말하면서 '에'라는 말을 반복하고 있습니다.
|오답풀이| (1) 풀들이 웃고 있다는 표현에는 사람이 아닌 것을 사람처럼 표현하는 방법이 사용되었습니다.

7주 01일차

본문 128~131쪽

쏙쏙 내용 정리

1 한과 2 정과
3 약과 4 강정
5 다식

정답

1 (2)○ 2 ③
3 ② 4 성재
5 3 - 4 - 2 - 1
6 ( ), ( ), (○), ( )
7 1 한과 2 열매
3 고물 4 다식

어휘 마무리

1 (1) 가름하다
(2) 본뜨다
(3) 지지다

2

3 (1) 좋이다
(2) 조리다
(3) 조리
(4) 졸여야

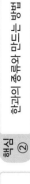

핵심① 한과의 뜻과 종류
1 우리 조상이 옛날부터 만들어 먹던 과자를 한과라고 합니다. 한과에는 정과, 약과, 강정, 다식 등 여러 가지가 있습니다. 옛날에는 한과를 집에서 만들어 먹었지만, 요즘에는 주로 시장에서 사 먹습니다.

핵심② 한과의 종류와 만드는 방법
2 정과는 식물의 뿌리나 열매를 달콤하게 조린 과자입니다. 색깔이 다른 여러 가지 과일, 인삼, 도라지, 연뿌리 등을 꿀에 조려서 만듭니다.

3 약과는 밀가루를 꿀과 기름 등으로 반죽하여 기름에 지진 과자입니다. 꿀물이나 조청에 넣어 두어 속까지 맛이 ⊙들면 꺼내어 먹습니다. 지금은 대부분 국화 모양을 본떠서 만들지만, 옛날에는 새, 물고기 등의 모양을 본떠서 만들었다고 합니다. 약과를 만들 때에는 꿀을 많이 넣어 모양으로 나무를 파서, 반죽한 것을 그 속에 넣어 찍어 냅니다.

4 강정은 찹쌀가루를 꿀과 술로 반죽하여 기름에 튀긴 뒤에 고물을 묻힌 과자입니다. 찹쌀가루를 반죽할 때에는 꿀과 술을 넣습니다. 그런 다음 끊는 기름에 서서히 튀기면, 속이 비어 있고 겉이 부풀어 오른 모양이 됩니다. 찹쌀을 튀긴 것에 꿀을 바르고 고물을 묻혀 먹습니다.

5 다식은 여러 가지 가루를 조청이나 꿀로 일정하게 반죽하여 다식판에 박아 낸 과자입니다. 다식을 만들 때에는 콩, 깨, 밤 등의 가루를 사용합니다. 요즘에는 여러 가지 곡식과 약재를 빻은 가루로 다식을 만들어 먹기도 합니다. 소나무 꽃가루인 송화로 만든 다식과 약재를 쓴 다식도 있습니다.

핵심① 한과의 뜻과 종류
→ 우리 조상이 옛날부터 만들어 먹던 과자로, 정과, 약과, 강정, 다식 등이 있음.

핵심② 한과의 종류와 만드는 방법
→ 여러 종류의 가루와 꿀 등을 주로 사용하며, 꿀에 조리거나 기름에 지지거나 튀기는 경우가 많음.

주제
우리 조상이 옛날부터 만들어 먹던 과자인 한과

1 1 을 통해, 한과는 우리 조상이 옛날부터 만들어 먹던 과자임을 알 수 있습니다.

2 이 글은 정과, 약과, 강정, 다식 등 한과의 종류와 각각의 한과를 만드는 방법을 설명하고 있습니다.

3 1 에서 한과에는 정과, 약과, 강정, 다식 등 여러 가지가 있다고 하였습니다.

오답 풀이 ① 1 에서 옛날에는 한과를 집에서 만들어 먹었지만, 요즘에는 주로 시장에서 사 먹는다고 하였습니다.
③ 5 에서 다식은 콩, 깨, 밤 등의 가루를 사용하여 만든 것도 있다고 하였습니다.
④ 3 에서 약과를 만들 때에는 만들고 싶은 모양으로 나무를 파서, 반죽한 것을 그 속에 넣어 찍어 낸다고 하였으므로, 모양을 찍어 내는 틀이 필요하다는 것을 알 수 있습니다.
⑤ 2 에서 정과는 식물의 뿌리나 열매를 달콤하게 조린 과자라고 하였습니다.

4 ㉠의 '들다'는 '맛이 들면 꺼내어 먹습니다.'라는 문제에서 사용되고 있으므로, '성게'의 맛이 알맞습니다. '어떤 일에 시간이나 노력이 쓰인다.'라는 뜻의 '들다'는 문장에서 '뜨개질로 웃을 만드는 데에는 시간과 비용이 많이 들어요.'처럼 쓰입니다.

5 강정을 만드는 과정은 4 를 통해 알 수 있습니다.

6 3 을 통해, 약과는 밀가루를 꿀과 기름 등으로 반죽하여 기름에 지진 과자로, 꿀물이나 조청에 넣어 두었다가 속까지 맛이 들면 꺼내어 먹는다는 것을 알 수 있습니다.

31

독해력 상승 읽기 전략

핵심 내용을 따라 읽으며 흐름을 정리해 보세요.

핵심① 아기 박의 고민

1 아기 박은 달이 되고 싶었습니다. ✦샛강바람이 불었습니다. 달이 얼굴을 내밀었습니다.
"달님!"
아기 박이 불렀습니다.
"왜?"
달이 대답하였습니다.
"나는 달님을 닮았지요?"

> 달과 박은 모두 둥근 모양이므로 아기 박은 자신과 달이 닮았다고 생각함.

"그런데?"
"왜 나는 빛이 나지 않나요?"
아기 박은 눈물을 글썽였습니다. 달은 부드럽게 웃었습니다. 그리고 아기 박에게 ✦일러 주었습니다.

2 "어떤 소녀가 있었단다."

> ┌ 아기 박에게 이야기를 들려준 달님

" ...... "
"한때는 노래를 잘 ✦부르는 사람을 보고 ⓐ성악가가 되려고 하였지."
"그래서요?"
"그런데 그림을 잘 ✦그리는 사람을 보고는 ⓑ화가가 되려고도 하였어."
"그래서 어떻게 되었나요?"
"동화를 ✦쓰는 사람이 되었단다."

> 소녀가 된 것

"왜요?"
"그 소녀는 글쓰기를 좋아하였고, 재주도 있었거든."
" ...... "

핵심② 달님의 위로와 조언
"내가 좋아하고 ✦잘하는 일을 찾아보렴."

> 이 글의 주제

아기 박은 고개를 끄덕였습니다.

- 김영자, 「아기 박의 꿈」 중에서

핵심① 아기 박의 고민
✦ 달이 되고 싶지만, 달과 달리 자신의 몸에서는 빛이 나지 않아 고민함.

핵심② 달님의 위로와 조언
➜ 아기 박에게 동화 작가가 된 소녀의 예를 들려주며 자신이 좋아하고 잘하는 일을 찾아보라고 말해 줌.

주제 누구나 자신이 좋아하고 잘하는 일이 있다.

1 ①에서 아기 박은 달이 되고 싶었다고 하였으므로, 아기 박이 되고 싶어 한 것은 달입니다.

2 아기 박은 달이 되고 싶었지만, 자신은 달님처럼 빛이 나지 않아서 눈물을 글썽이고 있었습니다.

3 달님은 아기 박이 달이 되기보다는 좋아하고 잘하는 일을 찾기를 바라는 마음에서 어떤 소녀의 이야기를 들려주었다고 볼 수 있습니다.

4 ⓐ의 성악가는 '노래 부르기를 직업으로 하는 사람.'이라는 뜻이고, ⓑ의 화가는 '그림 그리는 것을 직업으로 하는 사람.'이라는 뜻이므로, 두 낱말을 모두 포함하는 낱말은 '직업'입니다.

5 아기 박은 순이가 바가지에 물을 담아 시원하게 마시는 모습을 보고 자기가 할 일을 깨달았습니다. 따라서 아기 박은 '그릇'이 되어야겠다고 생각하였을 것입니다.

6 달님은 아기 박에게 좋아하고 잘하는 일을 찾아보라고 말하였습니다. 따라서 자신의 꿈을 찾은 아기 박에게 (1)처럼 말하였을 것입니다.

7 이 글의 등장인물은 아기 박과 달님입니다. 아기 박은 자신과 모습이 닮은 달이 되고 싶지만, 빛이 나지 않아서 속상해하고 있습니다. 이런 모습을 본 달님은 아기 박에게 어떤 소녀의 이야기를 들려주며, 남을 따라 하기보다는 자신이 좋아하고 잘하는 일을 찾아야 한다며 깨달음을 주고 있습니다.

어휘 마무리

3 '이르다'는 형태는 같지만 뜻이 서로 다른 낱말로, 문장에 따라 뜻을 잘 파악해야 합니다.

핵심 내용 정리
1 아기 박 2 달님

정답
1 달   2 (2) ○
3 ⑤   4 ⑤
5 ④   6 (1) ○
7 ❶ 달 ❷ 좋아하고 ❸ 잘하는

어휘 마무리
1 (선 잇기)
2 (1) 쓰다 (2) 그리다 (3) 부르다
3 (1) ② (2) ① (2) ①

읽기 전략

해심 내용을 따라 읽으며 흐름을 정리해 보세요

쏙쏙! 내용 정리

1 실내   2 피해
3 실천

핵심

1 ①   2 (1) ○
3 ①, ②, ④
4 ④   5 ②
6 수업
7 ① 지켜지지 않음
  ② 그릇된 ③ 뛰지

어휘 마무리

1 (1) 방해
  (2) 실천
  (3) 습관
2
3 (1) ② (2) ①

핵심① 글쓴이의 문제 제기	핵심② 실내에서 뛰지 말아야 하는 까닭	핵심③ 글쓴이의 부탁
↑ 학기 초에 정한 실내에서 뛰지 말자는 약속이 지켜지지 않고 있음.	↑ 친구들에게 피해를 주거나 다칠 수 있고, 그릇된 습관을 갖게 함.	↑ 자신과 친구들의 안전을 위하여 '실내에서 뛰지 않기'를 실천하자.

주제 실내에서 뛰지 않기를 실천하자.

1 이 글은 부탁(주장)하는 글로, 다른 사람을 설득하기 위하여 자신의 생각이나 주장을 밝히고 있습니다.

2 글쓴이는 학기 초에 정한 '실내에서 뛰지 않기'라는 약속이 지켜지지 않는다는 문제를 제기하며, 실내에서 뛰지 않기를 실천하자고 주장하고 있습니다.

3 글쓴이는 다른 반 친구들에게 피해를 주고, 다칠 수 있으며, 다른 친구들이 나 동생들에게 그릇된 습관을 가지게 할 수 있기 때문에 복도에서 뛰지 말자고 주장하고 있습니다.

4 ⓒ의 '최근'은 '얼마 되지 않은 지나간 날부터 현재 또는 바로 직전까지의 기간.'을 가리킵니다. 따라서 '바로 얼마 전부터 이제까지의 무렵.'이라는 뜻의 '요즈음'이 ⓒ'최근'과 바꾸어 쓸 수 있는 말로 알맞습니다. ①, ⑤는 과거를, ②, ③은 미래를 나타내는 말입니다.

5 글쓴이는 복도에서 뛰었을 때의 여러 가지 문제점을 제시하며 실내에서 뛰지 말자는 주장을 펼치고 있습니다. 그러므로 이 글의 주제로 가장 알맞은 것은 '실내에서 뛰지 말자.'입니다.

6 이 글처럼 부탁하는 글을 쓸 때는 읽는 사람을 생각하고, 부탁하는 내용과 부탁하는 까닭이 잘 드러나게 써야 합니다. 다른 사람에게 부탁을 강요하는 것은 옳지 않습니다.

7 이 글의 학기 초에 정한 '실내에서 뛰지 않기'라는 약속이 지켜지지 않아서, 이를 개선하기 위해 실내에서 뛰지 말아야 하는 까닭을 들어 실내에서 뛰지 않기를 실천하자는 주장을 하고 있습니다.

---

1 "실내에서 뛰지 마세요!"

ⓐ 최근 선생님이 우리에게 자주 하시는 말씀입니다. 학기 초에 선생 님과 우리 반 친구들은 '실내에서 뛰지 않기'라는 약속을 정하였습니다. 하지만 우리 반 친구 대부분은 이 약속을 잘 지키지 않습니다. 여전히 교실이나 복도에서 뛰어다니는 친구가 많습니다.

2 저는 최근에 수업을 마치고 집에 갈 때 복도에서 달려오는 친구와 부딪힌 적이 있습니다. 다행히 친구를 피하였기 때문에 괜찮았지 만 크게 다칠 뻔하였습니다.

이것 말고도 복도에서 뛰지 말아야 하는 까닭은 여러 가지가 있습니다. 복도에서 뛰면 다른 반 친구들에게 피해를 주게 됩니다. 복도에서의 쿵쾅거리는 소리는 공부에 큰 방해가 됩니다.

그리고 복도에서 뛰어다니는 습관을 고치지 못하면 계단에서도 뛰어다니게 됩니다. 이처럼 뛰어다니다가 잘못하여 미끄러지면 크게 다칠 수 있습니다.

마지막으로, 복도에서 뛰는 행동은 다른 친구들이나 동생들에게 그릇된 습관을 가지게 할 수도 있습니다. 예를 들어, 우리가 복도에서 뛰어 다니면 1학년 동생들이 이와 같은 잘못된 행동을 따라 할 수 있습니다.

3 그러므로 우리 반 친구들이 복도에서 뛰지 말고 천천히 걸어 다니면 좋겠습니다. 이제부터 자신과 다른 친구들의 안전을 위하여 '실내에서 뛰지 않기'를 꼭 실천합시다.

33

독해력 상승 **읽기 전략**

핵심 내용을 따라 읽으며 흐름을 정리해 보세요.

핵심 내용 정리

1 은행 2 예금
3 이자 4 환전
5 컴퓨터

정답

1 은행 2 ③
3 ① 4 (2) ○
5 ③ 6 세훈
7 1 이자 2 은행
3 은행

어휘 마무리

2 (1) 저축
(2) 대가
(3) 환전
3 (1) ① (2) ②

핵심① 은행의 역할
핵심② 예금의 뜻과 장점
핵심③ 이자를 내거나 받는 상황

주제
은행이 하는 일

1 은행은 돈과 관련된 일을 하는 기관이에요.

2 우리는 은행에서 통장, 즉 '계좌'를 만들어서 돈을 맡기고 찾을 수 있어요.

3 은행은 우리가 예금한 돈을 모아서 돈이 필요한 사람들이나 회사에 빌려주기도 해요.

4 은행에서는 이 외에도 다양한 서비스를 제공해요.

5 예전에는 은행 영업점에 직접 가야 했어요.

뿌리깊은 읽기 전략

핵심! 내용 정리

1 사흘 2 배고픔
3 며느리

정답

1 붙이   2 (1) ○
3 ④   4 고루
5 ②   6 ③
7 ❶ 며느리 ❷ 사흘
  ❸ 며느리

어휘 마무리

1 (1) 탐내다
  (2) 터무니없다
  (3) 현명하다
2 (선 잇기)
3 (1) ① (2) ③
  (3) ②

핵심① 며느리를 구하려고 글을 써 붙인 부자
→ 정해 준 집에서 사흘 치 양식만으로 한 달을 살고 나오는 사람을 며느리로 삼겠다고 함.

핵심② 수많은 지원자들의 도전과 실패
→ 부자가 준 양식이 너무 적어 배고픔을 견디지 못하고 모두 도전에 실패함.

핵심③ 슬기로운 처녀의 도전과 성공
→ 사흘 치 양식을 지혜롭게 사용하여 한 달을 버텨 내 부자의 며느리가 됨.

주제 문제를 지혜롭게 해결해야 한다.

---

1 부잣집에서는 '정해 준 집에서 사흘 치 양식만으로 한 달을 살고 나오는 사람을 며느리로 삼겠다.'는 글을 써서 붙였습니다. 이때 '사흘'은 3일을 일컫는 말이므로, 붙이 많이 앉였습니다.

2 ㉠은 일주일을 겨우 버티다 배고파 도망쳤다고 하였고, ㉡ 역시 배고픔을 견디지 못해 반번이 돌아갔다고 하였습니다. 따라서 (1)이 알맞습니다.

3 슬기로운 처녀는 정해 준 집에서 사흘 치 양식만으로 한 달을 살아야 하는데 첫째 날 배불리 밥을 지어 먹고, 이틀째 되는 날에는 남은 것을 본 하나를 보 해 서 동네 사람들에게 나누어 주 버린 슬기로운 점은 '고루'입니다.

4 '많고 적음이 차이가 없이 비슷하게'를 나타내는 말은 '고루'입니다. ❸의 '처녀는 남은 쌀로 떡을 하여 마을 사람들에게 고루 나누어 주었습니다.'에서 찾을 수 있습니다.

5 슬기로운 처녀는 사흘 치 양식 중 일부로 떡을 만들어 마을 사람들에게 나누어 준 후 마을 사람들에게 일거리를 달라고 부탁하였고, 한 달이 지났을 때는 대가족이 한 달 내내 배불리 먹고도 남을 양식을 창고에 가득 놓았다고 하였습니다. 따라서 슬기로운 처녀는 사흘 치 양식으로 한 달을 배렸으므로, ②의 내용은 알맞지 않습니다.

6 슬기로운 처녀가 대가족이 한 달 내내 배불리 먹고도 남을 양식을 창고에 가득 채운 것은 현명하게 과제를 푼 결과이므로, 몰래 혼자 먹으려고 창고에 가득 양식을 채운다는 내용은 알맞지 않습니다.

핵심① 며느리를 구하려고 글을 써 붙인 부자
1 어느 한 부잣집에서 현명한 며느리를 구하려고 사람들이 많이 다니는 곳에 글을 써 붙였습니다.
'정해 준 집에서 사흘 치 양식만으로 한 달을 살고 나오는 사람을 며느리로 삼겠다.'
느리로 삼겠다.

핵심② 수많은 지원자들의 도전과 실패
2 ㉠한 며느리가 용기 있게 도전하였습니다. 그러나 부자가 준 양식이
+터무니없이 적어 일주일을 겨우 버티다 배고파 도망쳤습니다. 그 후에

도 ㉡수많은 지원자들이 부자의 재산을 +탐내어 지원하였으나 배고픔을 견디지 못해 +번번이 물러났습니다.

핵심③ 슬기로운 처녀의 도전과 성공
3 그때 한 슬기로운 처녀가 부잣집 며느리에 도전하였습니다. 이 처녀는 부잣집에 들어오자마자 배불리 밥을 지어 먹고 집 안을 깨끗이 청소하였습니다.

이튿째 되는 날, 처녀는 남은 쌀로 쌀로 떡을 하여 마을 사람들에게 고루 나누어 주었습니다. 사흘째 되는 날, 시중을 드는 하나가 걱정을 하며 물었습니다.

"사흘 치 양식을 모두 써 버리다니 남은 한 달을 어떻게 지내시려고 그러십니까?"

처녀가 웃으며 말했습니다.

"이제 마을 사람들을 찾아가 일거리가 있으면 모두 달라고 하시오."

하나가 마을 사람들에게 가니 치녀의 소식을 좋은 떡을 맛본 이들이 앞다투어 일감을 가져왔습니다. 부자가 한 달이 지나 치녀를 찾아갔을 때, 그 치녀는 대가족이 한 달 내내 배불리 먹고도 남을 양식을 창고에 가득 채워 놓았습니다. 부자는 크게 감탄하며, 그 치녀를 며느리로 맞이하였습니다.

슬기로운 처녀는 해마다 재산을 늘려 가며 더 큰 부자가 되어 좋은 일을 많이 하였습니다.

35

핵심 내용을 따라 읽으며 흐름을 정리해 보세요.

쏙쏙! 내용 정리

1 별자리   2 북극성
3 북두칠성   4 길잡이
5 방향

핵심 내용

핵심① 별자리의 뜻
핵심② 작은곰자리의 특징
핵심③ 북두칠성과 카시오페이아자리 특징

핵심① 별자리의 뜻	핵심② 작은곰자리 특징	핵심③ 북두칠성과 카시오페이아자리 특징
밤하늘에 무리 지어 있는 별들을 연결하여 동물이나 물건, *신화에 나오는 인물의 이름을 붙여 놓은 것	↑ 북극성을 포함하며, 북두성은 위치가 거의 변하지 않음.	↑ 북극성, 카시오페아이아자리는 북두칠성을 찾을 수 있도록 도와줌.

주제: 북쪽 하늘에서 볼 수 있는 별자리

1 이 글은 별자리의 뜻과 북쪽 하늘에서 볼 수 있는 별자리인 작은곰자리, 북두칠성, 카시오페이아자리에 대하여 설명하고 있습니다. 계절별로 관찰할 수 있는 별자리에 대한 내용은 이 글에 나타나 있지 않습니다.

2 2에서 북극성은 위치가 거의 변하지 않는다고 하였습니다.

3 2에서 작은곰자리는 북극성을 포함하고 있습니다. 그리고 3에서 북극성은 큰곰자리의 꼬리 부분에 해당된다고 하였습니다.

4 문맥상 ㉠의 '우리'는 '여러 사람이나 동물, 사물 등이 함께 모여 있는 것.'이라는 뜻입니다. (1)의 '우리'는 (2)와 함께는 같지만 뜻이 다른 말로, '아직 어린아이에게 음전을 꼼꼼히 관리하기를 바라는 것은 어려운 무리이다.'의 예문처럼 쓸 수 있습니다.

5 4에서 카시오페이아 양쪽은 하영섬이 강하고 진방져서 바다의 신을 하나게 만들었고, 별을 받아 별자리가 되었다고 하였습니다. 양쪽에 내려진 별은 의자에 앉아 매달려 있어야 하는 것이었는데, 이 모습이 알파벳 'W' 자 모양이기 때문에 이 별자리가 카시오페이아자리라고 불리는 것입니다.

6 3, 4를 통해 북두칠성과 카시오페이아 자리가 북극성을 찾는 것을 도와준다는 것을 알 수 있습니다. 따라서 4에서 카시오페이아자리와 관련된 신화는 많이 알아보겠다는 다음이 양쪽 앉아 매달려 있어야 하는 것이었습니다. 따라서 강해져야 한다는 교훈을 준다는 설명은 알맞지 않습니다.

정답

1 은하   2 ②
3 (1) 작은곰자리
   (2) 큰곰자리
4 (2) ○   5 ㉯
6 다섯
7 ① 북극성
   ② 북두칠성
   ③ 별자리

어휘 마무리

1 (교차선 도형)

2 (1) 간밤
   (2) 방향
   (3) 겸손

3 (1) ① (2) ②

36

읽기 전략

핵심 내용을 따라 읽으며 흐름을 정리해 보세요.

핵심 ① 넉넉한 마음을 지닌 굴참나무

1 깊은 산속에 커다란 굴참나무 한 그루가 살고 있었습니다. 두꺼운 나무껍질과 +길쭉한 잎을 가진 굴참나무는 마음 +씀씀이가 참 넉넉하였습니다. 어느 날, ㉠ 신비둥기 가족이 찾아왔습니다.

굴참나무를 찾아온 동물 ①
"굴참나무 아저씨, 여기에서 우리 가족이 살게 해 주세요."

"오냐, 그렇게 하렴. 여기에서 행복하게 살아라."

굴참나무는 나뭇가지 하나를 신비둥기 가족에게 내어 주었습니다. 신비둥기 가족이 집을 짓느라고 나뭇가지가 심하게 흔들렸습니다. 그러나 굴참나무는 아무런 말도 하지 않았습니다. 그런 어느 날, 뽀족한 부리를 가진 ㉡오색딱따구리가 찾아와 말하였습니다.

굴참나무를 찾아온 동물 ②
"굴참나무 아저씨, 저도 여기에서 살게 해 주세요."

굴참나무는 오색딱따구리도 받아 주었습니다.

핵심 ② 병에 걸린 굴참나무

2 그런데 언제부터인가 신비둥기가 +앓기 시작하였습니다.
신비둥기 가족은 굴참나무를 떠났습니다.
신비둥기 가족 - 앓기 가 있음.
"굴참나무 아저씨, 어디 아프세요?"

오색딱따구리가 물었습니다.

"내 몸에 나쁜 벌레들이 들어와 병이 들었단다. 내 걱정은 하지 말고 너도 어서 떠나거라."
굴참나무가 병에 걸린 까닭

핵심 ③ "굴참나무가 힘없이 말하였습니다.
굴참나무의 곁에 남은 오색딱따구리
"각 곳이 없는 저를 도와주신 아저씨를 모든 제가 오색딱따구리
이렇듯 지키고 은혜를 갚을 오색딱따구리
아저씨 몸에 있는 나쁜 벌레들을 +모두 잡겠어요."

오색딱따구리는 날카로운 발톱으로 굴참나무를 꼭 잡았습니다. 그리고 머리와 목을 망치처럼 움직이며 벌레를 잡기 시작하였습니다.

"딱딱딱따……."

오색딱따구리는 며칠 동안 벌레 잡는 일을 멈추지 않았습니다. 부리가 부서질 듯이 아팠지만 벌레 잡는 일을 멈추지 않았습니다.

- 배영현, 「굴참나무와 오색딱따구리」 중에서

주제 자신을 도와준 사람에게 은혜를 갚아야 한다.

1 이 글의 등장인물은 굴참나무, 신비둥기 가족, 오색딱따구리입니다.

2 (1) ❷를 통해, 굴참나무는 몸에 나쁜 벌레들이 들어와 병이 들었다는 것을 알 수 있습니다.
(2) ❶을 통해, 굴참나무는 자신을 찾아와 여기에서 살게 해 달라는 신비둥기 가족과 오색딱따구리의 부탁을 거절하지 않고 들어주었다는 것을 알 수 있습니다.
(3) ❸에서 굴참나무는 신비둥기 가족이 집을 짓느라 나뭇가지가 심하게 흔들렸지만 아무런 말도 하지 않았다고 했습니다.

3 ㉠ '신비둥기 가족'이 집을 짓느라 굴참나무의 나뭇가지가 심하게 흔들렸지만, 그둥은 굴참나무에게 사과를 하거나 미안해하지 않았습니다. ②의 '그런데 언제부터인가 굴참나무가 앓기 시작하였습니다.'에서 찾을 수 있습니다.

4 '병'이 더 심해지지도 않고 나아지지 오랫동안 오랫동안 계속 아픈 모양: 을 나타내는 말은 '시름시름'입니다.

5 굴참나무는 신비둥기 가족과 오색딱따구리를 자기 몸에서 살게 해 주었습니다. 그리고 그런데 벌레가 몸에 들어와 병이 들었고, 이를 쉽게 될 오색딱따구리는 굴참나무를 열심히 잡아 주었습니다.

6 오색딱따구리는 매일 동안 굴참나무를 잡았을 것이 댔다고 하였고, 부리가 부서질 듯이 아팠지만 벌레 잡는 일을 멈추지 않았다고 하였습니다. 따라서 굴참나무는 오색딱따구리의 도움으로 병이 낫고 건강해졌을 것이라고 짐작해볼 수 있습니다.

쏙쏙 내용 정리
❶ 굴참나무 ❷ 병
❸ 조아

정답
1 굴참나무, 신비둥기 가족, 오색딱따구리
2 (1) ○ (2) ○ (3) ✕
3 ③   4 시름시름
5 ③ ① ②
6 다은
7 ❶ 굴참나무
❷ 병 ❸ 벌레

어휘 마무리
1 (1) 조다
(2) 앓다
(3) 부서지다
2
3 (1) 빨리
(2) 힘껏
(3) 전부

독해력 상승 읽기 전략

핵심 내용을 따라 읽으며 흐름을 정리해 보세요

1 *조사한 *자료를 *정리하여 읽어보기 ㉮쉽게 나타내는 방법에는 무엇이 있는지 알아볼까요? 자료를 정리하는 방법 중 하나는 '표'를 사용하는 거예요. 표는 조사한 자료를 기준에 따라 *일정한 *형식에 정리하여 읽어보기 쉽게 나타낸 것이에요.

표의 개념

여름 방학에 가고 싶은 장소별 학생 수

장소	바다	놀이공원	수영장	합계
학생 수(명)	3	2	5	10

핵심① 표의 편리한 점

㉠위의 표는 학생들이 여름 방학에 가고 싶은 곳을 정리한 것이에요. 학생들은 여름 방학에 바다, 놀이공원, 수영장에 가고 싶어 하며, 이 중 학생들이 가장 많이 가고 싶어 하는 장소는 5명인 *고른 수영장이라는 것도 알 수 있어요. 이처럼 표를 사용하면 자료의 종류별 수를 읽어보기 쉽고, 조사한 자료의 전체 수, 즉 합계를 읽어보기 편해요.

2 표보다 자료의 수를 한눈에 비교하기 쉬운 방법이 있어요. '그래프'를 사용하는 것이에요. 그래프는 점, 선, 막대, 그림 등을 사용해서 자료를 나타내는 방법이에요.

그래프의 개념

여름 방학에 가고 싶은 장소별 학생 수

학생 수 (명)	바다	놀이공원	수영장
5			○
4			○
3	○		○
2	○	○	○
1	○	○	○
장소	바다	놀이공원	수영장

핵심② 그래프의 편리한 점

이처럼 그래프를 사용하면 표를 사용할 때보다 조사한 자료의 내용을 한눈에 읽어보기 쉬워요. 특히 가장 많은 것과 가장 적은 것을 바로 읽어보기 쉬워요.

핵심① 표의 편리한 점
➔ 조사한 자료의 종류별 수나 조사한 자료의 합계를 읽어보기 쉬움.

핵심② 그래프의 편리한 점
➔ 조사한 자료의 내용을 한눈에 읽어보기 편리하고, 가장 많은 것과 가장 적은 것을 읽어보기 쉬움.

주제 조사한 자료를 정리하여 읽어보기 쉽게 나타내는 방법인 표와 그래프

1 이 글은 자료를 정리하는 방법인 '표'와 '그래프'를 비교하며 그 특징을 설명하고 있습니다.

2 '표'는 조사한 자료를 기준에 따라 일정한 형식에 정리하여 읽어보기 쉽게 나타낸 것이고, '그래프'는 점, 선, 막대, 그림 등을 사용해서 자료를 나타내는 방법이라고 하였습니다.

3 ㉮'쉽게'는 '힘들거나 어렵지 않게'라는 뜻으로, 이 말과 반대되는 뜻을 가진 말은 '어렵거나 힘이 들게'의 뜻을 지닌 '어렵게'입니다.

4 ㉡을 보면, 가장 적은 학생들이 여름 방학에 가고 싶어 하는 곳은 2명이 선택한 놀이공원입니다.

|오답 풀이| ① 표를 통해, 여름 방학에 가고 싶은 장소별 학생 수의 합계는 10명임을 알 수 있습니다.
③ 이 표는 학생들이 여름 방학에 가고 싶은 장소를 조사한 후 정리하여 나타낸 것입니다.
④ 수영장에 가고 싶은 학생은 모두 5명으로, 이 표에서 가장 많습니다.
⑤ 표를 통해 학생들은 여름 방학에 바다, 놀이공원, 수영장에 가고 싶어 한다는 것을 알 수 있습니다.

5 표는 조사한 자료의 합계를 읽어보기 쉽다고 하였고, 그래프는 가장 많은 것과 가장 적은 것을 읽어보기 쉽다고 하였습니다.

6 이 그래프에서 사과와 망고를 좋아하는 학생이 수는 같습니다. 그러나 사과와 망고를 좋아하는 학생 수는 3명이 아니라 각각 4명씩입니다.

쏙쏙 내용 정리
1 표   2 그래프

정답
1 ㉮
2 (연결 문제)
3 어렵게   4 ②
5 지원   6 ④
7 ① 표   ② 정리
③ 그래프

어휘 마무리
1 (연결 문제)
2 (1) 조사
(2) 정리
(3) 자료
3 (1) ② (2) ①

읽기 전략

핵심 내용을 따라 읽으며 흐름을 정리해 보세요.

1 배달음 시킬 때, 친구와 약속 장소를 정할 때, 모르는 장소를 찾아갈 때 우리에게 필요한 것은 무엇일까요? 그것은 바로 주소예요. 주소란 사람이 사는 곳이나 회사, 공공 기관 등이 있는 곳을 행정 구역으로 나타낸 이름으로, 사람들이 장소를 찾을 수 있도록 약속된 규칙을 만든 것이에요.

2 2011년 이전에는 'ㅇㅇ번지'라는 것을 사용했어요. 지번 주소는 땅을 기준으로 구분하여 번호를 붙여서, 위치를 찾기 어렵다는 단점이 있었어요. 그래서 주소를 '도로명 주소'로 새롭게 표시하게 되었어요.

3 도로명 주소는 도로에 이름을 먼저 붙이고, 건물에는 도로에 따라 규칙적으로 건물 번호를 붙였어요. 예를 들어서, 도로명 주소가 'ㅇㅇ구 미래대로23길 6'이라고 하면, 도로명이 '미래대로23길'이고 건물 번호는 6번이라는 뜻이에요.

4 도로명 주소를 쓰면 편리한 점이 많아요. 먼저, 길을 찾기가 쉬워요. 도로명 주소는 도로명과 건물 번호가 명확하게 표시되어 있어서 주소를 보면 어디에 위치한 건물인지 쉽게 알 수 있어요. 그래서 길을 찾는 시간과 비용이 줄어들고, 택배나 우편물도 더 빠르게 받을 수 있어요.

5 또한 도로명 주소는 응급 상황에서도 도움이 되어요. (가)위험한 상황에서 응급 신고를 했을 때 정확한 주소를 알려 줄 수 있어서, 범죄 신고를 했을 때도 정확한 위치를 빨리 알려 줄 수 있어요.

6 이제는 대부분의 건물이 도로명 주소를 사용하고 있어요. 인터넷이나 스마트폰을 이용하면 쉽게 도로명 주소로 길을 찾을 수 있고, 도로명 주소는 우리가 편리하고 (나)안전한 생활을 할 수 있도록 해 주어요.

핵심 ① 도로명 주소의 뜻과 나타내는 방법

→도로명과 건물 번호로 우리가 사는 곳을 표시함. 도로에 이름을 먼저 붙이고, 건물에는 도로에 따라 규칙적으로 건물 번호를 붙임.

핵심 ② 도로명 주소의 장점

→지번 주소에 비해 길을 찾기가 쉽고, 응급 상황에도 위치를 정확히 알려 줄 수 있음.

주제 도로명과 건물 번호로 우리가 사는 곳을 표시하는 방식인 도로명 주소

1 이 글은 도로명과 건물 번호로 길을 표시하는 '도로명 주소'에 대해 설명하고 있습니다.

2 에서 지번 주소로는 위치를 찾기 어려워서 도로명 주소라는 새로운 주소 체계를 사용하게 되었다고 하였습니다. 주소는 모든 사람들이 찾을 수 있도록 약속된 규칙을 만든 것이므로 지번 주소가 약속된 규칙이 아니었다는 설명은 알맞지 않습니다.

3 에서 도로명 주소는 도로에 이름을 먼저 붙이고, 건물에는 도로에 따라 규칙적으로 건물 번호를 붙여서 표시한다고 하였습니다.

4 ㉠ '위험한'은 '해를 입거나 다칠 가능성이 있어 안전하지 못한.'의 뜻이고, ㉡ '안전한'은 '위험이 생기거나 사고가 날 염려가 없는.'의 뜻이므로 서로 뜻이 반대되는 말입니다. 그러나 ⑤의 '비슷한 - 유사한'은 각각 '둘 이상의 크기, 모양, 상태, 성질 등이 똑같지는 않지만 많은 부분이 닮아 있는.'과 '서로 비슷한.'이라는 뜻으로 서로 뜻이 비슷한 말입니다.

5 에서 도로명 주소를 사용하면 길을 찾거나 택배를 받을 때 도움이 된다고 하였습니다.

6 표지판을 통해, '대한로33길'은 도로의 이름이고 건물 번호는 50번임을 알 수 있으므로 ②로 많이 알맞습니다.

7 도로명 주소는 도로명과 건물 번호로 우리가 사는 곳을 표시한 것으로, 도로에 이름을 먼저 붙인 후 건물에는 도로에 따라 규칙적으로 건물 번호를 붙인다고 하였습니다. 이와 같이 도로명 주소를 사용하며 길을 찾기가 쉽고 응급 상황에 도움이 되므로, 도로명 주소는 우리가 편리하고 안전하게 생활할 수 있도록 해 줍니다.

쏙쏙 내용 정리

1 주소 2 지번
3 도로명 4 길
5 응급 6 편리

정답

1 도로명 주소
2 (1)○ 3 ④
4 ⑤ 5 ④
6 진이
7 ① 건물 ② 번호 ③ 도로명

어휘 마무리

1 (1) 비용
(2) 신고
(3) 응급
2 [선 잇기]
3 (1)② (2)①

문해력 상승 읽기 전략

8주 05일차
본문 164~167쪽

쏙쏙 내용 정리
1 정직   2 별
3 상

정답
1 (1) ○   2 ④
3 ④   4 별
5 ③   6 ①
7 ① 꽃   ③ 소년
③ 상

어휘 마무리
1 (선 잇기)
2 (1) 돋다
  (2) 복다
  (3) 돌려보다
3 (1) 거름
  (2) 걸음
  (3) 거름
  (4) 걸음

핵심 내용을 따라 읽으며 흐름을 정리해 보세요.

1 옛날에 지혜로운 임금이 있었습니다. 임금은 사람들이 정직하게 사는 나라를 만들고 싶었습니다. 핵심① 임금은 마을 사람들을 시험할 임금이 소망. 이튿날, 임금은 마을 사람들에게 꽃씨를 나누어 주며 말했습니다.
"이 꽃씨로 꽃을 잘 피우는 사람에게는 ㉠상을 주고, 꽃을 못 피운 사람에게는 벌을 내린다고 함.

사람들에게는 벌을 내리겠노라."
핵심② 마을 사람들과 소년의 행동
2 마을 사람들은 꽃을 피우려고 ✦정성을 다하였습니다. 그러나 몇 달 이 지나도 꽃씨에서는 싹이 ✦돋지 않았습니다. 마을 사람들은 벌을 받 지 않으려고 모두 꽃집에서 꽃을 사다 심었습니다. 그러나 한 소년만은 그렇게 하지 않았습니다.

'내가 잘못해서 꽃씨가 땅속에서 죽어 버린 모양이야. 그렇다고 임금 님을 속일 수는 없어.'

소년은 이렇게 생각하였습니다.

3 엄마, 후, 임금은 다시 마을을 둘러보았습니다. 집집마다 활짝 피어 있는 꽃을 본 임금은 얼굴을 찡그렸습니다.

'자신의 의도와 다른 결과가 나왔기 때문에 '꽃이 예쁘게 피었는데 왜 얼굴을 찡그리실까?'

마을 사람들은 이상하다고 생각하였습니다.

마을을 ✦돌아보던 임금은 소년의 집 앞에서 ✦걸음을 멈추었습니다. 소 년은 꽃을 ✦받지도 못하고 꽃씨에서 싹이 돋지 않은 까닭을
"넌은 정직하게 행동하여 상을 받은 소년
핵심③ 정직하게 행동하여 상을 받은 소년
있는 꽃을 본 임금은 얼굴을 찡그렸습니다.
"임금님, 용서하십시오. 저는 꽃을 피우지 못했습니다."

소년의 대답을 들은 임금은 기뻐하였습니다. 임금이 마을 사람들에게 나누어 준 꽃씨는 꽃을 피우지 못하는 ✦볶은 꽃씨였기 때문입니다.
꽃씨에서 '싹이 돋지 않은 까닭
"너야말로 정말 정직한 아이로구나."

임금은 소년에게 큰 상을 내렸습니다.

초등 개념 플러스

www.mirae-n.com

학습하다가 이해되지 않는 부분이나 정오표 등의 궁금한 사항이 있나요?
미래엔 홈페이지에서 해결해 드립니다.

교재 내용 문의
1:1 문의 | 수학 과외쌤 | 자주하는 질문

교재 자료 및 정답
동영상 강의 | 쌤동이 문제 | 정답과 해설 | 정오표

미래엔 N맵
http://cafe.naver.com/mathmap
No.1 New Network

미래엔 에듀 초·중등 교재

함께해요!
바른 공부법 캠페인

공부해요!
교재 질문 & 학습 고민 타파

공부해요!
바른 공부법 캠페인

참여해요!
선물이 마구 쏟아지는 이벤트